本书系教育部人文社会科学研究青年基金项目“数据要素赋能制造业高质量发展：理论机制、实证检验与对策研究”（22YJC790095）的部分研究成果、浙江省哲学社会科学规划重点课题“浙江与中东欧数字科技合作潜力与提升路径研究”（23NDJC050Z）的部分研究成果

数据要素赋能制造业高质量发展研究

齐培培　姚鸟儿　李书彦　著

中国财经出版传媒集团
中国财政经济出版社
·北京·

图书在版编目（CIP）数据

数据要素赋能制造业高质量发展研究 / 齐培培，姚鸟儿，李书彦著. -- 北京：中国财政经济出版社，2024. 7. -- ISBN 978 - 7 - 5223 - 3246 - 8

Ⅰ. F426. 4

中国国家版本馆 CIP 数据核字第 2024Z9Q586 号

责任编辑：彭　波　　　　责任印制：史大鹏
封面设计：孙俪铭　　　　责任校对：徐艳丽

数据要素赋能制造业高质量发展研究
SHUJU YAOSU FUNENG ZHIZAOYE GAOZHILIANG FAZHAN YANJIU

中国财政经济出版社 出版

URL：http：//www. cfeph. cn
E - mail：cfeph@ cfeph. cn

社址：北京市海淀区阜成路甲 28 号　邮政编码：100142
营销中心电话：010 - 88191522
天猫网店：中国财政经济出版社旗舰店
网址：https：//zgczjjcbs. tmall. com
中煤（北京）印务有限公司印刷 各地新华书店经销
成品尺寸：170mm × 240mm　16 开　17. 5 印张　264 000 字
2024 年 7 月第 1 版　2024 年 7 月北京第 1 次印刷
定价：78. 00 元
ISBN 978 - 7 - 5223 - 3246 - 8
（图书出现印装问题，本社负责调换，电话：010 - 88190548）
本社图书质量投诉电话：010 - 88190744
打击盗版举报热线：010 - 88191661　QQ：2242791300

前　言

随着云计算、人工智能、物联网等技术的快速发展，全球数据量呈爆炸式增长。数据被称为数字时代的新“石油”，是除了土地、劳动力、资本和技术等之外的新型生产要素，对传统生产方式变革具有重大影响。数据要素具有虚拟替代性、渗透性、易复制性、准公共物品性、规模经济性、要素互补性等独特的技术经济优势。这些优势使数据能够深度融入生产、分配、流通、消费和社会服务管理等各个环节，深刻改变着生产方式、生活方式和社会治理方式。国务院印发的《“十四五”数字经济发展规划》提出“以数据为关键要素，以数字技术与实体经济深度融合为主线，赋能传统产业转型升级。”党的二十大报告提出，“加快发展数字经济，促进数字经济和实体经济深度融合。”数据要素作为数字经济时代的重要“燃料”，能够显著激发创新力、提升决策力、提高生产力，在赋能产业转型升级、推动经济高质量发展中发挥重要作用。

制造业是国民经济的重要组成部分。加快建设制造强国与现代化产业体系建设密不可分，是筑牢中国式现代化物质基础的动力源泉。改革开放以来，我国制造业实现了跨越式发展，产业体系不断健全，产业链更为完整，创新力、竞争力和综合实力迈向新台阶，但不容忽视的是，我国虽然是制造业大国，但与国际先进制造业水平仍有不小差距。随着全球化和技术革新的深入发展，制造业正面临着前所未有的挑战与机遇。一方面，全球市场的竞争日益激烈，消费者需求日益多样化和个性化，对制造业的产品质量、生产效率和服务水平提出了更高的要求。另一方面，信息技术的快速发展为制造业的转型升级提供了强大的技术支撑，特别是数据要素的应用，正逐步改变着制造业的生产方式、管理模式和商业模式。作为数字经济的关键生产要素，数据要素具有强创新、强渗透、广覆盖等特征，为改造传统产业提供了支点，为制造业高质量发展提供了新动力。在新一轮科技革命和产业变革浪潮下，借助数据要素推动制造业高质量发展，成为深化供给侧结构性改革、增强制造业核心竞争力、释放经济增长潜力的重要抓手。

基于这一认识，我们组织力量，编写了《数据要素赋能制造业高质量发展研究》，本书综合了国内外有关数据要素和制造业高质量发展的各种学术理论和文献著作，从数据要素的概念入手，分析数据要素的运行机制、价值创造及价值释放机理，并对各先进省市的数据要素市场建设情况进行了介绍总结，在此基础上结合数字经济背景下制造业面临的新形势，进一步探究数据要素赋能制造业高质量发展的影响机制和路径选择。

本书系教育部人文社会科学研究青年基金项目“数据要素赋能制造业高质量发展：理论机制、实证检验与对策研究”（22YJC790095）的部分研究成果、浙江省哲学社会科学规划重点课题“浙江与中东欧数字科技合作潜力与提升路径研究”（23NDJC050Z）的部分研究成果，在撰写过程中引用了大量专家学者的观点和研究成果，这些成果涵盖了数据要素的多个方面，从基本理论到实践应用，从历史发展到未来趋势，都进行了深入地分析和探讨。这些文献不仅为本书提供了坚实的理论基础，也为我们理解数据要素赋能制造业高质量发展提供了宝贵的视角和洞见。由于水平有限，错误疏漏在所难免，敬请读者谅解和指正。

目　录

第一章　数据要素概述

第一节　数据与数据要素

一、数据

（一）数据的概念

数字经济时代，随着信息技术高度发展及其向经济社会各领域的渗透扩散，各行各业迎来数据爆发式增长，习近平总书记指出：“数据是新的生产要素，是基础性资源和战略性资源，也是重要生产力”，数据赋能下的高质量发展已成为各行业发展的共识。作为数字经济时代的关键生产要素，数据的生产和使用正引领着经济和贸易的数字化，有可能成为创新、生产力增长和竞争力的一个关键性驱动要素，产生数据的能力可能会决定下一波的世界秩序（Joshua，2019）。根据经济合作与发展组织（OECD）的定义，数据是作为量化符号对实施进行存储和传输的表示。广义上，“数据”原本指的是基于测度或统计产生的可用于计算、讨论和决策的事实或信息。在数字经济时代，狭义上的“数据”专指被编码为二进制“0”和“1”字符串，以比特形式被计算机设备进行存储和处理的信息（Farboodi and Veldkamp，2020）。牛津英汉双解词典、朗文当代英语词典、韦伯氏词典对“Data（数据）”词条都给出了两种类似的解释：一是用于分析、决策的信息或事实；二是计算机存储处理的信息。前者属于一般意义上的数据，而后者则是电子计算机和 ICT 技术的产物。从内涵来看，无论是广义的还是狭义的“数据”都被看作是一种信息（或事实），特别是在数字经济语境中，“数据”基本等同于“信息”（蔡跃洲、马文君，2021）。这种演变反映了数字化和计算机技术的崛起，使得数据不仅成为信息的表达形式，而且成为数字经济中的关键生产要素之一。在这一背景下，数据不再仅仅是描述现实的抽象概念，更是推动创新、决策和价值创造的核心资源。

（二）数据的特性

数据的映射性。数据字符串中的 0 和 1 排列不是毫无规律的，而是一种有序的方式，记录了对象或活动的存在和运作方式，实际上是对现实世界或网络空间的映射。数据的价值不仅仅存在于数据本身，而更在于它所映射的对象和活动，以及所传达的映射信息。这一特性使众多参与者能够通过数据元素联系在一起。然而，正因为数据到信息的转化涉及映射过程，最终的信息可能带有一定的偏差，不一定是真实完整的。这意味着数据所代表的信息可能会受到多种因素的影响，包括数据收集和处理的方式，以及信息提取和解释的方式。相比之下，传统元素的含义主要体现在它们自身，与其他元素的关系并不是显著的映射。传统元素通常是自然存在的，独立于其他元素，或者是由其他元素在生产或组装过程中形成的组成部分。这与数据的映射性形成了鲜明的对比，数据更加依赖于对外部世界的观察和记录，以及后续的解释和分析过程。因此，数据的映射性使得我们需要谨慎对待数据，了解它们的来源和背后的映射关系，以更好地理解和应用这些信息。

数据的非实体性。数据是以字符串的形式储存在电子设备中，它们没有实际的物理形态。数据采集过程涉及将对象或活动转化为电信号，数据传输通过各种媒介如光纤或卫星进行信号的交换，数据储存则是以最小存储单位，即储存 0 和 1 的二进制比特，保存在储存器中。数据分析则依赖算法来发现数据内部或数据之间的规律。无论是电信号还是比特，它们都是无实体形态的，不会因时间而物理磨损，与传统要素，如土地或资本，存在着物质形态上的明显差异。传统要素通常具有物理存在、数量和规模，而数据却没有这些特征。这一非实体性特点也决定了数据的其他特征，比如易复制性和流动性。由于数据是数字化的，可以轻松地复制和传输，从一个地方传输到另一个地方，而不会受到物理损耗的影响。这使数据在现代信息社会中具有重要的作用，因为它们可以快速传播和共享，促进了全球信息的互联和互通。数据的非实体性也意味着它们可以在不同形式和场合之间转化和转移，为商业分析、科学研究和决策制定提供了极大的灵活性。

数据的易复制性。由于数据本身是非实体的字符串，因此复制它们变得非常容易。只需发送指令将 0 和 1 的字符串从一个地方复制到另一个地方，就可以获得完全相同的数据。这个过程除了消耗一些电量和占用一些内存外，几乎没有实质成本。与传统要素相比，数据的易复制性存在巨大的差异。要获取传统要素，通常需要面临稀缺性的限制，需要进行社会分工，从不同来源购买原材料，进行生产和组装。此外，即使这些努力，也难以获得完全相同的传统要素，因为它们通常会存在差异。这种易复制性使得数据在数字时代中具有巨大的价值。数据可以轻松地在不同地点之间传输，可以与他人共享，可以用于分析、研究和决策制定。数据的复制也为协作、创新和全球互联互通提供了便利。这是数字经济和数字化社会的重要特征之一，对商业、科学和社会产生了深远的影响。

数据的流动性。数据传播以电信号的形式进行，因此传输渠道不像传统要素那样受到严格的物理限制。只需要进行前期投入来建立新型数字基础设施，之后的数据传输成本几乎可以忽略不计，因此数据能够轻松地实现转移。只要有适当的数字基础设施条件，数据的流动能够覆盖每个个体、每个组织和企业、每个国家和地区，以及每个时间点和时间段。数据的流动性使其能够在全球范围内迅速传播，促进了全球化和数字化社会的发展。相比之下，传统要素通常具有实物形态，因此其流动方式受到其物理性质的限制。流动传统要素通常需要耗费成本，而且其流动范围受到局限。传统要素的流动速度通常不如数据迅速。因此，数据的流动性对信息社会的快速互联和全球化起到了关键作用，它们为商业、科学、政府和社会各个领域提供了前所未有的机会和挑战，对于推动创新和合作至关重要。

数据的可塑性。因为数据是计算机内的比特，所以可以自由地以各种方式进行组合、拆分、放缩、运算、升降维、可视化等操作，经过一系列操作后得到的成果可能看不出原数据的模样，也可能达成“1+1>2”的效果。因此，可以说数据是一种具有“无限可能”的要素，数据要素的使用方式随着信息技术创新和数字经济发展还会不断创新。而传统要素的可塑性不如数据，自身由于具备物质形态，很难实现多样化的组合、变形等操作，受其物质形态特性限制的使用方式相对数据而言更单一和固定。以上提到的数据的技术特性，是对数据对本书行文具有重要意义的属性，并不以全面阐述数据的技术属性为目的，本书通过这些主要的技术特性分析数据核心矛盾，分析数据的物质生产方式、数据产权、资源配置方式的具体形式，并研究数据核心矛盾是如何影响前者并最终作用于分配的。

延伸阅读：数据与信息、知识的概念辨析

数据作为信息科学中一个基本但复杂的概念，对其理解离不开与信息、知识、智慧之间的概念辨析，Ackoff（1989）提出的DIKW模型（见图1）为此提供了一个合适的分析框架。

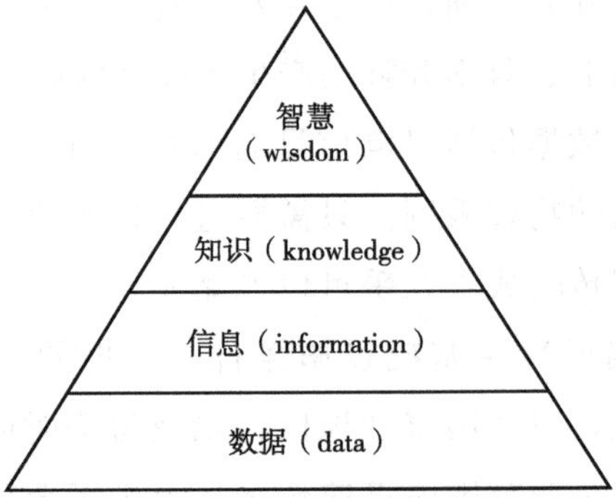

图1-1 DIKW模型

DIKW模型表明，数据、信息、知识和智慧之间存在逐级递升的关系。即从原始观察和量度中获得了数据，数据经过认知处理后得到信息，在行动上应用信息产生了知识，通过智者间的沟通及自我反省而利用知识会升华出智慧（陈舟、郑强、吴智崧，2022）。因此，信息、知识和智慧实际是“更高阶”的数据。

另外，与数据和信息相比，知识和智慧更难被准确定义。知识是对数据和信息的应用，给出关于“如何做”的答案，智慧则具有鲜明的价值判

断意味，在很多场合与对未来的预测和价值取向有关。

此外，数据、信息、知识和智慧在不同层面的价值体现有异。微观层面的数据价值体现为对使用者效用的提高，宏观层面则体现为从数据中提炼出的信息、知识和智慧，能够发挥乘数效应，有助于提高全要素生产率。

二、数据要素

（一）数据要素的概念

生产要素是在经济活动中投入生产过程的各种资源或要素，对于创造商品和服务以及影响经济的发展和资源配置具有至关重要的作用。生产要素的概念在经济学中具有重要意义，有助于解释资源如何在经济系统中被有效利用，对产出和经济增长的影响。纵观人类发展的历史长河，每一次社会经济形态的演进和变迁都伴随着生产要素，特别是核心生产要素的变化，数据要素被视为数字经济社会的核心生产要素。

通常而言，狭义上数据指的是以二进制编码形式存储在计算机中的内容；而在广义上数据则包括了信息等更为广泛的概念。然而，与简单的数据相比，数据要素略有不同，因为数据要素的定义更强调了数据作为生产要素的本质。因此，对数据要素的定义需要更加关注数据集合作为生产性资源投入的角度，这是能够创造经济价值的数据集合。数据要素更加强调了数据在生产力方面的价值，不仅与传统生产要素如劳动和资本有本质差异，而且对经济活动具有特殊的影响机制。数据要素本身不能单独创造价值，但它可以被视为一种有助于促进经济活动的催化剂。

一方面，数据要素深度融合了传统生产要素如资本、土地、技术等，利用计算能力、算法和模型等技术手段，将现实世界与数字空间连接起来，实现虚拟和实际的有机结合。这带来了单一要素价值的倍增效应，推动了传统生产要素的革命性合并和分化，优化资源配置，提高了产品和商业模式的创新能力，以及个人和组织的创新活力。另一方面，数据要素具有商品属性，可以作为一种交易的对象，有助于促进供求的动态匹配，从而用更少的资源投入创造更大的价值，这凸显了数据要素在数字经济时代中的关键地位。

（二）相关概念辨析

1. 数据资源

数据资源是自然人、法人或其他组织在日常生活和生产经营活动中产生或获取的数据，这些数据通常以各种不同形式记录和保存，包括数字、文字、图像、图表、音频、视频等结构化和非结构化数据。随着数据的不断集聚，积累到一定规模时，它们形成了有价值的资源。数据资源是信息时代的一种新型资源，被认为是极为重要的现代战略资源。预计在 21 世纪，数据资源将超越自然资源如石油、煤炭和矿产等，成为人类最为重要的资源之一（叶雅珍，2021）。

随着大数据战略的实施和大数据的广泛应用，数据作为数字经济的核心要素受到广泛认可。数据被视为一种资源，具有资产性质，因为它们具有经济价值，并且可以用于支持商业决策、创新和社会发展。数据资源的特性使其能够被有效管理、分析和利用，从而为企业、政府和社会创造价值。数据资源的价值也在不断增长，因为数据分析和技术的进步使我们能够从数据中提取更多有用的信息和见解。这使得数据资源在数字时代中扮演着至关重要的角色，并将继续成为经济和社会发展的关键要素。

2. 数据资产

数据资产是指由组织（如政府机构、企事业单位等）合法拥有或控制的数据资源，这些资源以电子或其他形式记录，包括文本、语音、图像、视频、数据库、网页、传感信号等各类结构化或非结构化数据。这些数据具备计量或交易的潜力，有能力为组织直接或间接地带来经济效益和社会效益（刘东辉，2022；林彦佐，2023）。然而，并非所有数据集都符合数据资产的标准。根据资产的定义，那些缺乏明确所有权、实际价值不明显、难以靠计量或不可机读的数据集都不属于数据资产。因此，数据资产的概念强调了数据的实际价值和对组织潜在益处的影响，同时凸显了数据管理和治理的关键作用，以确保数据能够发挥最大的经济和社会效益。

数据资产的价值在于它们可以用于支持决策制定、商业模型的优化、创新和社会问题的解决。这些数据可被有效地管理、分析和利用，从而创造价值，促进组织的增长和社会的进步。在数字化时代，数据资产已经成为许多组织最重要的资源之一，因为它们有助于提高效率、改进产品和服务、提供个性化体验，并在各个领域产生深远的影响。因此，有效管理和保护数据资产，确保其质量和可用性，已经成为组织战略规划的重要组成部分。

3. 数据产品

数据产品是一类产品，其目标是降低用户使用数据的门槛，提高数据的使用效率，实现数据的最大价值，并辅助用户作出更好的决策或采取行动。数据产品通常涉及三个主要角色：生产者、销售商和消费者。在数据产品的流通过程中，通常不涉及所有权的转让。相反，数据产品的流通过程通常涉及两次授权，即生产者首先授权销售商，然后销售商再次授权消费者。这个“两阶段授权模式”有助于确保数据产品的合法使用和控制访问（叶雅珍，2021）。

具体来说，数据产品的所有者（通常是生产者）授权销售商，这意味着销售商获得了数据产品的使用权、转授权等权限，可以在销售和分发数据产品。然后，销售商再次授权给消费者，通常通过数字许可的方式，给予消费者有限的时间或使用权，以便他们可以使用数据产品的内容。这种方式实现了数据产品从生产者到销售商，再到消费者的流通过程（叶雅珍，2021）。举例来说，iTunes 音乐商店是一个经典的数据产品的案例。在这个平台上，终端消费者可以通过购买音乐来获取音乐数字许可，这使他们能够在一定时间内播放和欣赏音乐。然而，他们不具备将音乐进行转售、出租、分发或传播等权利，因为这些权利通常仍然归销售商或数据产品的拥有者所有。这种“两阶段授权模式”有助于确保音乐的合法使用，同时也保护了数据产品的权利和价值。

综上所述，有价值的数据才是数据资源，权属清晰的数据资源形成数据资产。数据资产投入生产领域就是进入生产组织，才叫生产要素，不能确权的叫数据资源，能确权的叫数据资产。数据资产又分为数据产品、数据商品和数据服务。数据资产当中有一部分可以是取得合法的权益证明，能转让控制权或者所有权的是数据产品和数据商品，只转让使用权的是数据服务。

三、数据演化为生产要素的必然性

劳动是社会中创造价值的唯一源泉，它是人类社会生产活动的核心。在现代经济中，我们看到了一种全新的生产要素崭露头角，那就是数据。数据的作用和地位愈发显赫，成为经济活动中不可或缺的一部分。在这一新兴的经济环境中，我们需要深入思考数据与劳动之间的关系。数据并不能独自创造价值，它必须与其他要素相结合，才能转化为生产力的具体表现。具体来说，数据必须与劳动者、劳动资料以及劳动对象相互融合，才能充分释放其潜在价值。首先，数据与劳动者的结合为劳动者提供了适应数字化经济时代的工具和资源，从而提高了劳动效率。这种数字化协作使生产过程更加高效和灵活。其次，数据与劳动资料的结合推动了生产工具的数字化和智能化。企业在数字技术的支持下能够更好地应对市场挑战，提升了其核心竞争力。最后，数据与劳动对象的结合为产品和服务注入更多的内容，提高了质量，满足了消费者的个性化需求。这促进了市场的多样化和个性化发展。需要强调的是，这一过程反映了生产力与生产关系之间的基本矛盾。这一基本矛盾是人类社会的核心，所有经济问题的科学分析都必须以此为基础（王传智，2022）。因此，分析数据成为新型生产要素必须从生产力与生产关系的矛盾运动中展开，以更好地理解现代经济的动态和趋势。

（一）从生产力角度看

在马克思主义理论中，社会的发展被看作是生产力与生产关系之间矛盾运动的结果。当生产力发展到一定程度时，它可能与现有的生产关系发生矛盾，阻碍生产力的继续提高。这种矛盾的解决通常伴随着社会的转型和经济结构的变革，如从封建社会向资本主义社会的转变，或者从资本主义向社会主义的过渡。生产力与生产关系的矛盾运动被认为是社会历史发展的动力之一。生产工具是衡量生产力发展水平的标志，不同时期的生产工具的演变标志着经济形态的不同发展阶段。

在农业经济时期，生产力水平的确相对较低，科学技术水平相对滞后。在这个时期，人们从事物质资料的生产主要依赖手工工具，如犁、锄等，进行土地的耕作。正如威廉·配第所指出的“劳动是财富之父，土地是财富之母”，这一时期的经济体系的核心是基于土地的农业生产。在这个背景下，关键的劳动对象是土地，它提供了农产品的生长和收获的场所。关键的劳动资料是手工工具，这些工具用于土地的耕种和农产品的生产。劳动者的劳动主要表现为体力劳动，这是一种基于人力的简单劳动形式。农业经济时期的生产方式在技术和组织上相对简单，主要侧重于食品生产，而农田是社会财富的主要来源。此时期的生产关系通常以封建或农村社区为基础，土地的所有权和分配是社会组织的关键因素。这个时代的经济体系在很大程度上取决于天然资源和季节性的生产。

在工业经济时期，世界经历了地理大发现和第一次工业革命的浪潮，人类进入一个新的时代，被称为蒸汽时代。这一时期以蒸汽机等先进机器工具的广泛应用为特点，这些机器工具逐渐取代了传统的手工工具，彻底改变了生产方式和生产力水平。工业革命的爆发对资本主义社会产生了深刻影响。在这一时期，大多数劳动者成为了机器的操作者，从事着简单重复的体力劳动。他们在工厂和生产线上执行机械化生产任务，这使得生产效率大幅提升。此外，也有一部分劳动者从事机器和产品的研发工作，体现了脑力劳动的重要性。这个时期的生产方式强调了劳动的分工和专业化，劳动者从事不同层面的工作，形成了复杂的生产体系。在工业经济时期，关键的劳动对象是自然资源，因为工业生产需要大量原材料，如煤炭、铁矿石等。同时，关键的劳动资料是机器工具，它们用于加工和生产各种商品。劳动者的工作既包括体力形式的简单重复劳动，也包括脑力劳动，这种多样性反映了劳动力市场的变化。随着时间的推移，电气时代取代了蒸汽时代，但工业经济的核心特征仍然存在。人们依然依赖各种机器工具来开发和利用自然资源，尽管技术不断进步，但工业经济时期的影响在现代社会中仍然可见，这一时期对现代化产业和生产方式的演变产生了深远的影响。

在数字经济时期，人类经历了第三次科技革命的巨大浪潮，这一时期被塑造为互联网时代。互联网以及与之相关的硬件和软件基础设施的迅猛发展为数字经济的崛起奠定了坚实的基础。大数据、人工智能、云计算、

5G通信等技术的出现和普及进一步推动了数字经济的蓬勃发展。在这个时代，互联网平台和数字化工具成为了关键的劳动资料，推动生产力的发展。这些平台和工具使数据成为了生产的核心要素（王传智，2022）。人们运用信息技术来收集、分析和组织数据，以进行生产、分配、交换和消费活动。这一数字化革命在多个领域引发了深刻的变革，提高了人们的生活质量，促进了社会发展。在数字经济时期，数据既成为了关键的劳动对象，也内化于劳动者和劳动资料之中。数字化智能工具成为了关键的劳动资料，劳动者的工作主要表现为数字劳动，需要具备广泛的数字技术技能。这一时期的劳动方式和技术要求与以往时代截然不同，因此人们的素质和技能得到了更加充分的提高，为数字经济的发展贡献了积极力量。总的来说，数字经济时代为人类带来了前所未有的机会和挑战。数据作为关键的生产要素，数字化技术的普及，以及互联网的普及，深刻改变了我们的生活方式、经济体系和社会结构。这一时代为创新和发展提供了巨大的机遇，同时也需要不断适应和发展以满足新的需求和机遇。

（二）从生产关系角度看

生产关系反作用于生产力，尤其是先进的生产关系对生产力的促进具有显著影响。人类的需求是生产关系的一个基本元素，涵盖了生存、享受和发展等方面，是社会存在的不可避免需求。这将需求视为人的本质的规定性，而人的本质则在很大程度上体现在其需求的本质上。生产力水平和性质直接塑造了需求的水平和性质。同时，需求也是生产力发展的驱动力，为生产提供了目标和激励，促使人们不断进行改进和创新。不同层次的需求塑造了生产方式和生产关系的演变，从而影响了整个社会结构。按照马克思的分类，人的需求分为生存、享受和发展3个层次，反映了需求的多样性和复杂性。随着社会的演进，从农业经济到工业经济再到数字经济，人的需求不断发展丰富，推动了满足这些需求的生产要素的不断变化。综上所述，生产关系与需求之间存在相互作用，需求驱动着生产力的发展，而生产关系在一定程度上塑造和规定了需求的性质，这种相互作用是社会发展的重要动力，推动着经济和社会体系的不断演进以适应不断变化的需求和生产力水平。

在农业经济时期，人的需求主要集中在基本的生存需求，如食物、衣物和住所。土地是关键的生产要素，因为它提供了食物的来源，从而满足了人们的基本需求。随着工业经济的兴起，社会的生产能力提高，人们的需求逐渐变得更加多样化和丰富。除了满足基本的生存需求外，人们追求更好的生活质量，包括享受、文化和社会互动等。自然资源成为满足这些需求的关键生产要素，因为它们支持了工业化生产和城市化发展。进入数字经济时代后，人们的需求进一步演化。数字技术和互联网的普及为社交、工作、生活和娱乐等方面带来了新的机遇和挑战。需要现实与虚拟的融合，数据成为了满足这一需求的关键生产要素。数据的处理和分析为数字经济提供了基础，使人们能够更好地利用信息和技术来满足其需求。从生产力与生产关系的矛盾运动的角度来看，数据成为关键生产要素是自然而然的结果。它反映了生产力的发展和社会的需求之间的相互关系。同时，数据作为重要生产要素，也推动了国家经济的发展和人民生活水平的提高，为现代社会的进步和繁荣作出了重要贡献。这一观点凸显了技术和经济的演进如何与人的需求和社会的发展相互联系（见表1-1）。

表1-1　　　不同社会形态生产要素及生产方式

社会形态	生产要素	生产方式
农业经济时期	土地、劳动	以体力型为主的劳动者利用由人力、畜力等驱动的手工工具通过劳动对象（主要为土地）获取经过培育的种植物
工业经济时期	土地、劳动、资本、技术	体脑并用型劳动者利用能量驱动的机器工具进行生产加工，获取加工物，这一阶段资本和技术在社会再生产中发挥主导作用
数字经济时期	土地、劳动、资本、技术、数据	以脑力劳动者（知识员工）为主，利用智能化工具获取信息和知识，这一阶段，借助数字技术和数字基础设施，数字经济日趋繁荣，数据演化为关键生产要素

第二节　数据要素的异质性特征

低成本、大规模可得是数据广泛使用并成为关键要素的前提，也是历次技术革命中新关键要素所普遍具备的基本特性（蔡跃洲，2016）。与传统的有形生产要素如资本、劳动、土地等相比，数据要素具有独特的技术经济特征，包括非竞争性、低复制成本、非排他性/部分排他性、外部性以及即时性等。这些特征不仅凸显了数据在经济体系中的特殊地位，也是各种新经济、新业态、新模式涌现和运行的基础。

一、非竞争性

数据作为关键生产要素的一个突出特点是其非竞争性（Qi et al.，2023）。这一特点反映了数据在经济和社会中的独特地位，与传统资源和商品有着本质的不同。在经济社会中，大多数资源，如商品或资产，通常是竞争性的，这意味着在同一时刻只能被一个主体所使用，使用后的价值会减少或转移。例如，一袋粮食一旦被一个家庭消耗，就不再可供其他家庭消费。然而，数据不同，它具有非竞争性的特性，即多个主体可以同时访问和使用相同的数据，而不会相互排斥。这是数据的重要特点之一。与传统资源不同，数据的使用并不损害其价值，相反，它可能会增值。在数据的使用过程中，新数据可以不断地被添加到已有的数据集中，或者数据可以与其他来源的数据进行匹配和整合，从而提升数据的价值。例如，数百万张带标签的人类基因组图像或大量汽车行驶数据可以在多个公司或数据分析师之间同时使用，而在使用过程中，新的数据可能会被不断收集，或者与其他数据相结合，使原有数据集的价值得以提高。

数据要素的非竞争性与传统经济学中非竞争性的概念有所不同。在传统经济学中，非竞争性主要用于区分私人物品和公共物品，公共物品通常具有非竞争性。然而，数据要素并不一定属于公共物品。此外，数据的非竞争性特点不仅体现在使用阶段，还可以体现在数据的生产阶段。在特定情况下，不同的数据收集方可以同时收集相同类型的数据，例如定位数据、健康数据或运动数据，这进一步强调了数据的非竞争性。综上所述，数据要素的非竞争性是数据经济的一个重要特征，它在经济和社会活动中开辟了新的机会和模式，促进了数据的广泛共享和协作，对现代经济和社会的发展起到了关键作用。

二、易复制性

数据要素的第二个显著技术经济特点是其易于复制或低成本/零成本复制的特性。数据以“0”和“1”比特的形式存在，生产和收集过程相对复杂，需要大量的硬件和软件（应用）投入。然而，一旦数据收集完成，复制就变得简单得多。存储介质和电力消耗是复制成本的主要组成部分，但实际上，由于新一代信息技术的广泛应用，数据的生产和收集虽然需要大量的一次性投入，但边际成本已经接近于零（Shapiro and Varian，1999）。因此，数据呈现出低成本、大规模可获得的特性。这种易于复制的特性显著地降低了不同实体使用数据要素的门槛，为数据要素能够存在和发挥作用提供了非竞争性的前提。随着新技术和数字化革命的崛起，数据的访问和共享变得更加容易，促进了跨不同领域和组织之间的协作和创新。这一特性也推动了数据驱动的商业模式的发展，为企业和个人提供了更多机会，可以利用数据来创造价值和解决问题。

三、非排他性

非排他性和部分排他性是数据要素在技术经济特征方面与传统要素截然不同的重要属性。这些概念起源于公共经济学，被用来区分公共物品和私人物品。排他性指的是能够排除他人消费的可能性，当某一方拥有完全的产权（或使用权）时，其他人无法拥有相同的物品或使用它（梁继，2021）。相反，非排他性特指公共产品这类不归私人所有的物品，其中一个人的消费不会妨碍其他人的同时消费。对于公共物品，非排他性通常是由产品的物理或技术特征决定的，而非排他性更多地取决于制度安排和产权的归属。数据要素原本应该具备排他性，但由于数据生成过程中涉及多个主体，包括产品服务的供需双方、第三方平台、网络电信运营商等，数据信息在生成时就分散在多个不同的主体之中。此外，多个不同主体掌握数据资源，再加上比特数据在互联网上传播的便利性，扩大了数据资源的传播范围，导致了数据要素在使用过程中的非排他性现象。值得注意的是，数据要素的非排他性并非绝对，因为通过加密技术可以实现排他性。在网络环境下，为了应对黑客和数据泄露等问题，采用各种加密手段可以实现部分排他性，但这需要在软硬件和系统建设方面投入大量资源（Jones and Tonetti，2019；CarrièreSwallow and Haksar，2019）。

四、外部性

外部性在数据要素中扮演着重要的技术经济特征角色，其源自经济学，描述了一个个体或特定群体的决策或行为对其他个体或群体造成的（被动的）好处或损害，而无须付出相应的成本或获得补偿。传统意义上，外部性通常被视为公共物品或准公共物品的独有属性，是非竞争性和非排他性相互作用的结果，其性质可能是正面的，也可能是负面的，很少同时具备。传统外部性的例子包括环境污染排放对其他人的不利影响或私人花园对邻居的美化效果。与传统外部性相比，数据要素的非竞争性和非排他性特征只是外部性发生的前提条件。数据要素的外部性需要通过各种数据分析工具和方法进行处理，并与其他数据进行匹配对接。若对获取的数据不进行处理和分析，那么就不会对其他个体产生任何影响，无论是积极的还是负面的（蔡跃洲、马文君，2021）。值得注意的是，数据要素的外部性可分为正面和负面，取决于有效信息的应用。如果数据的初衷是用于优化企业的生产流程、降低运营成本，从而提高效率，那么这将产生正的外部性效果。也就是说，其他企业或个体可能会从这些数据的处理和应用中受益，因为整个行业或市场的效率得到了提升。总而言之，数据要素的外部性是数字经济中一个重要的特征，因为数据的处理和分析可以对其他个体或企业产生积极的或消极的影响，从而在经济中发挥重要作用。这也强调了数据在现代经济中的战略价值和应用潜力。

在网络平台环境中，数据的正外部性在网络效应的作用下被放大，进而形成网络外部性和网络价值性。这意味着随着网络平台用户数量的增加，运营方能够获取更多的数据信息，从而提高产品和服务质量，吸引更多用户，进一步推动产品和服务质量的提升，形成了良性循环（Shapiro and Varian，1999）。然而，当网络平台致力于通过数据收集和处理活动提升经营效益时，往往伴随着客户隐私泄露的风险。平台与客户之间，在技术能力和市场定位等方面存在着显著的差异，这种不平等使得平台倾向于按照自身利益最大化原则来收集、处理和使用数据。这种倾向不仅导致了数据的过度收集，还使得客户隐私保护显得力不从心，进而产生了消极的隐私外部性（Carrière - Swallow and Haksar，2019）。

此外，值得注意的是，个体的行为、习惯、偏好等数据往往不仅涉及该个体本身，还可能包含与其相关联的其他个体以及具有相似性格特征人群的信息。因此，当特定个体在数据权利和隐私方面作出妥协时，这种让步行为不仅会影响其自身的隐私，还可能间接损害其他人员的隐私权益，进一步加剧了隐私外部性的问题。在这种情况下，网络平台需要谨慎平衡数据收集和用户隐私保护之间的关系，以确保平台的经营活动不会对用户和其他相关方产生负面外部影响。这些现象凸显了数据隐私问题在网络平台环境下的复杂性和敏感性。维护数据隐私和平衡数据的正外部性与负外部性之间的关系是当前数字经济和社会中的一个重要挑战。政府、监管机构以及行业自身都需要采取措施来确保数据隐私保护，并在数据收集和使用方面建立透明、公平的规则和标准，以应对这些问题。

五、即时性

即时性是数字经济时代中数据要素的一个显著技术经济特征。这一特征归功于移动互联网、3G/4G/5G 通信、云计算、机器学习、人工智能等新一代信息技术的广泛应用，它们显著提升了数据的生成（收集）、传输、处理和分析速度，同时降低了相应的成本。尽管在研究中，数据的即时性特点有时可能被忽视，但在实际应用中，它却扮演着至关重要的角色。以当前热门的即时服务平台为例，如网约租车服务，其对司机和乘客位置信息的即时传输要求极高，通常需要达到秒级响应。若仍依赖 2G 通信技术，显然难以满足这种对即时性的严苛需求。而在更高级别的应用中，如无人驾驶和远程医疗（手术）等领域，对数据传输的即时性要求更是达到了毫秒级，这进一步凸显了数据要素即时性的重要性。在这些领域中，每一毫秒的延迟都可能影响决策的准确性，甚至直接关系到人们的生命安全（蔡跃洲、马文君，2021）。此外，近年来的经济预测中采用的“现时预测”（Nowcasting）也利用了数据要素的即时性特征。即时性的重要性在于它推动了数字经济的快速发展，使各种实时应用和服务成为可能。这种即时性要求高度可靠的通信和数据传输技术，以确保数据的实时性和准确性，这对于许多行业和领域都具有重要意义，特别是在面临大量数据和需要及时决策的情况下。

依照佩蕾丝（2007）的理论，各个技术革命的演进都伴随着1~2种关键性生产要素的涌现，这些要素的两个主要特点在于其大规模可得性和低廉的价格。当前，由于人工智能、区块链、云计算、5G等新技术的激进创新，数据正经历指数型的增长（黄鹏、陈靓，2021）。这表明大规模可得性正在变为实际存在的现象。除此之外，数据的可复制性是一个至关重要的特点，使得数据的边际成本极为微低，几乎接近于零。这种特性的实现归功于摩尔定律的发挥作用，导致数据的收集、存储、处理、分析和应用的成本迅速下降（刘玉奇、王强，2019）。因此，从数据大规模可得性和价格低廉的角度来看，数据具备了成为关键生产要素的特征（蔡跃洲、马文君，2021）。这种趋势对于数字经济和技术革命具有深远影响。数据的大规模可得性和低成本使得更多的组织和行业能够利用数据来提高生产效率、开发创新产品和服务，以及更好地满足市场需求。这也引发了许多关于数据隐私、安全和伦理等方面的讨论和挑战，因为数据的广泛利用也引发了对数据管理和保护的新需求（见表1-2）。

表1-2　不同生产要素对比

区别维度＼生产要素	土地	劳动	资本	技术	数据
要素主体特征	主体单一	主体单一	主体多样	主体多样	主体复杂
要素权属界定	权属清晰	权属清晰	权属清晰	权属清晰	权属复杂
价值溢出效应	不明显	不明显	明显	明显	价值倍增
交叉关联性	相对独立	存在交叉	存在交叉	存在交叉	紧密交叉
资源稀缺性	稀缺性	稀缺性	较为稀缺	较为稀缺	非稀缺性
资源均质性	一定匀质性	一定匀质性	匀质性	一定匀质性	非匀质性
资源排他性	排他性	排他性	排他性	非排他性	非排他性

资料来源：田添．数据作为新型生产要素的对比性分析．搜狐网．2021-02-22.

第二章　数据要素的运行机制

第一节　数据要素的微观运行机制

数字经济环境下，生产要素不再受限于传统的劳动、土地和资本。随着新一代互联网和信息技术的不断创新，数据逐渐成为新兴的生产要素，融入企业的生产和经营全过程中，对资源配置方式和效率产生深远的影响（于立和王建林，2020）。数据要素和数字技术的嵌入改变了生产过程，影响了传统生产要素的组织和编排方式。在数据要素的驱动下，实现了融合激发和协同提升，结合反馈正配机制，积极参与企业的价值创造（王谦和付晓东，2021）。作为新的经济资源，数据要素通过资源再次编排和精准匹配，改善了既定的要素配比方式，并通过数据的开发应用和传播共享，提高了企业的生产率（李治国和王杰，2021）。数据要素在微观层面的核心作用在于利用其承载的有价值信息，提高劳动、资本等各种要素之间的协同性，通过数据分析和数据挖掘，激发数据潜力，释放数据活力，促进企业数字化转型（Qi et al.，2023）。企业作为市场中最活跃的微观主体，既是数字化转型的主要实施者，也是大数据技术应用的受益者。这也是数据要素提升微观运行效率最为典型的作用机制。

一、设计环节的大规模定制

大规模定制，这一概念已经逐渐改变了传统工业生产的面貌，它不仅是一种生产模式的变革，更是一场产业革命的崭露头角。在过去的几十年里，工业生产一直以大规模生产和标准化为主导，因为这样可以降低成本、提高效率，并在市场中取得竞争优势。然而，这种模式也存在一些明显的局限性，例如产品缺乏个性化、库存成本高昂、难以适应快速变化的市场需求等问题。大规模定制的出现改变了这一格局。它不再追求单一的低成本和高效率，而是将重点放在了同时兼顾高质量和个性化上。这在过去的传统工业社会几乎是不可想象的，因为传统生产模式难以灵活适应个性化需求，而且通常会导致较高的库存和物流成本。然而，随着科技的不断进步，特别是信息技术和数据科学的发展，大规模定制变得更加可行，甚至成为一种创新的商业模式。

数据要素在大规模定制中发挥着关键作用。这些数据要素包括数据采集、数据管理、订单管理、智能化生产和定制平台等方面。通过精确收集和管理这些数据，企业可以更好地了解市场需求、客户喜好和产品特性，从而更好地满足个性化定制的需求。此外，数据还可以帮助企业实现智能化生产，优化生产流程，降低生产成本，提高产品质量。当定制数据积累到一定规模时，它们的价值进一步凸显。通过对这些数据的深度挖掘和分析，企业可以实现更高级的功能，如精准匹配、智能化营销推送和流行趋势预测。例如，通过分析客户的购买历史和偏好，企业可以向客户提供个性化的产品建议，提高销售转化率。又如，通过分析市场趋势和竞争对手的表现，企业可以更好地预测市场走向，调整生产计划，降低库存风险。

大规模定制的另一个重要优势是降低物流和库存成本。传统的生产模式通常需要大量的库存来满足市场需求，这会导致高昂的库存成本和风险。而大规模定制允许企业根据实际需求生产产品，减少库存，降低物流成本，并提供更快的交货速度。这不仅有助于降低企业的运营成本，还能提高客户满意度。此外，大规模定制还可以增加产品的用户匹配度，因为产品是根据客户的需求定制的，所以更容易满足客户的期望，提高产品的使用价值。这有助于建立忠诚的客户群体，促进口碑传播，进一步扩大市场份额。

综上所述，大规模定制不仅改变了传统工业生产的模式，还为企业提供了更多的竞争优势和机会。数据要素在其中扮演着关键角色，帮助企业实现个性化定制、降低成本、提高质量和增加用户匹配度。虽然实施大规模定制可能会面临一些挑战，但随着技术的不断发展，它将继续在各个行业中展现出巨大的潜力。

二、生产环节的智能制造

智能制造的实现基础是大数据，实现途径是信息物理系统。数据要素在生产环节的智能制造中发挥着关键作用，通过提供数据收集、分析、管理和应用的功能，赋能企业实现智能化生产。

（一）生产优化和质量控制

通过嵌入式软件形成更精益的自动化数据链控制，数据的动态采集与分析模式使数据渗透到生产过程的全生命周期，构建畅通的智能化物流信息链，企业可以优化生产计划、资源分配和生产流程（戚聿东、徐凯歌，2022）。通过大数据收集和分析生产过程的问题，企业可以通过车间管理系统实时地监测生产线的运行状态、设备的性能和产品质量等指标。基于这些数据分析的结果，进行生产优化，调整生产进程、提高生产效率和资源利用率，避免浪费。此外，数据要素在质量控制方面起到关键作用。数据赋能可以帮助企业实现更精确的产品质量控制。通过分析产品制造过程中的关键参数和监控数据，可以及时发现生产过程中的异常情况并采取纠正措施，确保产品达到高质量标准，有助于降低不合格品率，提高产品质量。

（二）个性定制和产消合一

个性化定制的主要特征是以用户需求为中心，将生产和消费的二元逻辑逐渐演变为“生产—消费”的一元观念。生产者和消费者、供给和需求的边界逐渐变得模糊，最终实现供消两端的价值共创（戚聿东、徐凯歌，2022）。借助企业线上平台，消费者能够积极投入生产流程与实践之中，从而享受到更加个性化的产品供给。这一创新模式不仅显著降低了企业的试错成本，还大幅提升了供给效率，有效剔除了低效和无效的供给。这进一步在产品质量上体现，通过提高产品的附加值，缓解了因粗放型生产导致的低质低档产品生产过剩问题。在产品数量方面，通过灵活生产实现了客户需求端与制造生产端的紧密连接，避免了由于市场需求定位偏差而引起的生产过剩。

以戴尔为例，其成功采用了 C2B 模式，打造了一个全生命周期的数字化场景体验。在这一模式下，用户可以根据自己的独特需求，对电脑产品进行深入的个性化定制。他们不仅能够自由选择 CPU、硬盘、内存等核心硬件配置，还能在笔记本外壳的色彩、图案以及材质上实现自由搭配。这种高度个性化的定制服务，充分满足了用户的个性化需求，同时也让他们在线参与到生产活动中，享受到了前所未有的消费体验。戴尔的 C2B 模式不仅提升了消费者的参与感和满意度，也为企业带来了诸多益处。通过精准满足消费者的个性化需求，戴尔减少了因产品不符合市场需求而导致的浪费和损失，降低了试错成本。同时，这种模式还提高了供给效率，使企业能够更快速地响应市场变化，满足消费者的需求。此外，通过消除低效和无效的供给，戴尔进一步优化了资源配置，提升了整体运营效率。

（三）实时监控和预测性维护

数据要素支持大规模数据采集和传感器技术的应用。制造设备和生产线上安装的传感器可以实时监测生产过程中的各种参数，如温度、湿度、压力、速度等。这些数据被收集并传输到中央数据库，为实时监控和分析提供了基础。通过对实时数据的分析，生产团队可以及时识别潜在的问题或生产异常，能够采取即时措施来避免生产中断或品质问题。此外，通过监控设备和机器的性能数据，系统科学地识别出设备潜在的故障模式，并对设备进行预测性维护，减少设备故障带来的生产停机时间，增加设备的可靠性和使用寿命。

总的来说，数据要素在智能制造中扮演着关键角色，助力企业优化生产环节，提高效率、质量和竞争力。通过充分利用数据资源，企业能够实现更智能化、高效化的生产过程，更好地满足市场需求，降低成本，提高盈利能力。因此，数据要素的应用不仅是智能制造的趋势，也是企业在当今竞争激烈的市场中取得成功的关键之一。

延伸阅读　雅戈尔：从 15 天到 5 天：高端西服定制，因 5G 而提速

雅戈尔，一家拥有 43 年辉煌历史的时尚服饰企业，始终坚守着创立时

的初心——让中国人以穿着民族品牌为荣。凭借近乎执着的勤勉精神，雅戈尔深耕细作，成功打造了一条涵盖棉花种植、纺纱织造、成衣设计、制造加工到零售终端建设的全产业链格局。在这条道路上，雅戈尔不断推动品牌从工业化向时尚化、个性化转型，矢志将民族品牌推向国际舞台。数据显示，雅戈尔在男装领域取得了令人瞩目的成绩。其男西服连续22年保持全国市场占有率第一，男衬衫更是连续25年稳坐全国市场占有率第一的宝座。这一连串的“第一”，不仅是对雅戈尔品牌实力的有力证明，更是对其不懈追求和执着精神的最好诠释。

如今，随着服装个性化时代的到来，消费者对高端西服的需求日益旺盛。在这样的背景下，雅戈尔展现出了惊人的效率和实力。对于定制一件高端西服，雅戈尔给出的答案是令人惊叹的——仅需5天！

在雅戈尔斥资1.6亿元打造的智能工厂内，一系列高科技信息化硬软件设备共同演绎着一件西服从辅料运送至最终装箱的5G时代奇妙之旅。吊挂流水线、MES系统、智能裁剪系统、单工位智能模块以及AGV智能小车等先进设备，共同构成了这座现代化工厂的核心。在联通的技术支持下，雅戈尔成功打造了省内首个服装行业未来工厂，将传统制造与先进科技完美融合。通过对工厂设备的全面数据采集和BI大数据处理，产线自主平衡得以实现，大大提高了生产效率。同时，自动分配生产任务的实施，有效减少了配对的时间成本，使生产流程更加高效顺畅。此外，5G+AI技术的运用以及机器人的视觉检测等功能，不仅提升了检测效率和质量，还确保了产品质量的稳定性和一致性。这些技术的应用，使得雅戈尔的成品反应速度从原来的15天大幅缩减至5~7天，批量订单的生产周期也缩短了35%，单工位生产效率更是提高了25%。智能工厂不仅提高了生产效率，还加速了雅戈尔的柔性化制造进程。传统的生产方式中，不同订单需要分线生产，而现在的智能生产线实现了混流生产，使得西服工厂得以更新迭代。通过5G智能系统，大批量订单和小订单可以实现系统分割，使得生产更加灵活和高效。此外，智能工厂还解决了过去存在的布料流转问题，以及园区内数据采集能力不足、整体物流仓储效率较低等问题。现在，通过MES系统，从裁剪到成衣的整个过程都在吊挂系统上完成，生产效率得到了极大的提升。在智能工厂的建设中，雅戈尔还注重管理智能化的提升。通过引入机器人等智能设备，实现对工厂各种情况的实时掌握和监管，提高了管理的精细化和智能化水平。这种管理方式不仅提高了工作效率，还降低了人为错误的可能性，使得生产管理更加科学和高效。

雅戈尔智能工厂的建成投产，不仅展现了企业在技术创新和产业升级方面的卓越成就，更为整个服装行业树立了一个崭新的标杆。展望未来，雅戈尔将继续致力于未来工厂的建设和技术创新。在数字孪生等先进技术的支持下，雅戈尔将进一步优化设计和派单环节，实现更加智能化和最优化的生产流程。随着更多先进技术的应用和推广，雅戈尔将继续引领行业变革，为消费者带来更多高品质、个性化的时尚产品。

资料来源：凤凰网宁波，http：//nb. ifeng. com/c/8IlqXYVHneB.

三、供应链环节的优化与提速

在数据要素的支持下，通过对供应链海量数据的搜集和分析，企业可以实现更智能、高效、利润最大化的供应链管理，为市场需求提供更精准的响应。数据要素实现供应链优化的关键在于以下 3 个方面。

（一）用户画像的构建及市场需求的反映

通过搜集和分析消费者的购买历史、行为数据以及其他相关信息，企业可以建立详细的用户画像。这些用户画像包括了消费习惯、消费能力、购买偏好等维度的信息。通过深入了解消费者，企业可以更好地预测市场需求，提供符合客户期望的产品和服务。同时，通过分析海量的市场数据，企业可以更准确地了解市场需求的动态变化。这包括了市场趋势、竞争情况、产品热销程度等信息。这有助于企业及时调整生产和供应链策略，以满足市场需求，提高市场份额。

（二）供应链运营的可视化及协同效应

数据要素支持下，企业可以实现对供应链运营的全面可视化。通过监控供应链中的各个环节，并实时收集数据，企业可以清晰地了解供应链运作情况。这包括了库存水平、订单处理速度、交货时间等关键指标。可视化使企业能够快速识别潜在问题并采取行动，以确保供应链的高效运作。同时，企业可以通过数据共享和协作，与供应商和合作伙伴更紧密的合作，实现更高效的供应链协同。这可以加速生产周期，降低库存成本，提高供应链的整体效率。

（三）挖掘业务盈利点，提高营业利润

通过对供应链数据的深入分析，企业可以发现业务盈利点和低效率的地方，例如成本高昂的环节、库存过多的情况或者供应链中的瓶颈。基于数据分析结果，企业可以更合理地配置资源，包括原材料、生产设备和人力资源，企业可以有针对性地进行业务调整，更加迅速灵活地响应市场需求，节约资源降低成本，实现供应链的高效运作，提高企业竞争力。

综上所述，数据要素的应用使企业能够更好地理解市场需求、优化供应链运营、降低成本、提高利润。通过建立用户画像、实现市场需求反映、可视化供应链运营、发现业务盈利点、优化资源配置、提升协同效应，企业可以实现供应链的智能化管理，为市场提供更满意的产品和服务，从而实现效率和利润的最大化。数据要素在现代供应链管理中发挥着不可替代的作用，对企业的竞争力和可持续发展具有重要意义。

四、研发环节的高效创新

数据要素在研发环节的协同创新中发挥着至关重要的作用，从应用场景来看主要通过以下 4 种方式。

（一）加速数据整合

海量数据是高附加值数据分析的基础。研发环节通常需要使用来自多个来源的数据，包括市场调研数据、产品性能数据、用户反馈、供应链数据等，数据要素通过提供数据整合技术，允许将这些多源数据整合到一个集中的数据存储中。这有助于建立全面的数据视图，为研发团队提供更全面的信息。同时，不同数据源的数据通常具有不同的格式和结构，这可能导致数据整合的挑战。数据要素可以支持数据的标准化过程，将不同数据

源的数据统一为相同的格式和标准，以确保数据的一致性和可比性。此外，数据整合也有助于知识管理。企业可以整合来自不同项目和部门的数据，以此建立知识库，促进经验共享和最佳实践的传播。通过数据整合，企业能够获得更全面的数据视图，统一数据格式和标准，建立知识库，有助于深入了解市场趋势、客户需求和竞争情况，为研发提供更有力的支持。

（二）促进内外协作

数据要素在促进企业内外协作方面具有重要作用，帮助打破信息壁垒、促进知识共享，从而推动协同创新。在许多传统企业中，各个部门之间常常存在信息壁垒，数据孤岛以及沟通障碍。数据要素的引入可以改变这种状况，使不同部门能够更轻松地共享信息和数据。例如，研发部门可以与市场部门共享市场调研数据，从而更好地理解市场需求，为产品开发提供方向。此外，数据要素也有助于销售团队与供应链管理团队之间的协作，以实现更高效的库存管理和订单履行。此外，企业不仅需要内部协作，还需要与外部合作伙伴、供应商、客户等进行协作。数据要素可以加强与外部合作伙伴的协作。企业可以共享关于供应链、生产计划和市场趋势的数据，以便更好地协调和规划。供应商和合作伙伴可以共享数据以改进供应链效率和产品质量。这种数据共享有助于建立更紧密的业务关系，提高整个供应链的可视性和协同效应。通过内外协作不仅能更好地解决问题，还能激发新的创意和创新。例如，跨部门的数据分享和分析可以帮助企业更好地理解市场趋势，从而在产品设计和开发中融入新的功能和特性。此外，与外部合作伙伴的数据共享可以加速新产品的开发和上市。

（三）提供决策支持

数据要素可以用于辅助决策。通过收集、分析和解释大量的数据，研发团队能够更好地了解产品开发、项目管理和创新决策中的关键因素，减少主观决策和基于猜测的做法，使决策更加客观和可信。复杂的决策，如在项目管理和投资决策中，数据要素可以用来评估项目的潜在回报和风险。通过分析历史数据、市场趋势、竞争情况等，企业可以更准确地估计项目的投资回报率，帮助决策者确定是否要进行投资或项目选择；通过监测市场动态、消费者需求和竞争状况，企业可以及时发现潜在的市场空白，从而制定新的产品或服务策略，实现业务增长，通过数据分析和机器学习技术，企业可以更准确地评估风险和机会，制定相应的风险管理策略，以降低不确定性对项目和产品的影响。数据要素的应用使研发环节能够更加智能化地进行决策，提高决策的质量和效率。

（四）加强深度学习

数据要素在深度学习领域扮演着至关重要的角色，它们不仅是深度学习的基础，还支持深度学习模型的训练和优化。深度学习模型需要大量的标记数据进行训练。数据要素提供了这些训练数据的基础。这些数据可以包括图像、文本、语音、视频等各种类型的信息。深度学习模型通过分析这些数据，学习到特征和模式，从而能够执行各种任务，如图像分类、语音识别、自然语言处理等。此外，数据要素还支持数据增强技术，这是深度学习中的重要方法之一。数据增强通过对训练数据进行多样性的变换和扩展，以增加模型的鲁棒性和泛化能力。例如，对图像数据进行随机裁剪、旋转、翻转等操作可以生成更多的训练样本，有助于提高模型性能。对于某些应用，实时数据也是关键的数据要素。例如，自动驾驶汽车需要实时感知和决策，深度学习模型需要接收来自传感器的实时数据来进行实时决策。这些实时数据要素对于确保深度学习模型的安全性和可靠性至关重要。

总的来说，数据要素在研发环节的协同创新中发挥着关键作用。通过数据整合、内外协作、决策支持和深度学习，数据要素帮助企业更好地理解市场和客户需求，推动内部各部门之间的协作，促进与外部合作伙伴的合作，提高研发效率和创新能力。数据要素的应用不仅加速了研发过程，还提高了决策的准确性，有助于企业更好地应对市场挑战，保持竞争优势。因此，数据要素在研发环节的协同创新中具有重要价值，并已经成为许多创新型企业的关键竞争优势之一。

五、营销环节的精准推送

借助数据要素，企业能够实现对市场波动、宏观经济、气象条件、营销活动以及季节周期等区域性因素的综合分析，进而对产品需求、产品价格等关键业务指标进行精准的量化预测。通过深度挖掘智能产品和互联网上的数据，企业能够全面了解用户的使用行为、偏好以及负面评价，从而更细致地划分客户群体，优化营销策略和渠道选择，提升产品的市场渗透率。此外，结合用户分群，企业可以实现产品的个性化设计和精准定位。根据不同群体的用户特征，企业可以运用精准画像和差异化推送等手段，将产品从设计到交易的整个营销环节都做到精准化，从而提高用户体验和满意度，增强品牌影响力。借助数据要素进行精准推送在营销过程中扮演关键角色，有助于提升市场响应率、客户满意度和销售效果。

（一）融合分析与定量预测

数据要素允许企业将多个数据源融合分析，包括市场波动、宏观经济、气象条件、营销活动等。通过综合分析这些数据，企业可以更好地理解市场环境和趋势。例如，考虑到天气条件，可以调整商品库存和营销策略，以满足消费者的实际需求。此外，数据要素支持对产品需求和价格等因素进行定量预测。通过历史数据和模型分析，企业可以预测市场需求的波动，从而制定相应的供应链和定价策略。

（二）用户行为分析与个性化设计

数据要素允许对用户的使用行为、偏好和反馈进行精准分析。这有助于创建用户画像，理解不同客户群体的需求和习惯。企业可以根据这些数据调整产品设计、营销策略和服务模式，以更好地满足客户需求。结合用户分群和画像，企业可以实现产品的个性化设计和精准定位。不同的客户群体可能对产品的特性和定价有不同的偏好。因此，企业可以根据这些差异来定制产品，并制定针对不同群体的精准营销策略。

（三）精准推送与营销策略优化

基于用户的个性化画像和行为分析，企业可以实现精准地推送，包括个性化的产品推荐、定制化的营销信息以及针对不同客户群体的广告和促销活动。通过精准推送，企业可以提高市场响应率，增加销售机会。此外，数据要素支持从产品设计到交易的完整营销环节的精准化。从产品的设计阶段开始，就可以考虑不同客户群体的需求和喜好，制订相应的产品规划。然后，在市场推广和销售阶段，可以根据用户画像和行为数据来调整营销策略，以实现精准化的销售。数据要素还允许企业对营销活动的效果进行评估和优化。通过监测销售数据、用户反馈和市场反应，企业可以不断改进营销策略，提高销售效果。

总的来说，数据要素的应用使企业能够在营销环节中实现精准推送，从而更好地理解市场、满足客户需求、提高销售效果。这有助于建立更紧密的客户关系，提高客户忠诚度，增加市场份额，实现可持续的增长。同时，通过不断优化营销策略，企业还可以提高资源利用效率，降低成本，提高竞争力。

六、服务环节的运维与预测

数据要素在服务环节的运维和预测中发挥着关键作用，通过深度分析和关联分析，为企业提供了主动运维和高效的问题解决方案。数据要素助力服务环节的运维与预测的关键在于以下 3 个方面。

（一）数据搜集与关联分析

数据要素支持智能终端的数据搜集。智能终端可以自动收集关键数据，包括性能指标、故障信息等。这使得企业可以迅速获得关于服务质量和终端健康状况的信息，有助于及时发现问题并采取措施。借助海量数据库和数据要素，企业可以对信息、数据、资源和终端进行关联分析。这意味着企业可以跟踪和分析整个服务生态系统中的各个组成部分，包括硬件设备、软件系统、网络基础设施等。通过数据关联分析，企业可以更好地了解这些组件之间的关联关系，从而更好地监测和管理服务环节。

（二）故障节点查找与问题分类统计

数据要素可以通过分析大量的故障数据，帮助企业自动查找故障节点。通过识别和定位故障，企业可以更快速地解决问题，减少服务中断时间，提高客户满意度。同时，数据要素不仅可以帮助企业解决问题，还可以进行问题分类统计。通过对问题的分类和统计分析，企业可以了解不同类型的问题发生频率和趋势。这有助于运维人员更好地分配资源，解决高频发生的问题，提高服务质量。

（三）主动运维与服务效率提升

数据要素的应用有助于实现主动运维。通过数据深度挖掘和离线分析，运维不再是传统的事件驱动，而是变为业务质量驱动。这意味着运维人员可以提前预测和识别潜在问题，采取预防性措施，从而降低故障率和服务中断时间。而且，通过分析数据，系统可以自动调整配置，优化性能，解决潜在的网络故障，降低运维人员的工作负担，提高服务的可用性和稳定性。此外，数据要素为运维人员和客户中心提供及时的分析数据。一方面，运维人员可以根据数据分析结果迅速定位和解决问题，提高运维效率。另一方面，客户中心可以利用数据分析来更好地理解客户的需求和投诉，改进客户支持服务。

综上所述，数据要素在服务环节的运维和预测中扮演着关键角色。通过关联分析、智能终端数据搜集、自动故障节点查找、问题分类统计、分析数据提供运维支持、主动运维、自我修复和优化配置，以及基础设施健康与质量保障等方式，数据要素使企业能够更高效地管理服务环节，提高服务质量，降低成本，提升客户满意度。数据要素的应用不仅提高了运维效率，还有助于预测和预防问题，为企业的可持续发展和竞争力提供了重要支持。

第二节　数据要素的中观运行机制

中观层面上，数据的跨界融合性发挥了关键作用，主要体现在两个方面：产业融合和产业关联。一方面，数据在推动产业融合方面发挥着显著作用。通过将数据要素整合到农业、制造业和服务业等传统产业中，实现了产业的数字化升级，数据成为推动传统产业发展的有力引擎。另一方面，数据也对产业关联产生了积极影响。以数据为核心要素的新兴业态不断涌现，同时催生了前向关联产业和后向关联产业，形成了全面的产业链。这一产业链的核心要素即是数据，实现了数据的产业化。数据的参与不仅实现了产业层面的价值创造，也使得数据本身更加具体，进而形成了产业融合和关联创造的机制（李海舰、赵丽，2021）。这种以数据为驱动的中观层面发展机制为各产业之间的协同发展提供了有力支持。

一、数据要素赋能传统产业优化升级

传统产业一般指那些以制造加工为主、劳动密集型的行业。尽管我国的传统产业在规模和产值上仍然相当庞大，但通常存在效率低、资源消耗大等问题。许多传统产业的组织结构和商业模式已经难以适应市场需求，因此需要紧急进行转型和升级。随着数字技术的快速发展，传统产业越来越倾向于朝着信息化方向发展，它们开始利用数据提取所需信息，以重新配置资源，加速数字化改造的进程（戴双兴，2020）。数字技术已经渗透到传统行业的方方面面，包括提高生产效率、重塑产业结构、推动跨界融合等，从而进一步推动了传统行业的数字化转型。尽管在数据要素改造传统产业的过程中，产品的基本结构和功能可能没有发生根本性的变化，但通过应用数据要素，传统产业提升了技术水平，丰富了产品功能。这有助于提高传统产业的效率，推动不同产业之间的跨界融合，重新构建产业组织模式，促进传统产业的升级和转型。

（一）第一产业——农业

传统农业一直以手工劳动和机器操作为主要的生产方式，高度依赖地理位置、土壤条件、降水等自然因素。传统农业的生产要素主要限定在土地和人力，通常被称为“二要素论”。然而，随着数字经济的迅速兴起，传统农业正在经历一场革命性的转型，这为农业现代化和升级提供了新的动力。数字经济借助先进的数字技术将数据要素引入农业生产经营的各个环节，从而深刻改变了农业生产经营方式。首先，可视化监测。数据要素使农业生产对象的监测更加精确和实时化。通过可视化监测，农民可以获得农作物的生长情况、病虫害情况和土壤状况等信息。这些数据可以通过大数据平台进行精准分析，以帮助农民有效地调整资源和劳动力，以提高农业生产效率。其次，数字化设计。借助数字技术，数据要素提供实时数据，以帮助农民更好地了解他们的土地和作物生长情况。这有助于制定精确的农业实践，如适时地灌溉、施肥和农药的使用，以满足作物的具体需求。此外，通过实时监测和数据分析，农民可以减少资源浪费，例如水资源、肥料和化学物质。这不仅降低了成本，还有助于减少对环境的负面影响，从而优化农业生产环境。再次，信息化管理。数据要素推动了整个农业生产过程的信息化管理。这包括管理农业资源、环境、生产过程以及监管数据等。通过数据的指导，农民可以更好地进行育种、种植、生产管理、销售服务以及监管管理等方面的全周期管理。这也促进了一、二、三产业的融合发展，有助于优化和升级农业产业结构。因此，数据要素引领了农业生产方式的变革，提高了农业生产效率，改善了农产品质量，同时也促进了农业产业结构的升级。这使农业更加智能、高效和环保，为实现农业现代化的目标提供了强有力的支持。最后，随着数据要素进一步融合发展，新兴形式如元宇宙等也快速崛起，打破了传统地理空间和资源依赖的限制，为农业带来了更多活力和可能性（夏杰长，2023）。

（二）第二产业——工业

随着工业经济时代的到来，传统的手工劳动逐渐为大规模机器生产所取代。这一变革不仅减少了对自然条件的过度依赖，还强调了技术进步的核心作用，将资本和技术要素提升至至关重要的地位。在这一过程中，数据要素崭露头角，发挥了协同作用，实现了生产要素的倍增效应，从而提高了资本投入和工业发展的效率。在产品设计和生产环节，数据要素的应用带来了革命性的改变。数据的丰富信息使产品设计不再是一个单向过程，而是与消费者之间的协同共创。数据的共享使产品数字化设计成为可能，彻底改变了传统的生产模式。存货管理是工业领域的关键活动之一。大规模的工业企业通常需要管理大量的原材料采购和库存商品，而数据信息和数字技术的应用可以显著提高管理水平和效率。传感器技术，类似于人脑的神经元，已广泛应用于制造业生产中。这些传感器设备可以抓取数据，将其上传至云平台的“神经中枢”，进行分析、存储、处理和预测，实现了生产全过程的可视化，使监督和预警成为可能（李海舰、赵丽，2021）。在财务管理环节，数据分析发挥了关键作用。它可以帮助企业更好地理解资金流向和投融资需求，从而实现风险管理的优化。那些拥有重要数据要素的企业还可以将数据资产化，实现资产性收益，充分利用数据的潜力。数据要素在工业和制造领域的深度融合有力推动了产业的创新和发展。消费者需求和喜好的变化不仅储存在数据中，还能即时传递到生产端。这延伸了制造业的服务链条，支持了各种新的生产模式，包括智能制造和个性化定制（夏杰长，2023）。这一发展趋势有望推动工业朝着更智能、更高效、更生态的方向发展，为实现工业现代化的目标提供了有力支持。

（三）第三产业——服务业

除金融业和房地产业外，服务业构成实体经济的重要组成部分。数字化和数据要素的结合对服务业产生了积极影响。首先，服务业通常是劳动密集型产业，数据要素的融合能显著提升生产效率。数字技术和数据分析有助于克服行业的成本问题，通过优化流程和资源分配，提高劳动生产率。同时，数据要素和数字技术改变了服务业的生产和供给方式，突破了时间和空间的限制，缓解了服务产品的产销一体性和不可储存性带来的生产和消费限制，使服务能够更加灵活地在线上或线下提供。在标准化较高的服务场景中，数据要素和数字技术还可以实现自动化，例如，AI 机器人能基于劳动者的技能数据和消费者的需求替代部分重复性和低技能劳动，提高劳动生产率并优化服务体验。其次，服务业的无形性与数据要素和数字技术高度契合。数据要素的价值贯穿服务产品的全生命周期，服务企业可以利用数据嵌入平台生态系统，高效实现供需匹配和服务交付。在疫情期间，数据与数字技术的融合在服务业表现得尤为明显，如人工智能辅助医疗诊断和美团外卖的无接触配送服务。这些应用通过数据和数字技术为服务提供了更强大的支持，同时降低了与疫情相关的风险。此外，数字贸易的发展也改变了商品和要素交易方式，实现商贸流通的数字化，推动了全球经济的数字化升级。数据的跨界融合性有助于打破企业、行业和产业之间的数据壁垒，促进了深度协同，构建了产业生态系统的“共同体”，实现更强大的竞合优势。综上所述，服务业在数字经济和数据要素的引领下经历了深刻的变革，提高了生产效率、提供更灵活的服务、实现了自动化和智能化，同时在全球范围内推动了数字贸易和产业生态系统的发展，为实体经济带来了新的机遇和竞争优势。

二、数据要素催生“三新”经济

在数字经济时代，传统的三次产业（农业、工业、服务业）正在迎来全新的机遇和挑战，而新的数字产业和创新技术正在塑造着现代经济的格局。云计算、大数据、物联网、人工智能、区块链等新一代信息技术正在成为当前技术创新和产业发展的关键驱动力。这些技术的整合和应用不仅在传统产业中带来了变革，还催生了全新的数字产业和商业模式。2020 年 7 月国家发展和改革委员会联合相关部门印发《关于支持新业态新模式健康发展、激活消费市场带动扩大就业的意见》，提出要充分发挥数据要素作用，深入实施数字经济战略，把支持线上线下融合的新业态、新模式作为经济转型和促进改革创新的重要突破口，加快培育产业平台化发展生态、基于新技术的“无人经济”等 15 个新业态、新模式健康发展，推动产业结构转型升级，实现经济高质量发展。

依托大数据，大量适应高质量发展的新产业出现，主要包括大数据直接产业、大数据关联业态产业和大数据渗透作用产业（李辉，2019）。第一，大数据直接产业。大数据直接产业是由大数据核心技术构建的产业，涵盖了大数据的采集、处理、存储、分析，以及云平台运营等方面。这些服务属于数字经济的范畴，对我国的经济增长具有直接促进作用。这个领域不仅为企业提供了数据驱动的决策支持，还推动了新的商业模式和服务的出现。在未来，大数据直接产业将继续发展，成为现代服务业的关键方向。第二，大数据关联业态产业。大数据关联业态产业是服务大数据直接产业的上下游产业。这包括集成电路、电子器件、软件开发、智能终端等领域，这些领域提供了支持大数据技术和应用的基础设施和工具。例如，智能终端设备，如智能手机和传感器，帮助采集和传输数据，软件开发领域提供了数据分析工具。这些领域的发展使大数据应用更加广泛和高效。第三，大数据渗透作用产业。大数据渗透作用产业是那些依赖大数据核心技术对传统产业进行改造和升级后形成的新业态。这些领域包括智慧能源、智能制造、智慧农业、智慧旅游、远程医疗、数字文化创意等。大数据技术使这些领域能够更智能化、高效化地运营。例如，智慧农业利用大数据来监测和优化农业生产，智能制造借助数据来提高生产效率，数字文化创意产业利用数据来创造个性化的文化产品和服务。这些新产业和业态在数字经济时代起到了推动经济发展的关键作用。它们不仅为经济带来新的增长点，还为社会创造了更多就业机会，促进了技术创新和科技进步。随着大数据技术的不断发展和应用，数据要素在这些领域的潜力将继续得到释放，对未来的经济增长和社会进步产生积极影响。

三、数据要素助推数实深度融合

数字经济和实体经济之间的深度融合是当前经济发展的重要特征。这种融合的前提是数据成为新的生产要素，数据在这一过程中扮演了桥梁的角色。首先，数字经济与实体经济的紧密结合已经成为现实。数字经济不再是一个独立的经济部分，而是与实体经济紧密交织在一起。数字技术和数据已经深入传统产业中，引领着创新和增长。数据，作为数字经济的核心资源，具有重要的经济价值。数据的生成、交易、使用和变现成为经济活动的主要组成部分。企业和组织必须学会有效地采集、分析和运用数据，以便在市场竞争中脱颖而出。其次，数据不仅在数字经济中发挥作用，它也在实体经济中引发了深刻的变革。数字技术的广泛应用已经创造出新的商业模式和增值服务。数据的深度融合与传统制造业相互作用，推动了新型的生产性服务业的发展，有助于实现产业结构的升级和高级化。

平台经济作为数字经济的代表模式，正在加速推动数字和实体经济的深度融合，发挥着经济发展的“稳定器”和“加速器”作用（夏杰长，2023）。平台经济既属于实体经济范畴，又具备独特的功能和价值。平台经济是典型的双边市场，它连接了供应商和消费者，促成双方互动。这种双边性带来了网络外部性，即随着双边用户规模的增加，平台快速发展，吸引了更多参与者，从而平台的价值也呈几何级增长。需要指出的是，数据在平台经济中起到关键作用。平台依赖数据来实现用户需求的高效匹配，通过数据的收集、分析和运用，实现数据驱动的运营模式。数据的精确性和深度分析有助于平台更好地理解用户需求和行为，从而提供更具吸引力的服务。同时，平台经济借助数字技术和算法来实现各种功能，包括用户匹配、预测用户偏好、资源分配等。这些技术的不断进步和应用有助于提高平台的效率和用户体验。此外，平台经济也对传统实体企业产生了积极影响。传统零售业是一个例子，通过数字平台，传统零售业能够实现数据化和智能化的升级。这种数字转型为传统产业注入新的活力，推动了技术和经济的成长。总之，平台经济在数字经济时代的兴起是数字和实体经济深度融合的明显体现。它以数据为支点，连接了供应商和消费者，通过数字技术和算法提供了高效的服务。同时，平台经济也推动了传统企业的数字化转型，为经济增长和创新注入新的动力。

数据要素在数据搜集、清洗、标注、交易等关键环节中发挥了关键作用，推动了数据要素市场的壮大，并创造了众多新的就业机会。新兴业态不仅在传统领域，如交通、医疗和餐饮中有所涉足，而且持续扩展到各种应用场景，呈现产业扩散效应。这一显著趋势确实强化了数字经济与实体经济深度融合的新业态活力，为经济创新和核心竞争力的提升注入强大动力。随着数字技术的日新月异，数据要素的规模不断扩大，质量日益提升，价值也愈发凸显。同时，传统生产要素在数字技术的赋能下，效率得到协同提升，进一步推动了实体经济的稳健发展。实体经济作为国民经济的基石，其持续增长不仅夯实了国家经济的基础，还催生了海量的数据要素。这些数据经过深度挖掘和分析，能够优化数据算法和模型，反过来推动数字技术的不断创新和进步，从而形成了数字经济与实体经济之间的正向循环。在这一过程中，数据要素和数字技术逐渐渗透到实体经济的各个关键环节中，以双轮驱动的方式，助力实体经济的各个产业和部门实现全链条的数字化升级。这不仅提升了传统产业的效率和竞争力，还催生了众多新业态、新模式，为经济发展注入新的活力。未来，随着数字经济的持续深入发展，数字经济与实体经济的融合将更加紧密，双轮驱动效应将更加明显。这将推动中国经济实现更高质量、更可持续的发展，为构建新发展格局、实现高质量发展目标奠定坚实基础。

第三节　数据要素的宏观运行机制

数据要素在微观层面的规模效应和模式创新提高了运行效率，这种微观效率的提升在宏观层面得以放大，从多个方面激发了经济增长的潜力（蔡跃洲和马文君，2021）。具体表现为提升生产要素组合效率、激发创新效率和提高宏观调控效率等方面，从而优化市场和政府行为，促进经济高质量发展（王谦和付晓东，2021）。

一、数据要素赋能资源优化配置

数字经济时代的发展推动了社会经济活动的全面数字化，深度融合了人、机、物，对传统资源配置机制产生了深刻影响。在传统经济体系中，资源配置主要依赖价格机制，供求分析建立在不完全信息和有限理性的基础上。这种分析主观性强，难以克服市场失灵问题，也难以达到资源配置的帕累托最优。数字经济的崛起拓展了资源配置的边界，逐渐走向“算法化”。大数据和人工智能的支持下，完全信息和精准信息得以获取，通过实时共享、互联网和物联网的开放并联，产品和服务的总需求与总供给能够通过人工智能和大数据进行精准匹配。数字经济的兴起孕育了数据要素，使企业能够摆脱有限理性的约束，获取完全信息和精准信息，从而改变了资源配置的方式。数据要素可助企业挖掘潜在需求，整合闲置和零散资源，实现要素的增量补充。同时，数据要素能够减少供求过程中由于信息不足而导致的资源错误配置与扭曲，通过数据仿真模拟确定产量和价格，实现资源配置的算法化和精准化（武宵旭、任保平，2022）。企业可以更好地理解市场需求和趋势，大数据分析和人工智能的应用为实现资源配置的优化提供了新途径。

（一）数据要素赋能劳动力要素优化配置

数字经济背景下产业数字化和数字产业化将从就业生态构建和就业模

式改变两个方面重塑劳动力资源配置路径。

第一，数字经济构建了新的就业生态系统，促使劳动力资源的配置方式发生深刻变革。首先，数字经济使“平台式就业”和“创业式就业”成为可能。传统经济下，劳动力通常是雇佣关系的一部分，通过与特定企业建立联系来交换劳动力价值。在平台经济中，劳动者可以通过虚拟平台直接将其劳动力资源配置给需求方。以网约车服务为例，乘客发布出行需求，司机可以根据距离和个人情况选择是否接单，这一过程不再需要传统雇佣关系，而是通过平台实现精准地匹配和点对点交互。其次，数据要素可以降低劳动力市场交易成本。通过数据要素的搜集汇总，平台式就业有助于降低劳动力市场中工作搜索和匹配的交易成本。传统劳动力市场中，劳动者需要花费时间和精力寻找雇主，而雇主也需要耗费精力寻找合适的劳动力。平台经济通过强大的后台技术运算能力，实现了高效的实时匹配和交互，大大减少了这些交易成本。这有利于提高劳动力资源配置效率。

第二，数字经济的发展打破了传统劳动力资源配置中的时间和空间限制，实现了跨越时间和地理距离的分布式就业，使新的就业方式变得更加灵活和弹性化。首先，数字经济的崛起带来了新兴职业，如数字微客、互联网网约工等。这些职业的出现减弱了传统劳动力资源配置方式中的时间和空间壁垒。劳动者不再受制于传统的工作时间和地点要求，而可以根据个人需求和生活方式选择工作时间和地点。这使得“U盘式就业”和“分时就业”等模式逐渐变得普遍，劳动者可以在柔性安排的碎片化时间内赚取额外收入，同时社会整体劳动力资源配置的效率也显著提高。同时，新的就业方式在数字经济时代变得更加灵活和弹性化。劳动者可以根据自己的时间和能力选择不同的就业机会，更好地平衡工作与生活。这种灵活性不仅有助于提高劳动者的工作满意度，还可以提高整体劳动力资源配置的效率。

（二）数据要素赋能资本要素优化配置

数字经济背景下，数字金融等新模式的出现将从补位传统金融、深化虚拟经济与实体经济的融合两个方面，重塑资本资源配置路径。

第一，数据要素对传统金融体系产生了积极的补充作用，使资本的配置变得更加场景化和普惠化。首先，数字经济时代的发展，尤其是大数据和区块链等数字金融底层技术的广泛应用，使得资本配置更具场景化和普惠性。在数字经济的背景下，资本的配置能够直接与互联网经济生态相连接，以满足各类用户的资本需求。这意味着资本的提供方和需求方均可获得全面的金融解决方案，适用于多种生产经营和生活消费场景。例如，数字金融平台可以根据用户的需求，提供定制化的金融产品和服务，以满足不同领域的资本需求。其次，数字金融等新模式的出现有助于扩大融资主体的融资渠道，从而提高融资的可及性。这降低了融资成本，使小微企业、贫困和低收入群体等传统金融体系中受到排斥的群体能够获得更多碎片化和高可得的金融服务。数字金融平台提供了更多渠道，让这些群体可以获得融资支持，从而推动了普惠金融的发展，拓宽了资本配置的范围。

第二，数据要素的崛起深刻推动了虚拟经济与实体经济的交融，其在增强资本积累的灵活性和优化供需匹配度上起到了举足轻重的作用，进而极大地促进了资本配置效率的提升。与传统经济中农业、工业、服务业产业界限分明的状况不同，数字经济展现出了显著的跨界融合特质。这一变革催生了企业向数字化转型的迫切需求，使它们能够借助互联网平台实现规模化和广泛化的经济效益，从而极大地提升了资本的弹性积累效率。数字经济巧妙地将数据智能化和网络协同化融入资本配置机制之中，通过精准识别和匹配资本供需，有效降低了金融市场中信息不对称的问题。这不仅有助于减少传统经济体系下的逆向选择和道德风险，还进一步优化了信贷资源的匹配，从而显著提高了资本配置的效率。

（三）数据要素赋能技术要素优化配置

数字经济时代，基于平台双边、多边市场产生的网络外部性打破了传统经济下的垂直型组织结构，通过加速技术扩散速度、强化技术内生动力，改变技术要素配置路径（武宵旭、任保平，2022）。

第一，数据要素极大地提升了技术扩散的速度，并有力推动了技术要素向平台化配置的深刻转变。与以往的技术革命相比，新型数字革命技术以其通用性和模块化的显著特征脱颖而出。这些特性不仅在一定程度上降低了某些产业的技术门槛，打破了技术垄断，还使技术能够更迅速地在同一产业内部以及不同产业之间广泛传播。这种传播速度的加快有效降低了交易成本，进一步促进了多元主体之间的紧密协作，从而显著增强了技术要素配置的效率与有效性。此外，新兴的组织形式如平台经济和共享经济，正在深刻改变企业内外部的组织协调成本和结构。这些新型组织形式不仅降低了协调成本，还推动了企业管理模式朝着信息化、扁平化的方向发展。这种趋势无疑进一步加速了技术要素配置向平台化和协同化的方向演进，为经济社会发展注入新的强大动力。

第二，数据要素极大地增强了技术的内生动力，引领技术要素的配置向智慧化方向迈进。在数字经济蓬勃发展的时代，技术要素已然成为人类大脑的延伸，以其通用性和易用性为显著特征。从算法技术的视角来看，基于机器学习的人工智能通过灵活调整不同组合和权重，能够出色地完成更为抽象和复杂的过程遍历与状态输出。这不仅有效解决了工业企业所面临的实际问题，更实现了跨界资源的低成本、高效率再配置。数据要素的应用不仅加强了技术内生动力，还鼓励技术要素配置向更加智能化的方向演变，为各行业提供了更高效、更智能的技术解决方案，数字经济的发展为新一代信息技术提供了应用平台，以智慧化为核心的技术要素配置格局得以加速形成。

（四）数据要素赋能生产要素组合效率提升

数字经济的兴起改变了传统的资源配置方式。传统资源配置受到地理位置和物理要素的限制，企业需要投入大量的人力和物质资源来实现生产目标。然而，在数字经济时代，数据要素和互联网平台使企业能够更智能地配置和使用资源。这不仅提高了资源利用率，还降低了成本。例如，生产企业可以借助大数据分析和物联网技术来实现设备的智能维护，预测设备故障，减少生产中断，降低维护成本，提高生产效率。同时，新的就业模式，如云办公和远程工作，使人们能够更加弹性地工作，跨越时间和地理距离。这种灵活性使企业能够更好地匹配劳动力需求，同时也让劳动者能够更好地平衡工作和生活。例如，数字经济时代的自由职业者可以根据自己的时间表选择兼职和项目，从而实现更好的工作与生活平衡。

二、数据要素助力创新发展提质增速

在数字化时代，数据被视为创新发展的核心要素，成为推动经济体系变革的重要驱动因素。数据的引入不仅丰富了传统生产要素体系，还促使形成更多生产要素的组合方式，从而打开了一种全新的价值创造方式。此外，数字技术和数据要素的快速迭代和融合性决定了创新发展经济体系的优化升级潜力。数字技术的不断突破不仅推动了数据要素在创新发展经济体系中的价值凸显，而且为发现科学规律提供了全新的手段（康瑾、陈凯华，2021）。通过对大规模数据的分析和挖掘，能够更好地理解和把握各个领域的运行规律，进而推动知识生产方式的不断优化。

（一）数据要素优化知识生产突破创新壁垒限制

在经济体系的创新发展过程中，关键技术的不断突破对于推动经济体系的变革起到了重要作用。蒸汽技术、电机技术、信息技术等关键技术的突破推动了经济体系经历了从机械化、电气化到信息化等不同阶段的演进。而在当前，云计算、大数据、人工智能、区块链、物联网等数字技术的不断发展构成了数字技术生态系统，推动了数字创新发展经济体系的形成和演化（戴双兴，2020）。与传统经济相比，数字经济的关键生产要素具有强渗透性、可再生性、非排他性、即时性等特征，使得数字经济能够迅速渗透到经济社会的各个领域。在传统的创新发展经济体系中，人类与物理世界形成了二元系统，知识的产生受限于对物理世界的观察，因此其深度和广度均存在局限。然而，在数字创新发展经济体系的崛起下，数字技术的重大突破显著降低了处理大数据的成本，构建了一个由人类、数据空间和物理世界相互交融的三元系统。在这一新型三元系统中，数字技术成为驱动知识生产的关键力量。它使人类能够跨越传统界限，广泛涉猎并深入分析微观、宏观、自然、社会等多个层面的信息。通过对这些信息的智能分析和处理，人类能够揭示科学规律，推动知识生产方式从传统的人类主导模式向数据驱动以及人与数据共同驱动的模式转变。随着数字技术的不断更新与进化，传统知识生产中的学科壁垒、沟通壁垒和信息壁垒逐渐被打破。这些壁垒的消除极大地提升了知识生产的效率和频率，使得知识创新的速度和广度得到了前所未有的提升。数字技术的持续进步将进一步推动数字创新发展经济体系的深化，引领知识生产方式发生更为深刻的变革。这种数字化的知识生产模式不仅加速了创新发展经济体系的进程，同时也为经济体系注入全新的活力和创造力。

（二）数据要素驱动资源集聚触发自主创新机制

数据要素发展将会聚集区域资源，进而提升企业自主创新水平。作为数字经济的一个重要组成部分，数据要素产业在实现跨越式增长时需要依赖于高技术人才和丰厚资金的聚集。过去，一人可能引领整个行业的发展，但在数字经济时代，这种现象已经不复存在。要提升数据要素的发展水平，就需要依托于科研团队的共同努力，甚至需要多个领域的科研团队集体攻关。大量的高端人才是促进数据要素迅速发展的重要保障。因此，数据要素的发展会导致区域资本和人力的大规模集聚，形成一个“中心—外围”的区域结构。当集聚达到一定程度时，会开始沿着空间进行外溢，从而提升外围区域劳动力素质和技术创新能力，进而提升整体区域的创新水平。另外，数据要素的发展也会引起其他资源的集聚，完善相关基础设施建设，提高区域的发展水平。这将产生大量的经济租金，并吸引企业聚集到该区域，带来先进的技术和高端的人才，进一步增强创新能力。这种积极的循环效应将进一步增强区域的创新能力和经济活力，推动数字经济的蓬勃发展。

（三）数据要素扩大创新主体提升协同创新能力

数据要素的引入拓展了创新主体的边界，增强了创新要素之间的关系，进而加强了知识生产部门与产品生产部门之间的联系。在传统的创新方式下，企业创新通常按照线性路径进行，即“知识生产—产品设计—产品商业化”。然而，在数字创新时代，创新模式发生了变革，不再受传统的固定创新流程限制，呈现出非线性的创新过程。这种变化使得研发部门之间的边界变得模糊，同时促使外部市场主体参与数字创新的过程。传统的单一创新主体和集中式创新模式正向多元创新主体和分散式创新模式转变，商业伙伴、顾客甚至竞争对手可能参与企业的创新活动。此外，在传统的创新发展经济体系中，不同创新要素之间的连接主要依赖于物理基础设施，然而，在数字创新发展经济体系中，数字基础设施，如网络宽带和通信基站，构成了新的基础设施，使数字要素能够以低成本和快速流动的方式进行连接。传统的物理基础设施经过数字化改造也提高了传统要素的连接效率，形成一个泛在互联的要素网络。例如，传感器和工业软件的发展不仅能够强化人与人之间的连接，还能促进人与机器、人与物之间的交互（康瑾、陈凯华，2021）。

三、数据要素提高宏观调控效率

高质量发展面临着供需错配、产能过剩以及经济结构低端锁定等严重问题。资源错配导致了过多的资源分配到供大于求的行业，进而带来了产能过剩。同时，供不应求的行业由于缺乏资源而导致供给不足。此外，经济结构低端锁定也使得中低端产品供应过剩，而高端产品供应不足（李辉，2019）。为解决这些市场失灵问题，政府需要启动宏观调控手段。宏观调控决策的科学性在很大程度上取决于政府对数据的“数量”和“质量”的掌握。通过广泛收集和精心整理大数据，政府得以有效解决数据的“数量”和“质量”问题，进而使得宏观调控更具前瞻性、科学性和系统性。这一转变赋予了政府更为强大的数据支持，使其能够站在更广阔和长远的视角上，统筹协调各个经济部门的比例，从而制定出更加精准有效的经济发展战略。与此同时，市场在海量数据的驱动下，能够在短期和局部范围内通过价值规律自发实现资源的有效配置。然而，对于整体性的宏观调控而言，政府的角色则显得尤为重要。利用大数据，政府可以深入洞察市场运行的内在规律，进行更为精准的宏观调控，从而显著提高宏观决策的效率。在这一过程中，大数据不仅为政府提供了丰富的信息资源，还为其提供了强大的分析工具。通过运用先进的数据分析技术，政府可以更加精准地把握市场脉动，预测经济走势，进而制定出更加符合实际、更具操作性的政策措施。因此，政府能够更好地应对供需错配、产能过剩等问题，为经济发展提供更有力的支持，推动经济实现高质量发展。

（一）通过探索挖掘大数据，创新宏观调控指标体系

市场经济的盲目性和滞后性常常导致社会资源的浪费。传统市场经济中，资源配置主要依赖于市场的供需关系，由“看不见的手”来调节。然而，在某些情况下，市场无法有效地调控资源的分配，从而导致资源的浪费和失衡。这时，政府的宏观调控就显得尤为重要，以引导和纠正市场经济的问题。随着数字技术的快速发展和新经济业态的出现，涉及生产、经营和销售活动的非结构化的海量数据大量涌现。这些数据包含了丰富的信息，可以用于更准确地判断经济的走势和状况。然而，传统的调控指标体系已经显得无法满足对经济走势科学判断的需求。因此，创新宏观调控指标体系成为改进和完善调控手段的必然选择。

在数字经济时代，“用数据说话、用数据决策”成为了对传统宏观调控的颠覆性变革。随着大数据分析和挖掘技术的飞速发展，传统的宏观经济调控指标体系已经无法满足对经济状况的全面把握。因此，除了传统的宏观经济指标如国内生产总值（GDP）、消费价格指数（CPI）和生产价格指数（PPI）之外，新的统计指标如移动设备网络流量、民航客运量、新增用电量、新增银行贷款和单位能耗等也逐渐在宏观决策中扮演着越来越重要的角色（戴双兴，2020）。通过分析和利用这些新的统计指标，政府可以更加准确地了解经济活动的真实情况，从而指导宏观调控的决策。这些指标能够提供更全面、细致和实时的信息，使政府能够更及时地采取有效的措施来应对经济的变化和挑战。因此，创新宏观调控指标体系已经成为了改进和完善调控手段的重要举措，也为政府提供了更科学、更精确的宏观调控工具。

（二）依托最新数字技术，为实现精准宏观调控提供可能

在工业经济时代，政府进行宏观经济调控时，主要依赖于因果思维模式。这意味着在制定和实施财政、货币或产业政策时，政府需要广泛搜集、整理、加工和处理各种信息，以厘清各种因素之间的因果关系，并据此制定宏观调控政策。然而，传统的宏观经济调控方法存在着显著的局限性。由于受限于当时的信息技术水平，政府所搜集的数据往往是不完整

的，这导致了政府在制定和实施宏观调控政策时难以做到精准。

然而，随着数字经济时代的到来，新技术的迅猛发展，特别是以大数据为代表的技术，为政府提供了全新的调控手段。大数据融合平台的不断完善、科技水平的持续提高以及数字技术手段的不断进步，使政府能够搜集到更为完整、精准的信息。这些数据不仅具有更高的时效性，而且能够帮助政府更深入地了解经济运行的真实情况。为了支持宏观经济调控的精准化，政府可以建立全行业数据搜集处理系统、提升人工智能和云计算的数据分析能力、完善宏观调控分析研判机制，确保政策制定的科学性和有效性。通过这些措施的实施，政府将能够更加精准地制定和实施宏观调控政策，有效减少社会资源的浪费，推动国民经济实现高质量发展。

延伸阅读　一屏观天下　一脑管全城　宁波城市大脑正式启用运营

2021 年 3 月 27 日上午，宁波数字化改革重大标志性工程——城市大脑正式启用运营。这一数字化改革重大标志性工程为宁波的城市管理带来了前所未有的奇妙反应。城市大脑不仅是一个高科技的集大成者，更是现代城市治理的智慧中枢，它让宁波在迈向现代化治理的道路上迈出了坚实的步伐。

宁波城市大脑拥有强大的数据处理和分析能力，它能够实时掌握城市的运行状态，包括交通、医疗、教育等各个领域。通过大屏幕展示的数据，城市管理者可以清晰地看到城市的“脉搏”，从而作出更加精准、科学的决策。在交通方面，城市大脑通过调整交通信号灯的时间和频率，优化交通流线，有效缓解交通拥堵问题。同时，它还能实时监测天气变化，与气象、水利等部门联动，提前预警并精准施策，抗击台风等自然灾害，保障市民的生命财产安全。此外，城市大脑还具备强大的集成能力，将各类智慧应用集成在一起，形成一个统一的平台。这使城市管理者能够在一个平台上实现对城市各个领域的全面管理，提高了工作效率和治理水平。然而，宁波城市大脑的价值远不止于此。它不仅是一个管理工具，更是一个推动城市数字化改革的引擎。通过汇集更多的应用和数据，城市大脑将成为数字化改革成果的全领域展示中心、城市运行体征的全要素监测中心、重要活动和应急事件的全畅通指挥中心以及重大事项的全景式决策分析中心。

未来，宁波城市大脑将继续发挥其独特优势，推动城市治理体系和治理能力现代化。通过建设“一件事”联管、“一件事”联办、“一件事”联服的特色示范场景，实现“一网通办”“一脑通治”“一屏通览”“一码通服”，全面满足全领域、全主体、全周期的数字化改革需求。这将为宁波市民带来更加便捷、高效、智能的服务体验，推动宁波走向更加美好的未来。

资料来源：浙江日报，https：//baijiahao. baidu. com/s？ id = 1695365722666591969& wfr = spider&for = pc.

第三章　数据要素价值创造及价值释放

第一节　数据要素价值形成机理

一、数据要素价值构成

根据文献研究，我国学者对数据要素的价值类型进行了深入研究，发现价值表现多样，主要划分为“经济价值—政治价值—社会价值”的三分法，延续了早期关于开放政府数据的分类思路。研究还涉及资源和环境价值，强调数据的协同效应对降低资源消耗、促进经济增长有积极影响。相较于开放政府数据研究，数据要素价值类型更强调政治价值和经济价值（阳巧英和夏义堃，2023）。政治价值注重提高政府行政管理效率，为政府决策提供支持，而数据要素价值研究更关注经济价值，强调在微观层面帮助企业理解市场需求、改进业务流程，并在宏观层面赋能传统生产要素，推动经济增长。不同类型的数据要素的价值并非完全分明，政治价值和社会价值存在重叠，共同为政府管理提供依据，提高决策的科学性和预见性，改善社会治理和服务公众。综合来看，上述研究发现反映出学者对数据要素价值的认识在不断细化和类型化，以数据要素的不同领域应用为基础，进一步明晰了不同类型的数据价值。这有助于更好地理解数据在经济、政治和社会领域的作用，为决策制定和社会发展提供更精确的指导。

二、数据要素的价值形成

数据的价值是一个多维度的概念，受到多个关键因素的综合影响。

第一，数据的价值受到数据质量程度的决定性影响。高质量的数据，具备准确性、完整性和一致性，产生正外部性，从而使数据的消费者和更广泛的生态系统都能够受益。然而，数据质量问题，比如错误的数据标签和不平衡的数据集，不仅难以规模化识别，还可能导致数据模型和输出结果的偏差，从而降低数据的价值。低质量的数据不仅削弱了数据的经济价值，对企业的内部决策产生负面影响，还引起了负外部性，通过数据的“级联”效应影响了数据利益相关者。尤其在数据输出结果在不同具体场景广泛应用时，“级联”效应的范围不断扩大，周期无限延长，迭代成本不断增加（Sambasivan et al.，2021）。因此，数据的质量是确保数据正确性和实用性的基础，对数据的价值产生着重要的影响。

第二，数据的加工程度是另一个关键因素，它决定了数据从无序状态到有价值信息的转化。数据处理的核心在于将从各种来源采集的原始数据，通过清理、整理、结构化等过程，转变为高价值的数据（许宪春等，2022）。由于不同类型的数据具有不同的结构、概念、口径和逻辑，若不进行统一，容易导致数据混乱和应用价值降低。因此，在数据处理过程中，建立通用的标准和语言、规范处理流程，构建统一开放的处理体系是必要的，以实现数据的结构化、标准化、应用化和增值化（李海舰、赵丽，2023）。根据数据处理程度的不同，可以将数据分为原始数据和增值数据，后者是在原始数据基础上通过再加工和整合而来，具有更高的价值。数据的处理程度不仅影响数据的实用性，还决定了数据在各个应用场景中的价值。

第三，数据的使用程度对其价值产生重要影响。数据要素的非排他性意味着数据可以被多人或多个系统同时使用。数据的使用频度越高、使用广度越广、使用深度越深，形成的正反馈识别系统越精准，数据的价值越大（李海舰、赵丽，2023）。高频的数据使用有助于机器学习系统的精确性和机器学习能力的提高，从而增加了数据的价值。数据不仅在平台经济、共享经济和智能经济等新经济中得到广泛应用，还赋能了企业的各个环节，包括研发、制造、营销和营运，从而促进了数字化转型和产业数字化。数据的使用广度和深度的增加对数据价值产生了积极影响，特别是在实现数据的“全局使用”和数据价值“双增”的情况下。

第四，数据的连接程度对其价值产生显著影响。数字基础设施的连接是数据连接的基础，包括数字设备之间的连接和数据之间的连接。数字基础设施之间的连接涵盖了从消费互联网、产业互联网、物联网、智能互联网到元宇宙等多个领域，实现了产品与用户之间的连接和互动。数据之间的连接程度越高，用户、产品、服务、内容之间的交互程度越深，数据的应用价值越大。数据连接的程度也影响了企业的边界和企业之间的数据共享，进一步提高了数据的价值。

第五，数据的开放程度对其价值产生重要影响。数据开放包括数据围墙和数据共享，前者限制了数据仅在企业内部使用，而后者激励更多外部主体使用数据。数据开放程度的不同会对数据价值产生显著差异，数据的社会化配置效率最大化与数据的企业内配置效率最大化之间的差异是关键因素。数据的开放程度影响了数据资源的外部应用和社会化配置，提高了数据的非排他性。因此，综合考虑这些因素，我们可以更好地理解数据要素的价值，以支持决策制定和实现业务目标。

三、数据要素价值演进

数据要素在其演进过程中经历了多个阶段，从最初的数据形态到参与社会生产经营管理活动并发挥其价值，需要通过一系列的数据处理过程，创造价值、实现价值并最终实现价值的倍增。学者们参考数据生命周期中的采集、存储、处理和利用过程，提出了数据价值链的概念，将数据的生成、采集、利用以及创造价值的各个环节联系在一起。然而，对于数据形态的概念，学者们之间存在着不一致的理解，这也导致了对数据要素价值演进阶段的划分存在差异。大多数以数据资源化、资产化、资本化为基准，也有部分学者在数据资产与数据资本中加入“数据商品”环节，意味着经市场交换才能实现数据资本化。如此，勾勒出完整的“数据要素价值链”：即数据资源—数据资产（产品）—数据商品—数据资本（段尧清、吴瑾、王蕊，2022），如图 3 – 1 所示。

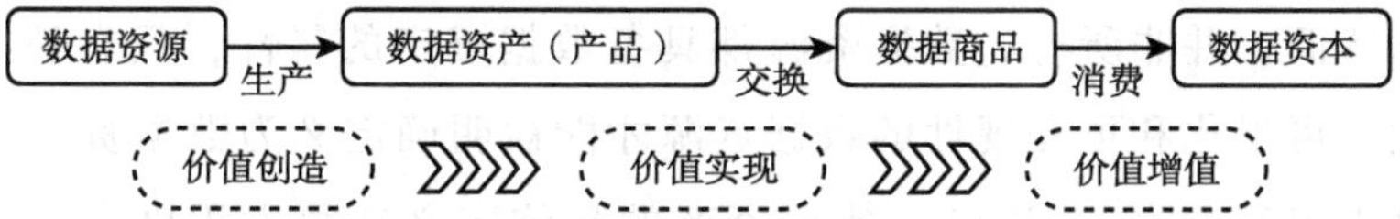

图 3 – 1　数据价值形态演进过程

在数据资源化阶段，原始数据经过一系列的处理，包括采集、存储、加工和分析，以使其成为高质量的数据资源。而数据资产化是实现数据价值的核心阶段，其中数据要素的所有权得以确权，并进行价值评估，确定了数据要素所能带来的经济利益。这一阶段包括数据确权、数据资产价值评估和数据定价等环节。数据商品环节强调了“数据资产—数据资本”的过程，数据要素必须通过市场交换，即“数据商品”这一环节，才能实现数据的资本化。在这一阶段，数据要素被视为商品，可以在市场上进行买卖。数据资本化是为数据要素赋予金融属性的过程，它扩大了数据价值的释放，使数据要素能够在市场中进行流通和交易，实现数据的社会化配置。

（一）潜在价值—数据资源

数据资源作为一种具有潜在价值的资源，其开发利用经历了多个关键环节。在最初的阶段，数据资源是以静态、原始形式存在的，只有通过一系列数据处理步骤，包括采集、存储、处理和分析，方能实现向动态、可用数据的转变。这一过程被定义为数据资源化，其核心目标在于提升数据资源的质量。数据资源的潜在价值主要体现在两个方面。首先，数据的传输和处理技术对提升生产效率具有至关重要的作用。这说明通过科技手段有效利用数据资源可以改进生产过程，从而提高生产效率、降低成本，增强竞争力（裴长洪等，2018）。其次，数据与其他生产要素，如劳动和资本等的融合，产生了倍增效应，使数据能够参与到价值创造的过程中。数据的整合和分析能力有助于企业更好地资源管理和决策制定，从而提高价值增值（黄鹏、陈靓，2021；王芳，2020）。

（二）价值创造—数据资产（产品）

企业所拥有或掌控的能够产生预期经济利益的数据资源被定义为数据资产。然而，并非所有的数据资源都具备数据资产的属性，只有那些具备可控性、可量化和可变现性的数据资源才能被明确定义为数据资产（大数据战略重点实验室，2017）。数据资产的具体定义在很大程度上取决于数据的实际用途以及企业的经营模式。本书的研究重点集中在数据价值形态的演变和数据的实际运作机制上，因此将数据资产狭义地定义为参与生产并创造出数据产品和服务的数据。随着数字经济的不断发展，价值创造和实现的边界变得模糊不清。企业不再仅仅从产品的制造过程中追求价值创造，而是将其扩展到产品的研发、营销、运营等多个环节。通过持续优化和升级产品研发、制造、营销和运营环节，企业可以利用消费者数据实现精准研发、精准制造、精准营销和精准运营。这使企业能够为产品生产的全过程提供数据驱动的支持，从而实现数据价值的创造（李海舰、赵丽，2021）。因此，数据资产不仅是数据资源，还包括了数据的应用和数据产品，是企业在数字经济时代中价值创造的关键要素。

（三）价值实现—数据商品

数据商品是指用于市场交换的数据产品。与数据产品相比，数据商品的本质区别在于是否进行市场交换。企业制造的数据商品具有使用价值和交换价值，然而，只有在市场上进行流通和交换时，数据的真正价值才能够实现。在数据商品的交换过程中，交换价值以实际价值为基础，而使用价值则是其表现形式，实现一种使用价值与另一种使用价值之间的比例交换。在这个交换过程中，需要充分挖掘数据的交换价值，并将其不断放大，以获取更多由数据劳动所带来的剩余价值（郝寿义，2021）。因此，数据商品不仅具有使用价值，还具有交换价值，只有通过市场交换，数据的真正价值才能得以实现。这强调了在数字经济时代中，数据不仅是企业的资产，还可以成为一种交易的商品，从而产生更多的价值。

延伸阅读　数据赋能数字经济　浙江大数据交易中心上线“产业数据流通交易专区”

2023 年 8 月 25 日，标志着浙江省政府在数字经济领域迈出重要步伐的日子，浙江大数据交易中心正式推出了“产业数据流通交易专区”。这一创新举措不仅吸引了浙江省产业大数据有限公司、网易、同花顺等多家企业踊跃入驻，还涵盖了工业大数据、产业金融大数据、产业链大数据等丰富领域，为工业制造、城市治理、金融科技、企业服务等提供了广阔的应用场景。此次“产业数据流通交易专区”的上线，不仅是浙江深入实施数字经济创新提质“一号发展工程”的显著成果，更是浙江数据要素流通“1 + N”格局中的关键一环。自2022年起，浙江便积极投身于产业数据价值化改革的浪潮中，成效显著。据统计，2023上半年，浙江数字经济核心产业制造业增加值同比增长8.4%，信息传输、软件和信息技术服务业增加值更是同比增长了12.5%。省经信厅云计算与大数据处处长庞为兴在接受采访时表示，浙江作为制造业大省和平台经济强省，拥有得天独厚的数据资源优势、雄厚的产业基础以及广泛的数据融合价值驱动应用场景。他强调，进一步推动产业数据市场化，深化产业数据价值化改革，将为数字经济创新提质“一号发展工程”注入更强大的数据动力。

浙江大数据交易中心总经理孔俊详细介绍了目前入驻交易专区的数据产品情况。这些产品覆盖了工业大数据、产业金融大数据、产业链大数据等多个领域，能够服务于工业制造、城市治理、金融科技、公共服务、企业服务等多个应用场景。孔俊展望道：“未来，数据细分领域将进一步丰富，数据融合将更加频繁，数据价值的潜力将愈发巨大。”

值得一提的是，浙江大数据交易中心作为浙江首家且目前唯一一家经省政府批准成立的数据交易场所，此次与相关部门、企业和社会组织共同发布“产业数据流通交易专区”，旨在立足浙江，面向全国，融合产业数据产品，提供统一、高效的流通服务。展望未来，“产业数据流通交易专区”将围绕数据产品运营、场内合规交易运营、多方联动互联互通、数商联盟体系运营等多个方面进行深入建设，充分释放数据的潜在价值，推动数据流通应用，确保专区市场的长效发展。

资料来源：浙江在线 - 浙江日报，http：//zjnews. china. com. cn/yuanchuan/2023 - 08 - 27/388930. html.

（四）价值增值（倍增）—数据资本

数据商品向数据资本的过渡，其核心在于数据商品在市场环境中能否深入挖掘其交换价值，进而实现价值的无限放大。这一过程要求数据商品不仅被重复使用，而且每一次使用都能带来价值的增值，从而实现价值的倍增。这种转变与马克思所描述的商品到货币的“惊险一跃”有着异曲同工之妙，都是从一个价值形态跃升至另一个更高的价值形态。数据资本化，即数据商品在市场中的流通、交换与多场景应用，是其价值得以进一步增值的关键。这一过程不仅是简单的形态转变，更是数据价值从实现到增值的质的飞跃。它意味着数据商品不再仅仅是一种商品，而是成为了一种能够带来持续价值增长的资本。从“数据资源”到“数据资产（产品）”，再到“数据商品”，最终成为“数据资本”，这一系列的形态演进，不仅体现了数据价值的逐步释放，也反映了从“潜在价值”到“价值创造”，再到“价值实现”，最终实现“价值增值（倍增）”的价值形态演进过程（陆威文、荀廷佳，2023）。这一过程不仅是技术进步的体现，更是经济社会发展的必然趋势。

综上所述，数据要素价值化是指以数据资源化为起点，通过数据处理、质量评估、定价使其成为数据资产，再经过利用、流通交易等环节从数据资产化进入数据资本化阶段，最终实现数据价值化的价值实现过程，这个递进过程揭示了数据要素价值形成机理。

第二节　数据要素价值创造的影响因素

在新一代信息技术环境下，数据要素的价值创造被理解为涉及政府、企业、数据中介等多个不同主体的协作，以共同实现数据要素的价值共创。为了确保数据主体的权益，必须建立系统化的制度设计，构建完整的数据主体权益保障体系。对现有文献的分析表明，影响数据要素价值创造的因素主要聚焦在三个维度上：主体、客体和环境（阳巧英、夏义堃，2023）。将这三个维度整合起来，能够更全面地揭示涉及数据要素价值创造的复杂生态系统，如图 3－2 所示。

一、数据要素主体因素

数据要素主体之间的互动关系是构成数据要素价值实现底层逻辑的关键部分。由于不同主体在数据的认知和数据行为选择上存在个体差异，因此能力因素在这一过程中扮演着至关重要的角色。当前的研究主要集中在

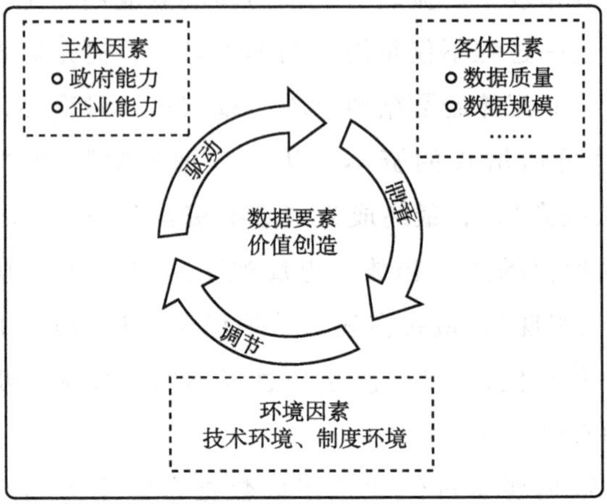

图 3-2　数据要素价值创造的影响因素

政府能力和企业能力两个层面，以探讨这些能力对数据要素的认知和行为选择的影响。

（一）政府能力

在数据要素价值创造主体的角色定位中，政府不仅是数据的供给方和运营方，还同时扮演着数据的使用方和监管方。因此，政府数据治理能力的发挥与数据要素的价值释放密切相关。从数据资产管理的角度来看，政府实现数据要素价值的核心能力包括以下 3 种：（1）数据提供能力，包括政府整合数据资源、发布数据以及提供相关服务的能力。政府需要有效整合各种数据资源，以可访问的方式发布，以满足各方不同需求。（2）数据利用能力，即政府具备开发和利用数据的能力，包括构建不同应用场景和利用数据的能力，以更好地应对社会需求，促进创新和数据要素的价值转化。（3）数据运营能力，包括数据确权、数据评估以及提供智能数据流通服务的能力。这些能力将直接影响数据要素促进创新转化的难易程度，进而影响数字经济发展的质量和速度。然而，目前政府在数据整合共享方面存在一些不足，包括开放数据的质量和价值不高、标准不统一、平台运营实力不足等问题（陆志鹏，2022）。这些困境严重妨碍了数据要素潜在价值的充分释放，对数字经济的质量和速度发展构成了阻碍。因此，政府需要确保数据的权益，评估数据的价值，并提供智能化的数据流通服务，以更好地推动数据要素的利用和创新。

同时，监管能力对数据要素市场的健康运行和数据要素价值创造产生直接影响。首先，在国家层面，传统生产要素领域存在综合性行业主管部门，但目前数据监管职能分散在中央网信办、工业和信息化部等多个部门，而地方大数据管理局在数据流通交易方面缺乏具体的监管权力（尹西明、林镇阳、陈劲，2022）。这种管理体制的分散化严重妨碍了数据要素在不同部门、领域、地区和层级之间的流通和交易。其次，平台型企业在数字基础设施和规模经济等方面具有先发优势，拥有突出的数据优势，因此占据市场的支配地位。这可能导致数据垄断，妨碍了数据资源的广泛共享和公平流通，从而降低了数据要素价值的释放效率（张蕴萍、翟妙如，2022）。因此，政府需要进行必要的监管，以促进数据要素型企业的培育，并提高企业数据经营行为的自律能力，确保数据市场的健康发展，促进数据要素的公平流通和更高效的价值创造。

（二）企业能力

在微观层面，企业的资源差异直接影响数据要素的价值转换效果。研究者陈兰杰和李遨（2021）提出，企业的吸收能力是实现企业数据资源化的基础，包括开发投入资金、资金总量、核心技术、数据处理能力、数据意识和数据道德六个方面。吸收能力强的企业不仅拥有高度的数据意识，能够主动整合数据资源，还能够建立基于数据驱动的企业知识组织和市场感知体系，积极追求技术和市场机会，从而推动企业创新和数据要素的价值转化。在此基础上，陆洋和王超贤（2022）进一步考虑了动态能力和学习能力。动态能力强的企业能够灵活适应自身发展战略和市场竞争环境的变化，及时优化资源配置，更新业务流程，重新塑造商业模式。学习能力强的企业通过快速实验迭代和成员之间的知识共享等方式促进数据产品和服务的传播，形成数据驱动的企业知识创造和技术创新，推动企业组织能力的精炼、转换、扩展和更新，通过"价值倍增""资源优化""投入替代"等方式提高了企业全要素生产率。

刘小琴等（2022）则从创新价值链的角度，动态分析了企业的大数据创新能力，包括创意形成、转化和传播能力。这三个能力相互关联，构成了大数据创新和数据价值形成的过程。尽管各项能力有所不同，或侧重于市场环境的洞察，或强调内部吸收过程，但它们都具有强烈的数据意识，凸显了数据要素在企业创新中的战略性地位，揭示了企业各种能力和数据意识对于数据要素的价值创造和创新发展的关键作用。

二、数据要素客体因素

在数据要素的价值创造过程中，主体维度研究了数据要素价值创造的驱动力，而数据本身的质量、规模和成本则构成了直接影响数据要素价值创造的关键因素，这三个指标在数据要素的价值创造中起到核心和基础的作用。

（一）数据质量

良好的数据质量对数据要素的价值创造具有重要影响。首先，良好的数据质量能够增强算法的准确性，使数据在分析和应用过程中更为可靠，从而提高了数据要素的经济价值。同时，良好的数据质量有助于降低因数据错误而产生的经营成本，提高了决策效率。数据质量的属性可以从两个维度来考虑：一是数据本身的质量，包括原始性、完整性、准确性、及时性、安全性、一致性、兼容性、可机读性等；二是从用户需求的角度来看，考虑数据的可获取性、可理解性、易用性、有用性等因素（孟雪、郝文强，2023）。准确性和完整性是最常被提及的质量因素，通常与数据要素的价值形成正向的线性关系，即良好的准确性和完整性能增加数据要素的价值。此外，还有其他因素如层次性、协调性和异质性等，它们涉及不同数据之间、数据与主体、应用场景之间的关系，对数据要素价值的影响更为动态和复杂，不同因素之间呈现出显著的相对性和差异性（欧阳日辉、杜青青，2022）。

（二）数据规模

考虑到数据要素的流通交易通常以数据集为单位，而非单个碎片化的数据，国内学界普遍关注数据规模对数据要素价值的影响。随着数据规模的扩大，包括更丰富的数据量、多元化的数据来源以及多样化的数据形态，可获得的信息和知识更加充分，有助于提高数据分析的准确性，并释放数据规模效应，从而提升数据的使用价值（陆志鹏，2022）。然而，研究也表明，数据规模与数据要素价值之间的关系并非线性的。当数据量达到一定程度时，对企业的预测和决策改善价值会逐渐减小。换句话说，数据的规模报酬递增性是有限的。另外，不同的数据规模可能导致价值差异，通常建立在数据质量的基础上。当数据达到一定质量标准时，数据的聚合和融合应用潜力更大，因此可以产生更大的价值。然而，如果数据质量不满足使用要求，数据规模的扩大可能会导致数据冗余，增加数据管理和存储的负担（孙淑萍，2022）。总体而言，数据规模在数据要素交易中具有重要影响，但并非越大越好。数据规模的扩展需要与数据质量的维护和管理相结合，以实现最大的数据价值。

（三）数据成本

数据采集、加工相关成本的耗费关系到数据产品/服务的可持续供给，还直接影响数据要素的价值释放水平。对于数据资产，不存在明显的生产过程，因此没有所谓的“生产成本”，而主要有3类与激活数据要素价值有关的成本：（1）数据的采集、确认和描述等建设成本（张宇、梅丽霞，2022）。包括收集数据、确保数据的准确性和完整性，以及对数据进行描述和标记的费用。这些成本通常是一次性的高投入，但它们对于数据的质量和可用性至关重要。高质量的数据收集和描述可以增加数据的价值，并降低竞争对手复制的可能性。（2）数据存储和整合的运维成本。一旦数据被采集，它们需要存储和管理。这包括硬件、软件、安全措施等方面的费用。数据整合运维成本通常是持续性的，而且随着数据规模的增加可能会增加。（3）人力成本、间接成本以及服务外包成本等管理成本。数据产品/服务的开发、管理和维护需要人力资源，这包括数据分析师、工程师、数据科学家等的薪酬成本。此外，还包括与数据管理和数据产品运营相关的间接成本，如办公空间、电力和网络费用等。有些组织还可能选择外包部分数据管理和分析任务，这也是成本的一部分。需要注意的是，过度削减这些成本可能会影响数据的质量和可用性，从而降低数据的价值。因此，在管理数据资产时，需要权衡成本与价值之间的关系，以实现可持续的数据供给和最大化数据要素的价值释放。

三、数据要素环境因素

数据环境是指在数据要素的价值创造过程中，影响数据价值的外部因素和条件。目前研究主要从技术环境、制度环境两个维度展开，两者在数据要素价值实现过程中发挥着重要的调节作用。

（一）技术环境

技术环境包括了硬件、软件、网络、数据存储和处理技术等方面的因素。这些技术的发展和可用性对数据要素的价值创造具有直接影响。技术环境对数据要素价值的影响主要体现在两个方面：（1）奠定了数据要素价值创造的资源基础。技术环境，特别是新一代信息技术如云计算、物联网和大数据，为数据要素的价值创造提供了巨大的资源基础。这些技术环境的发展导致了海量数据的产生和收集，从而扩大了数据要素的规模，创造了更多的数据应用场景和实现价值的来源。数据的规模和多样性使企业和组织能够更好地分析和利用数据，为产品和服务创新提供了更多机会。（2）拓展了数据要素的价值形态与功能。技术环境的不断进步使数据要素的形态和功能更加丰富。通过技术化处理，数据可以变得更具可操作性和可重复使用性，从而创造经济价值。随着对数据的技术投入不断增加，数据能够转化为用于生产商品和服务所需的中间产品，最终演变成数据资产和数据资本（方元欣、郭骁然，2020）。这种转化过程有助于更好地发挥数据要素的潜在价值。总的来说，数据要素的价值化完成需要强有力的外部技术环境支持，包括数字技术、数字技术的使用能力以及数字技能的人才数量等因素。然而，技术环境中的数据安全和隐私保护仍然是一个重要问题。尽管有一些技术，如差分隐私和区块链，可以用于数据的安全处理和隐私保护，但它们可能尚未充分成熟，导致数据拥有者担心个人隐私或企业机密泄露，从而抵制参与数据流通环节。同时，基于人工智能的算法与模型的设计质量不高，限制了对海量数据的处理能力（刘松，2022）。

因此，在不断发展的技术环境中，关键是平衡数据的可利用性、隐私保护、数据质量和技术创新。解决这些挑战需要持续的技术创新、合规框架的发展以及教育培训以提高数字技能，以确保数据要素的最大化价值释放。

（二）制度环境

制度环境包括法律法规、政策、标准、伦理和文化等因素。这些因素对数据的收集、使用、共享和保护起到关键的调节作用。例如，数据隐私法规、知识产权法律、数据安全法规等可以影响数据的合法性和合规性，同时也可以保护数据的价值。政府政策和激励措施可能鼓励数据创新和共享，从而促进数据的利用。文化和伦理因素也会影响数据的使用和共享方式。数据制度是激发数据要素价值潜力的根本。在众多数据制度因素中，数据确权和定价问题屡被提及，并被认为是数据资产化和数据流通交易的重要障碍（李正、唐探宇，2022）。

数据确权是确保数据要素价值实现的基础性制度，为明确数据利益相关者的权益提供了前提，鼓励相关主体开放共享数据并积极参与价值创造，同时保障了价值的公平分配（张存刚、杨晔，2021）。然而，在处理公共数据时，国家层面尚未明确个人、法人和其他组织各自享有的权利，以及如何行使这些权利以及如何获得数据要素的合理报酬等问题。现行的法律和法规主要聚焦在数据的收集、存储和处理等方面，对于数据交易过程的规定相对较少。这种法律体系的不完备导致了数据权属的不清晰，增加了企业对用户数据的非法窃取、无偿占有和滥用的风险。这些问题限制了数据的自由流通和共享，妨碍了数据市场的健康发展。

确立完善的数据要素定价机制对于充分释放数据资源的价值至关重要。数据要素具有明显的异质性，其价值实现高度依赖于具体场景，外部性和复制成本极低，同时涉及的利益主体复杂多元，这增加了对数据要素估值定价的难度（刘悦欣、夏杰长，2022）。目前，数据定价面临多个挑战，包括单一层次的数据交易市场、缺乏标准化的数据价值评估方法以及数据要素价格扭曲等问题。传统的定价机制难以满足大数据时代多样化、高速处理需求的要求。为了解决这些问题，需要发展普遍接受的数据估值标准，鼓励多样性的数据交易市场和机制，确保市场透明和价格公平，同时探索新兴技术的应用，以建立更安全、公平和高效的数据要素定价体系，推动数据资源的最大化利用和创造价值。

第三节 数据要素价值创造机制及路径

一、数据要素的价值创造效应

（一）数据独立作为生产要素产生价值创造效应

数据已经成为数字经济的关键生产要素。传统生产函数通常用 $Y=F(K, L)$ 表示，其中，Y 代表产出，K 代表资本，L 代表劳动。然而，数据（D）独立作为生产要素的引入，扩展了生产函数为 $Y=F(K, L, D)$。“数据 + 算力 + 算法”形成的计算场景和算法生态以劳动和资本等生产要素为支撑，尤其数据要素的“非竞争性、非排他性”使得数据协同劳动和资本，缓解信息不对称和信息不协调带来的市场失灵，发挥数据的精准经济效应、即时经济效应、网络经济效应、预期经济效应（李海舰、赵丽，2023）。

首先，精准经济效应强调了数据的精确性和精细匹配。在数字经济时代，数据搜索方式从“人找数据”逐渐演变为“数据找人”，通过人工智能技术，数据能够自动收集、传输、分析，从而实现更精准地个性化推送和匹配，降低搜索成本，提高效率。其次，即时经济效应强调了数据、算力和算法的即时处理和反馈。数据的及时性至关重要，数据的筛选和处理需要实时进行以实现最佳决策和资源分配。再次，网络经济效应即数据的价值随用户规模的增长而增加。一方面，用户规模的增加导致数据的积累和信息的增多，从而提高了每个用户的价值。另一方面，用户需求增加会增加市场供给方的效益，提高供需匹配的效率。最后，预期经济效应强调了数据挖掘和数据分析的重要性。数据的分析能力可以提高市场智能决策和国家宏观调控的能力。数据的可用性、及时性以及算法的效率都对实现预期效应至关重要。数据分析能够预测市场趋势、经济指标和供需关系，帮助企业和政府制定更加精准的决策，降低不确定性。

（二）数据赋能其他生产要素产生价值倍增效应

数据赋能其他生产要素代表着数据不仅作为一个独立的生产要素进入生产过程，而且以其特有的“非物质化、非实物态”属性，渗透并赋能其他传统生产要素，从而提升资源配置效率，实现价值的倍增效应。传统的生产函数通常表示为 Y = F(K，L)，其中，Y 代表产出，K 代表资本，L 代表劳动。然而，当数据（D）被引入后，新的生产函数变为 YD = F[K(D)，L(D)]，其中，K(D)、L(D) 是数据赋能资本和劳动后，形成“新化”的资本 K(D) 和劳动 L(D)。此时，数据间接参与生产，“新化”生产要素是“旧化”生产要素的进阶和高阶形式，是各个生产要素效率提升的结果（李海舰、赵丽，2023）。

数据的引入为整个生产过程提供了新的动力，数据不再是被动的资源，而是积极参与并促进其他要素的协同工作，赋能资本和劳动，发挥整体的乘数效应和网络效应，进而促成了非线性的产量增长和价值倍增效应。此外，数据赋能其他生产要素的现象不仅在宏观经济层面有影响，也在微观层面具体表现为多个方面。数据通过提高研发效率、制造效率、营销效率和营运效率，促进了整个价值链的优化。数据优化了产品研发，通过用户交互和反馈，实现了敏捷的产品设计和开发。在制造领域，数据的实时监测和处理提高了生产效率和质量。在市场营销方面，数据推动了个性化和精准的广告策略。最终，数据赋能了运营环节，降低了内部和外部的风险，促进了协同共生体系的建立，凸显了数据的乘数效应和资源配置效率的提高。

（三）数据替代其他生产要素产生价格归零效应

数据要素具有“非物质化、非实物态”的特性，使其全面渗透并替代其他生产要素，从而优化要素资源体系配置，实现效率的最大化。数据的渗透效应导致生产要素间的配置比例发生变化，传统生产要素如资本和劳动的比例逐渐下降，而数据的比例持续增加。数据不仅替代其他生产要素，还最终转化为数字和数据产品，形成了新的生产函数 YD = F(DK, DL)，其中，DK 和 DL 代表了新型的资本和劳动，更依赖于数据而非物质要素。这实现了同质功能和等量产出，并通过数据要素的边际成本递减和边际收益递增属性，引发了价格归零效应（李海舰、赵丽，2023）。

价格归零效应体现在两个方面：一是生产要素去物质化，即数据技术打通实体空间与虚拟空间，以数字化和数据化的生产要素替代传统物质要素，将劳动、资本和土地以数字劳动、数据资本和数字平台等形式在虚拟空间中重塑，进而推动了业务流程的数字化和数据化。这种数字化转型极大地降低了试错成本，摆脱了传统物质要素的限制。二是产品形态去物质化，数字技术的快速发展加速了产品的信息化、数字化和智能化，企业不再仅仅通过物质产品获利，而是通过数据产品赚钱。数据要素具备非排他性和非竞争性，可以无限量供应，而数据产品的边际成本非常低，甚至趋近于零。数据产品价格归零效应催生的产品免费模式，与交叉补贴模式中部分商品服务收费、第三方市场模式的第三方收费以及版本划分模式的高级服务收费有着显著的区别。在这种独特的模式下，数据产品的免费并非一种表象或策略，而是实实在在的、无须任何附加条件的免费。这不仅降低了消费者的经济负担，更在生产者和消费者之间构建了一种“互利共赢”的和谐关系，共同推动了数据产品市场的繁荣与发展。

二、数据要素价值实现机制

推动生产要素市场化要求所有生产要素必须通过市场交易进入生产领域，数据要素资源配置同样依赖市场的决定性作用（何玉长、王伟，2021）。数据要素价值的实现涉及参与主体、实现手段、配套机制等多个方面，其价值实现机制的设计有助于发挥不同主体之间、不同手段之间的协同效应。

（一）多元主体参与机制

数据要素价值实现，应建立政府为主导、企业为主体、公众参与的多元主体参与机制，该机制的重点是数据价值的充分挖掘，薄弱点是保障数据安全（王璟璇、窦悦、黄倩倩，2021）。首先，政府在这一机制中扮演核心和主导的角色，负责政策制定、标准设定和产权界定，以确保数据价值的充分挖掘。企业则是实施主体，需要发展新技术和算法，同时承担社会责任，确保数据的合法使用和用户权益。公众作为数据的主要来源，应行使权利、享受权利、承担义务，积极参与数据的生成和管理。其次，政府在数据要素的价值实现中扮演重要的监管和引导角色，通过政策和法律的制定来规范数据的使用和保护。此外，政府还可以通过税收和补贴等手段来平衡企业和公众之间的成本和收益关系，以确保数据的合理使用。然而，数据安全问题一直是数据要素价值实现机制的薄弱点。违反数据安全法和个人信息保护法的行为时有发生，这需要政府继续加强监管和执法力度，确保数据的合法和安全使用。政府、企业和公众应共同努力，建立更完善的数据安全体系，以应对不断增长的数据威胁。总而言之，建立多元主体参与的数据要素价值实现机制需要政府的领导和监管，企业的创新和社会责任，以及公众的积极参与。这一机制的平稳运行需要政府的政策引导和法律监管，以确保数据的合法使用和公众权益的保护。同时，数据安全问题也需要持续关注和解决，以保障数据要素的安全和可持续发展。

（二）市场化运营机制

数据要素的市场化运营机制意味着将数据要素从尚未完全由市场配置的状态转向由市场配置的动态过程。该机制的核心目标是建立以市场为基础的调配机制，以促进数据的价值流动和数据在流动中的价值创造（国家工业信息安全发展研究中心，2021）。数据要素的市场化实现机制包括市场配置、市场定价、市场交易和市场竞争等关键要素（杨雪梅，2023）。市场配置数据要素，其核心在于保障数据产权的独立性和数据交易的自由性。为实现这一目标，数据要素的确权过程尤为关键，旨在明确数据的所有权和使用权，为数据交易提供坚实的法律基础。在此基础上，数据的定价需基于专业估价与市场谈判，确保数据价格既反映其真实价值，又符合市场规律。然而，数据要素交易过程中还面临诸多挑战，如大企业垄断、行业壁垒等，这些均可能影响数据的自由流通与高效协作。为此，需密切关注市场动态，防止垄断现象的发生，维护市场的公平竞争环境。市场竞争通常是由于数据要素的规模和质量差异引发的，这种竞争有助于激发数据产品的创新，但也可能导致大企业垄断，从而消除竞争（马费成、吴逸姝、卢慧质，2023）。尽管由于市场机制的不完善和数据产权的模糊性，数据要素市场难以自然形成，但它对于实现数据要素的价值至关重要。通过建立市场化机制，数据要素可以更有效地流通和创造价值，从而促进数据经济的发展。数据的市场化配置有望成为数据要素的可持续发展和价值实现的关键驱动力。

（三）权属界定与转移机制

确权是进行数据交易的前提，同时也是市场参与者的共同需求。建立合理、清晰的权利界定机制对于维护数据提供者和数据需求者的权益至关重要，有助于激发数据交易的活力。目前，广泛认可的“三权分置”机制认为，数据要素的权属涉及一系列权利束，形成了多元化的动态权属结构，包括所有权、使用权和收益分配权等（卢黎歌、李婷，2022）。在这一机制下，数据提供者作为原始数据的创造者和拥有者，自然拥有对数据的所有权。这意味着他们不仅有权控制数据的访问和使用，更有权分享数据后续利用所产生的经济收益和其他形式的补偿。与此同时，数据需求者则获得了对数据要素进行二次加工的权利。通过技术手段对数据进行处理、分析和挖掘，数据需求者能够赋予数据新的附加值，进而创造经济效益。这一过程中，数据需求者所行使的是对数据的加工利用权，而非所有权。使用权的持有者在行使权利时，必须获得数据所有者的明确授权，并严格遵守相关法律法规，确保不侵犯数据所有者的任何合法权益。在收益分配方面，数据提供者可以根据实际情况选择货币或非货币形式的回报。这种灵活性有助于更好地体现数据资源的价值，并激励数据提供者更加积极地参与数据交易。而数据需求者则主要通过货币形式获取收益，以弥补其在数据加工、处理和分析过程中的成本投入。然而，由于不同类型的数据和复杂的数据交易环境，学者和利益相关者对于权属界定和权利分配的细节问题仍未形成一致的共识，因此需要进一步深入研究和讨论，以建立更完善、适应不同情境的权利界定机制。

三、数据要素价值实现路径

根据价值链理论，企业通过核心基本活动和支持性辅助活动实现对价值的增值。本研究在此基础上构建了一个以基本活动为核心，在辅助活动的支持下，推动数据要素价值开发和实现的路径，如图 3－3 所示。这一路径包括数据采集、数据组织、数据流通和数据利用等核心基本活动，其中数据流通是实现数据采集的关键环节，形成一个完整的闭环（马费成、吴逸姝、卢慧质，2023）。数据采集的渠道主要涵盖政府、个人以及企业等多个层面，这些来源丰富的数据在经过脱敏处理、模型化构建以及人工智能技术的精细加工后，得以有效组织和利用。而在辅助活动层面，数据人才保障、数据技术支持以及数据安全保护等关键因素发挥着不可或缺的作用，它们共同为数据的处理与价值实现提供了坚实的支撑。随着数据要素的深入加工和应用，其价值形态也在逐步演变，从最初的潜在价值逐渐转化为实际的应用价值，最终实现了数据要素的真正价值。这一过程不仅体现了数据要素的潜力与重要性，也展示了数据在推动社会经济发展中的关键作用。

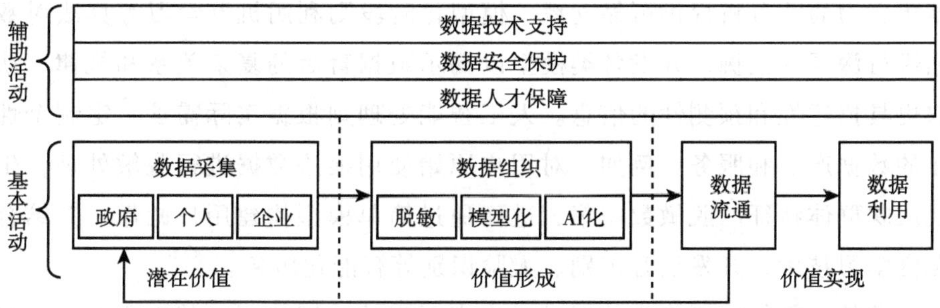

图 3－3　数据要素价值实现路径

（一）基本活动

数据要素的价值链包括以下环节：数据采集→数据组织→数据流通→数据利用。基本活动是价值实现的主路径，为不可缺少的实质性活动。

数据采集作为数据要素价值链的起点，其质量对最终价值的实现具有决定性的影响。不同的参与主体利用基本相似的渠道进行数据采集，包括政府、企业和个人数据。政府数据是政务活动的重要产物，涵盖了财政收支记录、规划文件、执法记录等多个方面。这些数据多来源于政府的官方网站，具有权威性和公信力，是反映国家经济、社会发展的重要指标。企业数据则是企业在生产、经营过程中积累的宝贵财富，包括生产管理数据、运营数据和财务数据等。这些数据可以从企业的年度报告、财务报表、官方网站以及相关新闻中挖掘，它们不仅反映了企业的运营状况，也为企业的决策提供了重要依据。个人数据则是个体在经济活动中产生的信息副产品，涵盖了用户授权的个人信息数据和基于用户使用行为生成的痕迹数据。需要注意的是，政府数据和企业数据往往是经过处理的、可以公开披露的数据，而个人数据则更多地表现为未经处理的、非结构化的原始数据，需要更加谨慎地进行采集和使用。

数据组织在数据要素价值链中占据核心地位，是深度挖掘数据价值的关键环节。通过一系列结构化处理，原本无序的数据得以转化为有序的知识体系，凸显其内在的信息价值，并降低信息熵。数据组织的过程包括脱敏、模型化和人工智能处理等多个严谨步骤。在脱敏阶段，原始数据经过清理、转化和整合，敏感及隐私信息得到有效处理，生成具有普遍性的数据集，为商业分析提供可靠支撑。模型化阶段则利用机器学习等算法对数据进行深层次挖掘，开发各类模型以揭示数据背后的复杂关系和规律，获取更具描述性和预测性的信息。人工智能处理则根据实际需求，定制个性化的数据产品和服务。例如，对用户原始使用痕迹数据进行脱敏处理，生成反映群体特征的脱敏数据集，进而通过简单模型构建用户画像，并结合深度学习技术，开发语音识别、人脸识别等智能化服务。

此外，数据流通作为数据成为生产要素的关键步骤，其重要性不容忽视。畅通的数据流通渠道有助于实现数据的共享和交换，最大化数据价值，为企业间的合作与创新提供广阔空间。数据的共享性和非均质性特性使得数据在多个使用者之间更易于实现其价值，同时数据要素的“溢出效应”也会变得更为显著，进而推动生产效率的持续提升。数据流通主要包括经济行为主体内部的流通和主体之间的流通两个方面。首先，经济行为主体内部的数据流通能够显著提高公司的信息透明度。当员工能够更全面地了解公司的业务流程时，他们能够更好地协作，进而有助于决策者优化决策机制，最终提升公司的整体绩效。对于跨地区或跨分部的公司而言，每个地区或分部所贡献的产品价值仅是整体价值的一部分，因此，通过数据流通来整合各个部分的信息，实现整体价值的最大化显得尤为重要。其次，主体之间的数据流通主要发生在政府与企业、企业与企业、政府与政府之间。这种流通有助于打破信息孤岛，促进不同主体之间的信息共享和协作。例如，政府可以通过开放数据接口，向企业提供公共数据资源，支持企业的创新和发展；企业之间也可以通过数据交换和共享，实现资源互补和协同发展；而政府间的数据流通则有助于提升政府决策的科学性和效率，推动社会治理水平的提升。这种主体与主体之间的数据流通有助于实现社会分工，推动不同主体之间的合作，从而提高整体生产效率。

数据的应用，无疑是数据要素价值实现的关键"最后一公里"。在政府宏观调控和企业决策中，数据利用的重要性不言而喻。通过深入多个场景，充分应用数据要素资源，能够实现数据的最大价值，为政府决策和企业发展提供有力支撑。对于政府而言，数据的应用不仅限于提升行政效率。通过构建数字化平台，政府能够实现一网通办，简化办事流程，提高服务效率。同时，数据的应用还能够帮助政府更精准地制定政策，优化资源配置，促进经济社会的可持续发展。在企业层面，数据的应用同样广泛而深入。通过利用数据，企业可以实现精准营销，提高市场竞争力。此外，数据还能够帮助企业提高安全生产水平，减少事故风险。在智能匹配方面，数据的应用也为企业提供了更多可能性，如优化供应链管理、提高物流效率等。值得注意的是，数字经济新业态如直播带货等，正是借助数据应用的优势，快速适应市场需求，实现业务增长。这些新业态通过无接触、精准推送和实时反馈等方式，为消费者提供了更加便捷、个性化的服务体验。此外，数据要素与传统生产要素的深度融合，为生产效率的提升和新动能的发展注入强大动力。新兴信息技术如物联网、云计算和人工智能等，为企业提供了更多可利用的数据场景，推动了产业升级和数字化转型。通过充分利用数据资源，能够推动政府决策和企业发展的数字化转型，实现数字治理和数据的价值应用，为经济社会发展注入新的活力。

（二）辅助活动

在数据要素价值实现路径中，需要依赖数据安全保护、数据技术支持和数据人才保障等一系列辅助活动以确保基本活动的顺利运行。

1. 数据安全保护

在数据要素价值实现过程中，通常涉及4类关键角色：数据生成者、数据收集者、数据处理者和数据使用者。所有这些角色都可能接触数据，都存在数据泄露和篡改的风险。在数据交易后，数据接收方可能会复制或转售数据，从而影响数据出售方的利益（Du J，2021）。数据安全是至关重要的，泄露或滥用数据可能会对数据要素价值的实现路径造成严重损害。因此，建立完善的网络信息安全管控体系至关重要，以确保数据的安全性和最大化的价值实现。一方面，国家有责任从整体安全的角度对大数据进行集中管理，以确保数据的安全性和隐私得到妥善保护。这包括建立相关法律和法规，规范大数据的收集、处理和使用。同样，国家也需要加强信息安全和隐私保护水平，对于数据泄露和滥用等问题要进行严肃处罚，以维护公众和企业的合法权益。另一方面，企业应该积极更新和完善大数据安全和隐私管理技术。这包括采用先进的安全技术，学习借鉴其他企业的最佳实践，建立健全的大数据防御体系（何迪，2017）。对于处理数据的相关人员，企业还应提供必要的技术培训，以确保他们能够有效地保护数据，防止未经授权的访问和泄露。通过最大限度地提高防御未知威胁的效率和有效性，企业可以更好地应对安全挑战。

2. 数据技术支持

在数据资源的利用过程中，需要依赖大量的计算机算力，以及适当的算法体系来提供必要的技术支持。首先，数据采集阶段涉及多源异构数据的获取，包括传感器数据、RFID射频数据、社交网络数据等。多源异构的数据特征可能导致重复建设和效率低下，此时，领军企业和行业应充分发挥组织作用，推动数据采集标准化，明确数据格式和采集边界，建立规范，以保障数据采集的全面性、多维性和高效性。其次，在数据组织阶段，涉及数据脱敏技术和人工智能技术的应用，数据脱敏技术主要用于处理敏感信息，在保护隐私的同时仍允许进行有效分析，而人工智能技术可以帮助自动化数据的分类和结构化，以高效挖掘数据价值。再次，数据流通阶段需要应用数据加密技术、防火墙和防病毒技术，以确保数据的传输和存储的安全。区块链技术可以用于建立不可篡改的数据交易记录，增加数据的透明性和信任。协同商业智能技术可以促进数据共享和合作，使数据能够更好地用于决策制定。最后，在数据利用阶段，数据可视化技术用于将复杂的数据呈现成易于理解的图形或报告，以帮助用户更好地理解数据。数据溯源技术用于跟踪数据的来源和传播路径，确保数据的可信度和合法性。综合而言，在整个数据资源池的利用过程中，各种技术和工具的综合应用是关键的。这有助于提高数据的价值，确保数据的安全和合规性，并促进数据的有效流通和利用。同时，标准化和组织规范也起到了重要的作用，以确保数据采集的全面性和多维性。

3. 数据人才保障

在激烈的市场竞争中，企业必须高度重视引入新技术，并通过提升数字化能力来充分发挥数据的价值，以在竞争中脱颖而出。然而，数据的最终价值实现需要依赖具备关键能力的数据人才。为了确保数据要素能够充分发挥其潜在价值，数据专业人才需具备一系列关键能力，包括对异构数据的深度解析能力、对数据真实性的敏锐甄别能力、高效的数据处理技能，以及对数据安全性的高度警觉意识。数据要素的价值实现是一项综合性的系统工程，仅凭单一知识领域难以满足对数据全面分析的需求。因此，数据专业人才应具备跨学科的知识储备，涵盖管理学、行政学、政治学、计算机科学与技术、情报学、伦理学等多个领域。他们需具备深厚的理论素养和广泛的实践技能，以应对数据应用中的复杂挑战。此外，数据专业人才应密切关注数据治理领域的法规与政策动态。在数据驱动的时代背景下，数据治理法规不断完善，政策环境日益复杂。数据专业人才需深入理解并掌握相关法律法规，确保数据处理与应用的合规性，从而避免潜在的法律风险。同时，数据安全也是数据专业人才不可忽视的重要方面。他们需具备强烈的数据安全意识，严格遵守数据安全规范，采用先进的数据加密技术和访问控制机制，确保数据的安全存储和传输。在面临数据安全威胁时，他们应能够迅速响应并采取有效措施，保障数据的完整性和保密性。这样的综合型人才能够全面理解和应用不同领域的知识和技术，更好地管理和利用数据。通过协调各种资源，他们能够将数据转化为有价值的信息和洞察，为企业的决策和发展带来积极的影响。

（三）价值开发

通过数据要素价值链的基本活动和辅助活动，数据要素完成了从原始数据潜在价值到具备商业和社会价值的转化，实现了充分的价值开发。原始数据资源本身具备潜在价值，但尚未经过开发利用。这些数据资源通常呈现大量、多来源、非结构化等特点，一般而言，数据的潜在价值与其可开发性呈现出正相关的关系，即潜在价值越高的数据，其被有效开发的可能性也越大。评估数据的潜在价值可以从以下 6 个方面展开：(1) 数据来源的权威性与专业性：数据来源对于数据的潜在价值具有重要影响。通常而言，源自权威机构或专业组织的数据，因其具备较高的可信度和专业性，往往具有更高的潜在价值。这些机构或组织在数据采集、处理和分析方面通常拥有更为成熟和完善的体系，从而确保了数据的质量和可靠性。(2) 数据量的丰富程度：数据量的大小是衡量数据潜在价值的关键因素之一。一般而言，数据量越大，所蕴含的信息就越丰富，越有可能揭示出隐藏在数据背后的规律和趋势。因此，在评估数据潜在价值时，需要充分考虑数据量的丰富程度。(3) 数据的时效性：数据的发布时间对于其潜在价值具有显著影响。最新发布的数据往往能够反映最新的市场变化、社会动态和技术进展，因此具有较高的潜在价值。随着时间的推移，数据的价值可能会逐渐降低，因为新数据不断产生，旧数据可能无法再准确反映现实情况。(4) 数据类型的多样性：数据类型的多样性也是评估数据潜在价值的重要方面。不同类型的数据具有不同的特点和用途，如结构化数据、非结构化数据、图像数据、文本数据等。这些不同类型的数据可能在不同场景下发挥重要作用，因此，在评估数据潜在价值时，需要充分考虑数据类型的多样性。(5) 数据的可靠性：数据的可靠性是评估其潜在价值的关键因素。可靠的数据意味着数据在采集、传输和处理过程中没有受到污染或篡改，能够真实反映实际情况。因此，在评估数据潜在价值时，需要关注数据的来源是否可靠、采集方法是否科学、处理过程是否严谨等方面。(6) 数据的准确性：数据的准确性是评估其潜在价值的重要标准。准确的数据能够提供清晰、明确的信息，有助于做出正确的决策和判断。相反，不准确的数据可能导致误导性的结论和决策失误。因此，在评估数据潜在价值时，需要关注数据的误差范围、精度和一致性等方面。

数据的组织过程是数据要素价值形成的一部分。通过对数据进行组织，揭示其中所蕴含的价值逐步显现。同时，在经过初步脱敏处理后，数据的安全性和隐私得到了保护，数据也具备了流通的价值。政府、企业、科研院校及公众等多元主体在数据资源的开发、流通与利用中，可形成合力，深入挖掘数据要素的价值，并将其深度融入各行业，实现数据要素的全面价值转化。在这一过程中，企业可借助数据资源优化业务流程，提升组织效率，并推动产品与服务创新，进而增强客户体验，扩大市场份额，实现经济效益与社会效益的双提升。政府通过有效利用数据要素，可提升公民生活质量，优化政府管理效能，推动社会经济结构的转型升级，促进科技创新的蓬勃发展，加速智慧城市建设步伐，实现民生服务的普惠化。数据要素在提升政府决策科学性、精准性和时效性方面发挥着不可替代的作用，有助于打造更加智能、高效、便民的公共服务体系。此外，数据要素对其他生产要素具有精准识别与匹配功能，可促进各类生产要素的优化配置，放大其在社会经济发展中的价值。通过数据要素的引导与驱动，可实现资源的高效利用，提升产业链、供应链的协同效率，推动经济社会的高质量发展。

第四节　数据要素的价值释放及场景应用

一、数据要素价值释放

数据价值链将数据价值创造过程分解为多个相互关联的环节，各环节都涉及输入、输出和转换，从而扩大数据要素的交易范围，由于数据主体的差异性（如政府、企业、个人），数据流通与利用过程存在不同影响因素与应用环境。因此，在数据价值释放流程中需要对不同主体分别对待。

（一）政府数据价值释放

随着政府信息化建设的不断发展，政府部门持续积累、收集和储存大量公众生产生活数据。共享这些政府数据给社会和公众使用，将带来巨大的社会经济价值。开放政府数据是指政府的数据可以被任何人自由、免费地访问、获取、利用和分享，其意义和价值在经济、社会和政治等多个领域都有体现。通过完善政府数据的利用与共享，有助于释放公共数据的价值。目前对开放政府数据价值的研究主要集中在价值类型、价值生成机制和价值测量3个方面。开放政府数据的基本价值包括政治、社会、经济和技术等多个方面，价值生成机制方面的研究从经济商业、数据技术、社会环境和综合视角进行探索，价值测量方面则分为产出、效果和影响等多个维度，未来的研究可以进一步深入挖掘开放政府数据的实际应用和潜在影响，以促进政府数据开放的长期可持续发展。

1. 政府数据价值实现路径

政府数据的开放共享是政府数据价值实现的先决条件。从政府平台角度看，政府数据价值实现的关键影响因素有价值感知、政府部门服务目标实现期望、组织管理水平、法律政策、数据产品研发、新兴技术支持、开放数据质量、开放平台质量和平台服务质量。从公众角度看，包含的关键影响因素有公众需求满足期望、公众满意度、数据产品使用、社会影响等。

综合考虑上述因素，政府数据的实现价值可以按以下路径展开：首先，政府可以通过与利益相关者的合作，总结政府开放数据的理论和方法，实现对现有数据的开放共享；其次，政府可以借助平台和授权运营等方式，进一步完善政府开放数据生态系统，发掘数据的增值潜力和潜在价值；最后，政府应更加重视与公众的信息沟通渠道，了解社会用户的需求和意见，完善政府数据开放共享的互助反馈机制。建立政府开放数据应用生态系统需要健全的平台建设。然而，我国地方政府数据平台目前存在一些问题，如共享程度不足和对数据利用的支持有限。为支持和完善地方政府开放数据平台建设，政府部门可以采取以下策略：首先，加强法规政策支持，制定相关法规和政策以促进数据的开放共享；其次，制定统一标准规范，以确保数据的一致性和质量；最后，推进开放主体机制，鼓励各方合作共享数据，促进数据的有效利用。

政府数据的使用方式不仅局限于数据开放，授权运营也是一种重要的途径。授权运营意味着地方政府将各部门的数据市场化运营权委托给国有企业，这些企业通过市场化方式代理政府数据，以释放政府数据资产的潜在价值。在国家“十四五”规划中提出“开展政府数据授权运营试点”政策的背景下，采用基于联邦学习技术的政府数据授权运营模式，可以为公共数据资源的开发和利用提供一种新思路，同时也兼顾了价值共创和数据安全的重要性。目前，一些省份和城市，如北京、广东、成都、重庆、浙江、江苏、海南等地，已经开始实践和探索公共数据授权运营。从生态链和价值链的角度看，政府数据授权运营对数字经济和数据要素市场的健康发展具有重要影响，有助于促进数据资产的有效利用，激发创新，推动数字经济的增长。

然而，公共数据授权运营也面临一些挑战和困境，包括主体制度内容不明确、运营行为规范存在漏洞、监管机制亟待完善、收益分配需要优化等问题。为了规范授权运营行为，政府需要关注以下 4 个方面：（1）强化制度法规的规范约束作用。制定明确的法规和政策，为授权运营提供明确的法律框架，以确保数据的安全和合法使用。（2）增强试点示范的典型探路作用。通过建立成功的示范项目，可以为其他地区提供经验和最佳实践，推动授权运营的发展。（3）发挥理论研究的基础指导作用。进行深入的理论研究，以提供政策制定和实施的指导，帮助解决授权运营中的各种问题。（4）集聚产业生态的协同攻关作用。政府、企业和学术界可以合作，共同推动授权运营的发展，解决监管和技术挑战，确保授权运营的成功实施。

2. 政府数据开放面临问题及改进措施

政府数据开放在中国面临着一系列复杂的挑战，其中包括尚未形成全国性的政策规划和政策环境，不完善的线上平台建设，跨部门协作的难题，以及缺乏数据共享文化氛围和数据隐私保护的顾虑。为推动政府数据开放的深入开展，可以采取一系列策略和措施：首先，为确保政府数据开放的合法性和隐私保护，必须完善和修订法律法规体系，注重开放数据与个人隐私的政策协同。同时，注重数据开放细节，以确保适用于实际应用场景，并加强对国家信息、企业机密信息和个人隐私的保护。其次，为了更好地统一和协调政府数据开放，需要构建统一协调的政府数据开放组织架构，负责领导政府数据开放的战略规划，制定数据开放的标准和指导原则，推动政府开放数据标准制定。此外，政府可以积极开展政府数据开放的试点项目，以积累经验并不断改进政策和实践。为了降低公众获取和利用政府数据的门槛，政府应该提供更易于访问的数据开放平台。这将使公众更容易地获取政府数据，从而促进创新和创业。政府还可以通过各种方式，如比赛、奖励或支持项目，鼓励企业和开发者创新利用政府数据，以推动数字经济的增长。最后，为了营造包容开放的数据文化氛围，政府和社会应共同努力。政府部门应加强工作人员的数据开放意识，提供培训和教育，以确保他们了解数据开放的益处和实践。在社会倡导开放共赢的数据文化，鼓励不同利益相关者之间的合作和共享。

（二）企业数据价值释放

数字经济时代，数据已成为企业的核心资产和新的生产要素，它对企业的数字化转型至关重要。企业数字化转型是指企业将数据和数字技术融入生产和经营管理中，与传统生产要素一起共同创造商业价值和社会价值的过程。在这一过程中，提升数据价值释放能力是企业数字化转型的战略关键，有助于实现降本增效和创造新的价值。为了更好地发挥数据的赋能作用，企业应将提升数据价值释放能力纳入其数字化转型战略。通过合理收集、分析、整合和共享数据，更好地利用数据资源，实现降本增效和新的价值创造，以适应数字经济时代的挑战和机遇。

1. 企业数据价值释放路径

数据共享是企业数字化转型的重要策略之一。通过内部数据共享、与政府的数据分享和个人数据的利用，企业可以更好地发挥数据的潜力，创造价值。首先，内部数据共享有助于不同部门之间更好地协作和分享信息，从而提高企业的综合效率和决策制定。企业可以通过内部开放共享已有数据来改进企业的数据治理，促进各部门间的数据交流，从而推动企业的数字化转型。企业数据治理是对企业数据管理和利用的评估、指导和监督过程，旨在通过创新数据服务为企业创造价值。它涉及与企业的核心商业利益相关的数据资源的整合、分析和利用，以指导企业的经营和发展。其次，企业还可以考虑与政府分享数据。作为社会经济活动的主体，企业拥有丰富的经济数据，这些数据对政府优化公共服务和决策制定具有重要意义。在国外，已经存在一些欧盟企业向政府分享数据的案例，这可以为我国企业提高政企合作水平提供有益的参考和经验。此外，企业还可以运用其拥有的个人数据为社会个体提供服务。企业可以选择建立数据共享平台，或者借助国家现有的数据交易平台来实现数据共享。这些平台可以利用算法分析用户的商品需求、偏好、选择倾向、使用体验、回购情况等数据，以提高消费者体验，帮助商家改进服务，例如通过“用户画像”和“个性化推送”等方式。然而，在进行数据共享时，企业必须谨慎处理个人数据，以防止出现“差别定价”和“大数据杀熟”等侵害消费者权益的行为。为避免企业数据权益与个人数据权益之间的零和博弈，应建立合适的数据隐私保护和安全措施，以确保数据的合法和道德使用。

2. 企业数据价值释放存在问题与改进措施

企业数据权归属模糊不清与企业数据定价困难，导致企业数据利用存在企业主观限制数据流通、数据流通形式被动化，以及数据流通秩序混乱等现实困境。企业数据权作为一种综合性权利，不仅关系到企业的商业利益，还涉及自然人的个人权利和社会公共利益。在这种背景下，企业数据权益可分为权利化和非权利化两种模式，权利化模式包括财产化保护和知识产权保护。财产化保护将企业数据视为一种财产，并赋予数据控制者财产权，以便控制、使用、传输和处分数据。知识产权保护则包括将数据视为知识产权，例如专利、版权或商标，以便进行法律保护。非权利化模式包括反不正当竞争和商业秘密保护。反不正当竞争模式旨在防止不正当竞争行为，例如数据的盗窃或不正当使用。商业秘密保护则侧重于保护数据作为商业秘密，使得第三方只能在获得数据控制者的许可时使用这些数据。此外，也可以考虑分置企业数据权益，即所有权归于公众，而企业获得经营权。这种模式可以在解决个人信息保护和数据所有权结构问题方面有所帮助，使企业数据在共享与私用、公益与私益之间取得平衡。在企业数据定价方面，可以根据不同的商业模式和市场需求来制定定价策略。对于C2B（企业到消费者）模式，可按企业和消费者两个主体分别讨论定价方式，企业定价方式包括基于历史消费数据的差别化定价和免费定价，消费者定价则包括由产品或服务的接受方来定价的反向定价。综合而言，解决企业数据权益和数据定价问题需要综合考虑不同的模式和方法。权利化和非权利化模式可以根据特定情况选择，而分置企业数据权益可以平衡数据共享和隐私保护。在数据定价方面，灵活的策略和多元化的定价方式有助于满足不同市场需求和商业模式的要求，企业应根据具体情况和法律法规来确定最合适的数据权益和定价策略。

（三）个人数据价值释放

个人数据是指涉及具体个人的知识记录或数值，它是个人信息最主要的表现形式。个人数据包括个人的姓名、地址、联系信息、生日、社交媒体活动、购买历史、医疗记录、浏览历史等与个体身份相关的信息。离开个人数据，个人信息就失去了基本的依附。学界和社会对于个人数据权益的研究主要围绕个人数据所带来的价值实现和隐私安全问题展开讨论，包括如何更好地利用个人数据来实现价值，如商业价值、科学研究、医疗健康、社交互动等，以及关注如何保护个人数据的隐私和安全，以确保个人数据不被滥用或泄露。总的来说，个人数据权益的研究是一个多方面的领域，涵盖了技术、法律、伦理和社会等多个方面。这些研究有助于平衡个人数据的使用和保护，以实现数据的合理和负责任的应用，同时保护个人的隐私和权益。个人数据权益的讨论和研究将在数字化时代的数据管理和隐私保护方面发挥关键作用。

1. 个人数据价值释放路径

个人信息的使用涉及多方利益，包括个人、企业和社会。信息使用者可以通过个人信息提供个性化定制服务，辅助企业运营决策，促进市场竞争力，以及推动社会创新和发展。然而，个人数据的记录通常是零散的，当数据样本量不足时，很难从中挖掘潜在价值。因此，以大数据方式收集和利用个人数据往往需要通过数据平台进行辅助。为了合理释放个人数据的价值，需要重视第三方利用个人数据流程中涉及的个人信息隐私与安全问题。借助数据加密、数据脱敏、访问控制和安全存储等技术和措施，以确保个人数据的安全和隐私不受侵犯。此外，需要建立严格的数据使用政策和法规，明确数据的合法使用方式和限制，以防止数据的滥用和泄露，从而避免潜在的侵权问题。同时，为规范个人数据交易流程，数据定价也是不可或缺的步骤。数据的价值可以根据其稀缺性、需求量、质量和用途等因素来确定。通过建立透明的数据定价机制，可以确保数据的合理定价，既不会过高成本，也不会低估数据的价值，促进数据市场的发展和数据交易的公平性。当前，亟须国家层面的法律对个人数据权进行明确规定。这包括明确个人数据的所有权和控制权，以方便个人数据的合理利用和价值实现。同时，法律也需要规定数据使用者的责任和义务，确保数据的合法使用和保护个人隐私权，为个人、企业和社会共同创造更多价值提供了指导和保障。

2. 个人数据价值释放存在问题与改进措施

《民法典》和《个人信息保护法》在我国对于个人数据的确权和保护方面进行了初步规范，但在一些方面还需要进一步完善和明确。法学界已经开始研究个人数据权，将其视为具有人格权与财产权的基本属性。区分个人数据权和个人信息权的概念，将个人数据权看作代表人格利益，而个人信息权代表财产利益。然而，对个人信息的规定尚不成熟，如“个人信息权”的具体内涵尚不清晰，仅确立了自然人享有个人信息权益的基本原则。相比之下，国外已经拥有成熟的个人数据权利制度，如欧盟的《一般数据保护条例（GDPR）》和美国的《隐私权法》。这些法律为个人数据的权益和隐私提供了更为明确的保护，包括数据主体对于其数据的控制权、数据传输权等。因此，可以参考国外的经验，但需要根据中国的国情和新时代理念来制定适合中国特色的个人数据保护法。一个值得考虑的方向是借鉴欧盟数据的可携权，即数据主体可以自由选择个人数据的数据控制者。这有助于解决数据控制者滥用数据权力的问题，特别是在“大数据杀熟”等情况下，数据主体需要更多的控制权来保护自己的权益。此外，个人数据的价值和隐私风险是紧密相关的，因此需要发展可衡量个人数据价值的标准。目前，个人数据定价缺乏明确的标准，但学者已经通过定价模型对特定领域的个人数据进行了研究。建立更加明确的个人数据价值计量标准可以帮助更好地识别和检测数据隐私风险，从而更好地保护个人数据。综合来看，我国已经在个人数据保护方面取得了一些进展，但还需要进一步完善法律法规，以更好地保护个人数据的权益和隐私。借鉴国外经验，结合中国国情，制定适合中国特色的个人数据保护法是未来的发展方向之一。

（四）各主体数据价值释放异同

不同主体的数据价值释放路径的确存在一些共性，包括数据要素的资源化、资产化、资本化等阶段，但同时也存在明显的差异。政府数据由政府机构收集和维护，包括人口普查数据、社会经济统计数据等。这些数据通常用于支持政府决策制定、公共政策评估和公众信息公开等目的，属于公共财产。政府数据应该以透明和公正的方式进行有限程度的开放，或进行授权运营，提供给公众使用。政府数据的主要价值在于为社会提供决策支持和公共服务。企业数据是由商业组织或公司收集和管理的信息，包括销售数据、客户数据、财务数据、供应链数据等。这些数据通常属于私有范畴，受到商业保密和隐私政策的保护。企业数据主要用于支持其战略、组织、营销与管理等日常业务。通过收集和分析企业数据，企业可以更好了解市场需求、优化业务流程、改进产品和服务等。企业也可以选择与政府共享数据，以支持政府的数据治理工作，促进合作和共赢。个人数据是指与个人身份和私生活相关的信息，通常具有敏感性和私密性。这包括个人健康记录、个人财务信息、社交媒体活动等。个人数据受到法律和监管机构的保护，需要经过个人授权或符合相关隐私政策才能收集、处理和使用。个人数据的使用通常涉及个人权益、个性化服务、广告定向等方面。个人数据的价值释放路径通常需要平衡隐私保护和数据的有效利用，确保个人的权益和隐私得到妥善保护。不同类型的数据主体具有各自独特的数据管理和价值释放路径，这些路径需要根据数据的性质和用途来制定相应的政策和措施，以实现数据的最大潜在价值，同时确保数据的合法和合规使用。

二、数据要素价值场景应用

在数字化转型的时代背景下，数据价值的场景化应用成为一种主要趋势。这涉及对来自不同领域和行业的数据资源进行价值挖掘，然后将得出的结论应用于不同任务情境和需求，从而形成多领域数字化转型的反馈服务过程。在数字政府、数字社会、数字经济、数字基础设施等领域推动下，数据价值的场景化应用已经扩展到众多领域，包括但不限于工业制造、金融经济、教育、健康医疗、政府管理和对外贸易（马捷、郝志远等，2023）。由于各领域之间存在差异，这些数据价值服务应用呈现出明显的异质性特征（见表3－1）。

表3－1 数据价值的场景化应用

数字化转型领域	应用场景
工业制造领域	产品供应环节、生产环节、市场营销环节、未来工厂、智能制造……
金融经济领域	风险评估、资产配置、金融信贷、金融业务创新、金融组织结构变革……
医疗健康领域	在线预约、智慧医疗系统构建、辅助诊断、个性化医疗方案、便捷结算……
政府管理领域	基层治理、电子政务、智慧政府、公共安全治理……
教育领域	个性化学习、在线课程资源、教学创新、教学评估和反馈……
……	……

（一）工业制造业领域

随着新兴数字技术的迅猛发展，相关产业数据正成为工业制造行业实现智能化和数字化转型的关键支柱，是工业化和信息化深度融合的产物。学者们从不同角度对数据在工业制造领域中的多元化应用场景进行了研究，以深入探讨这些数据在推动产业转型升级中的潜在价值、作用和效果。具体而言，数据价值的应用场景包括：（1）生产流程优化：为满足传统工业产业“节能增效”的迫切需求，研究人员正致力于深度挖掘车间、厂房等部门在生产过程中所产生的流程数据。这些生产流程数据涵盖了从原材料入库到产品出库的整个生产链条，包括设备运行状态、能源消耗、生产效率等多方面的信息。通过对这些数据进行整理、分析和可视化，研究人员能够清晰地了解生产过程中的瓶颈和问题所在，进而提出针对性的优化方案。（2）供应链优化：在产业集群中，产品供应链的优化对于降低制造业库存成本和风险至关重要。研究人员利用相关技术方法对供应链数据资源进行挖掘和分析，以识别不同数据资源之间的关联以及数据内在的规律和价值，从而制订相关优化方案，提高供应链的灵活性和响应速度。(3) 市场竞争力提升：通过分析工业制造业涉及的市场数据、产品数据和客户需求数据，研究人员可以发现和释放数据中的价值，从而提升产业市场竞争力和企业的价值创造能力。这些研究不仅推动了工业制造业的数字化和智能化转型，还为企业和产业提供了更多机会，以更高效、可持续和具有更强竞争力的方式运营和发展。

（二）金融经济领域

数字智能融合已经成为金融行业数字化转型的关键驱动力，促使金融业提供更高质量的服务以支持实体经济（Yao et al.，2023）。相关研究在这一领域提供了有益的洞见，为金融行业的全面智能化提供了参考和借鉴。具体来说，数字智能融合在金融领域的效用主要体现在智能驱动的数据价值发挥上。学者们认为，数据价值是数字化转型的关键，尤其对零售银行而言，数据价值的充分挖掘意味着金融服务的未来发展方向。金融服务领域必须深刻理解数据资源的关键性，并通过深入挖掘数据价值来推动实现高质量的金融服务。在金融领域，数据价值的主要应用场景包括：(1) 信贷风险管理。金融机构可以充分利用客户的消费数据、信用评级和行为记录等数据，通过数据分析进行风险评估和控制，以有效降低信用风险和欺诈风险（陈道富、曹胜熙等，2022）。(2) 行业风险控制。利用大数据和金融业务特征进行详细分析，可以帮助金融机构更好地管理客户信息、设计金融产品和制定营销策略。这有助于推动金融业与大数据技术的融合发展，为金融业带来更大的价值，进一步推动深层次的发展。(3) 组织架构和文化变革。将数据价值理念和数字技术应用于金融企业的组织结构、传统业务改造、并购活动和企业文化等各个方面，有助于促进各业务板块之间的协同合作，扩大集团规模，并取得良好的经营绩效（程华、杨云志等，2016）。这些应用场景有助于金融行业更好地适应数字化时代，提供更智能和高质量的服务，以满足客户需求并推动实体经济的可持续增长。

（三）教育领域

教育数字化转型，作为我国教育发展的核心战略，正逐渐成为提升教育质量与效率的关键所在。在数字浪潮的推动下，传统教育教学模式正面临深刻变革。推动教育全要素系统的数字化，建立以数据资源为核心的教育数字化格局，不仅是应对时代挑战的重要举措，也是推动教育创新、培养新时代人才的重要途径（魏顺平，2013）。教育领域的数据资源，如同一个庞大的信息宝库，等待着被深入挖掘。然而，这些数据不仅数量庞大，结构也异常复杂，如何有效挖掘其潜在价值，成为了教育工作者面临的重要挑战。教育领域的数据价值主要体现在教学决策的过程中，数据价值在教育中的应用场景主要涵盖了两个方面：（1）教学决策。通过大数据分析、人工智能等技术，可以揭示学习者的学习规律、兴趣偏好等深层信息，为教学决策提供有力支持。同时，将数据转化为有序的信息和有效的知识也至关重要。通过建立科学的数据分析模型，实现数据的可视化展示，教育工作者可以更加直观地了解学习者的学习状况，从而调整教学策略，优化教学效果。（2）个性化学习。充分利用这些数据资源，可以为教学决策和学习优化提供有力支撑。例如，基于学习者的学习数据，可以为他们提供个性化的学习建议和路径规划，帮助他们更好地发挥自己的潜力。同时，教学数据的分析也可以帮助教师识别教学中的问题和不足，从而调整教学策略，提升教学质量，为教育领域的数字化转型提供了有力支持，有望改善教育质量并促进学生的成功。

（四）医疗健康领域

医疗信息化的飞速发展和医疗健康数据的爆炸式增长为医疗健康领域带来了众多机会。如何利用好医疗健康数据产生的价值，成为当前医疗健康领域数字化转型的侧重点与焦点。尽管医疗健康数据具有较强的隐私性，但在合理处理伦理和数据安全问题的前提下，充分挖掘这些数据的潜在价值可以为医疗领域的数字化转型提供决策支持。数据价值在医疗健康领域的主要应用场景包括：（1）数据治理与挖掘。使用先进的数据技术方法对已有的医疗健康数据进行治理和挖掘，将低价值的数据转化为高价值的数据（王仁佐，2018）。这有助于加速智能医疗系统的建设，优化医疗机构的运作流程。通过更好地了解患者病历和临床数据，医生可以更快速、准确地制订治疗计划，提供更好的医疗服务。（2）大数据和人工智能的应用。医疗领域逐渐进入大数据和人工智能时代，医院信息系统积累的医疗大数据可以用于集成、建模和分析。这些数据可用于预测和判断未知数据的类型，减少疾病诊断和检验的复杂性，为医疗业务和科研提供支持（王星和刘晓燕，2022）。例如，AI 算法可以帮助医生更快速地诊断疾病或制订治疗计划。(3) 精准医疗。通过深入分析健康医疗大数据，可以支持和推动精准医疗在疾病预防、诊断、治疗和健康管理方面的应用（高景宏等，2022）。个体化的治疗方案可以根据患者的基因、生活方式和疾病历史进行定制，从而提高治疗效果，并减少不必要的医疗成本。这些应用场景不仅提高了医疗服务的效率和质量，还有助于推动医疗领域的数字化转型，为患者提供更好的医疗护理和支持医学研究的发展。

（五）政府管理领域

政府数据是指在管理社会和提供公共服务的过程中由政府产生和积累的大量数据资源。这些数据不仅是社会资源的重要组成部分，还具有巨大的经济、社会和政治价值。政府通过不断推动数据在社会治理、智慧城市、智慧政府、公共安全等具体场景中的应用，旨在实现政府数据与相关产业的深度融合（马捷等，2023）。这一努力的目标是发掘政府数据的深层潜在价值，从而有效地助力相关产业的发展。数据价值在政府管理领域的主要应用场景包括：(1) 技术治理。技术治理在基层社会治理中起着重要作用，数字化是其关键特征。政府通过数字化数据收集和分析来更好地了解基层社会的状况。建立政府数据治理体系，将数据嵌入原有的治理结构中，有助于提高治理的效能，使政府更有能力应对社会问题和挑战。(2) 智慧城市。政府数据在智慧城市建设中扮演关键角色。政府可以通过调查分析智慧城市建设中政府数据的开放和共享情况，推动政府数据的全面开放和有序共享。这有助于形成数据驱动城市发展的良好态势，提高城市的可持续性，改善市民的生活质量。(3) 智慧政府。政府可以利用大数据技术推动政府治理改革，打造智慧政府。通过数据开放和新技术的应用，政府可以提高治理的效率和透明度，更好地满足市民需求，简化政府流程，提供更高质量的公共服务。(4) 大数据公共安全治理。大数据在公共安全治理中发挥着重要作用。政府可以整合大数据、物联网、云计算和智能终端等技术，实时收集、存储、处理和分析相关数据信息，以实现公共治理的智能化、精准化和数据化。这有助于提高国家治理的效能，增强公共安全和应急管理的能力。政府数据的应用有助于提升政府管理水平，优化城市发展，改善市民生活质量，以及增强公共安全。同时，确保数据的安全性和隐私性非常重要，政府需要在数据开放和共享方面采取合适的伦理和法规措施，以保护公众的权益和数据的合法使用。

（六）对外贸易领域

随着云计算、物联网、大数据、人工智能、区块链、虚拟现实等数字技术的高速发展和普及运用，数据要素的跨境流动、信息技术和相关配套设施的创新迭代深刻影响着当今国际贸易形式和结构。2021 年 11 月颁布的《“十四五”对外贸易高质量发展规划》中强调，加快贸易全链条数字化赋能，加快推进贸易主体的数字化转型，提高我国贸易数字化水平和竞争力。为进一步帮扶外贸企业和实现进出口保稳提质任务目标，国务院办公厅颁布《关于推动外贸保稳提质的意见》，要求积极开拓线上渠道，积极应用虚拟现实、增强现实、大数据等数字技术，加强与跨境电商平台等联动互促，优化云洽谈、数字会展等新业态新模式，提升供应链和采购端智能化水平，提高外贸便利化程度。可见，数字技术的高速发展，以及它同贸易领域深度融合和广泛渗透的发展趋势，已经形成我国新发展阶段加快提升对外贸易竞争力、加速构建“以国内大循环为主体、国内国际双循环相互促进”的新发展格局和实现对外贸易高质量高水平发展的关键动能（夏杰长和李銮淏，2023）。数据价值在对外贸易领域的主要应用场景包括：（1）拓宽对外开放和贸易格局。借助新一代数字技术，数据要素推动了我国形成更宽领域、更多方位和更深层次的对外开放和贸易格局。通过数字化，企业能够更容易参与全球价值链，扩大国际市场，与更多国家和地区进行贸易合作。数字化贸易平台和电子商务的兴起使跨境贸易更为便捷，促进了小微企业的国际化。（2）供需匹配与优化。数据要素加速了国际贸易领域供需双侧的优化和匹配，大数据和人工智能帮助企业更好地理解市场需求，优化产品设计和生产，提供更符合市场需求的产品和服务，形成更高质量、高水平和高效益的产出和消费，提高贸易的质量和效益

(李书彦和谭晶荣，2021)。(3) 降低传统贸易成本。数字技术全方位降低了国际贸易的传统成本。虚拟现实、大数据分析等技术使远程会议和洽谈更加容易，减少了商务差旅成本。智能物流和供应链管理提高了物流效率，减少运输和库存成本，区块链技术可以增加交易的透明性和安全性，降低信任成本。(4) 催生新业态新模式。数字技术催生了国际贸易中的新业态和新模式，跨境电商、云洽谈、虚拟展会等创新模式迅速崭露头角。区块链技术在跟踪供应链、验证产品真实性和数字化身份认证方面发挥了关键作用。这些新业态和新模式为全球价值链的重塑提供了新的动力。总之，数据要素已经成为国际贸易的关键驱动力，它们通过改变贸易标的、工具和模式，使贸易更加智能和高效，有助于实现我国对外贸易的创新和高质量发展。

延伸阅读　数字经济蓬勃发展　数字贸易成国际贸易新引擎

2023 年中国国际服务贸易交易会（服贸会）在北京的举办，无疑是全球服务贸易领域的一次盛会。商务部原部长助理陈春江在数字贸易发展趋势和前沿高峰论坛上的发言，深刻揭示了当前全球数字经济和数字贸易的蓬勃发展态势，以及我国在这一领域的显著成就和未来发展规划。商务部原部长助理陈春江指出，全球数字经济正在快速发展，数字贸易已成为国际贸易发展的新趋势和未来贸易增长的新引擎。世贸组织预测，到 2030 年，数字技术将促使全球贸易增速每年提升 1.8～2 个百分点。这一预测充分显示了数字贸易的巨大潜力和广阔前景。

在我国，数字贸易的发展也取得了显著成就。2022 年，我国可数字化交付的服务进出口额达到 2.51 万亿元，同比增长 7.8%，居全球第五位，规模再创历史新高。2023 年上半年，这一规模继续增长 12.3%，高出服务进出口总体增速 3.8 个百分点。这些数据显示了我国在数字贸易领域的强劲增长势头和巨大潜力。

商务部原部长助理陈春江还强调了我国推动数字贸易发展的决心和举措。商务部将加强顶层设计，推动出台相关政策举措，加强数字贸易标准化建设；加强平台建设，做强做优做大国家数字服务出口基地；高质量实施《区域全面经济伙伴关系协定》，稳步推进加入《数字经济伙伴关系协定》《全面与进步跨太平洋伙伴关系协定》的进程，进一步对接高标准国际经贸规则，支持开展数字贸易领域的先行先试，稳步扩大制度型开放。积极参与国际规则与标准制定；加强国际合作，共建开放包容、互利共赢的数字贸易发展新格局。

总之，2023年中国国际服务贸易交易会不仅展示了我国在服务贸易领域的实力和成就，也为我们提供了一个观察全球数字经济和数字贸易发展趋势的重要窗口。未来，随着数字技术的不断发展和应用，数字贸易将成为推动全球贸易增长的重要力量，我国也将继续在这一领域发挥重要作用，为全球服务贸易的繁荣和发展作出更大贡献。

资料来源：经济参考报，2023-09-04. http：//m. caijing. com. cn/api/show?contentid=4957661.

第四章　数据要素市场化配置探索与实践

第一节　数据要素市场概述

数字经济是以数字化技术创新作为发展动力、以数据作为关键生产要素的新型经济形态。习近平总书记指出："促进数字技术和实体经济深度融合，赋能传统产业转型升级，催生新产业新业态新模式，不断做强做优做大我国数字经济。"而培育数据要素市场成为推动以数字经济为主要代表的新型经济形态高质量发展的基础性前提。这是实现要素资源流转配置顺畅无阻、打通制约经济循环关键堵点的必然要求。在数字经济时代，推动构建新的发展格局需要充分发挥市场在数据要素配置中的决定性作用，以畅通要素的循环流转，提高资源配置的效率（任保平和王思琛，2022）。

一、数据要素市场内涵

数据要素市场的培育是推动数字经济进一步壮大的必然需求，而数字经济的健康发展则是数据要素市场培育的基本前提。目前，关于数据要素市场的定义尚不统一，何玉长和王伟（2021）认为，数据要素市场是数据产品作为生产要素进行交易的渠道和交易关系的总和。数据交易渠道指的是实现数据要素交易的平台和方式，而交易关系则是在交易过程中各方形成的相互联系。邹传伟等（2021）提出了一种不同的观点，即数据要素市场由两大经济主体组成，一方是数据提供者，另一方是数据需求者。数据要素市场的主要目标在于促使数据要素从数据提供者流向数据需求者，从而实现数据要素的有效配置。数据要素市场的整体结构通常是分布式的，呈现为一个分散的、非标准化的市场，以适应多样化的需求。只有极少数高度标准化的数据要素适合进行中央集中化的交易。孙方江（2021）认为，为了实现资源的有效配置，要素市场需要建立一系列关键结构，包括要素定价机制、收入分配机制以及交割基础设施等。尽管学术界对数据要素市场的内涵研究相对较少，但上述分析提供了一定的具体细节，具有代表性。总体来看，数据要素市场代表了一种动态过程，将原本未完全由市场配置的数据要素转变为由市场配置，其目标是以市场为核心的调配机制，以实现数据要素的流通和数据流动中所产生的价值（周一竞等，2023）。

数据要素市场作为一个新兴市场，目前仍然处于探索阶段，相关理论研究相对有限，而实践应用则较为领先。从其功能来看，数据要素市场不仅是资源配置的工具，还充当了数据要素的交易和中介的角色，它将配置行为主体与组织机制结合在一起。与其他市场一样，数据要素市场需要建立合适的制度和环境来保障其有效运行。数据要素市场化是将数据要素纳入市场配置的过程，市场在其中充当了核心调节机制的角色，促进数据在流通中增值。这一过程实际上是将生产要素的市场化和资源配置的市场化融为一体，要求高效衔接生产和流通环节，充分发挥市场的力量。它强调生产者可以根据市场需求自主决定生产，消费者可以根据自身需求自主选择消费，从而提高数据要素的配置效率。数据要素市场的培育是数字经济发展的关键一环，需要形成“市场有效、政府有为”的机制，以实现数据要素的有效配置和增值。

随着国家的战略规划和相关政策的制定，数字经济和数字技术的迅猛发展，数据要素市场的基础设施和制度也在加速建设和完善，市场交易规模逐渐扩大。与此同时，数据要素市场也面临一系列挑战，包括数据界权、交易制度和监管规定等现实难题和制约。数据要素市场可以被看作将数据要素商品化成数据产品的场所和过程。然而，数据要素进入市场交易的前提是权属明确清晰，数据界权是数据要素商品化的关键制度障碍。当前的相关研究主要从经济学和法学的角度来探讨数据界权问题。其中，最大的争议和分歧点之一是关于个人脱敏后的数据是否仍然享有初始产权和收益权以及如何平衡个人数据隐私与数据商业利用之间的关系，是一个备受争议的问题。解决这些问题需要跨学科合作和深入研究，建立适当的法律和制度框架，平衡数据要素的商业价值和数据隐私的保护，对于数据要素市场的可持续发展至关重要。

二、我国发展数据要素市场的基础条件

（一）海量数据资源为数据要素市场发展提供巨大空间

新一代信息技术的迅速发展已经将人类引入了万物互联的时代，各种设备、传感器和系统都相互连接，带来了大规模数据的快速汇聚和生成，为数据资源化、资产化、资本化的发展提供了丰富的机会（王伟玲等，2021）。我国作为数据大国，具有全球最大的网民规模，也是数据数量和种类最丰富的国家之一。截至目前，中国拥有全球最大规模的互联网用户，约占全球网民总数的1/3。然而，尽管数据资源的规模巨大，我国的数据利用率相对较低。许多数据仍未得到有效利用，这意味着数据要素市场潜藏着广阔的商业机会。充分开发和利用这些数据资源将有助于提高效率、推动创新、创造就业机会，进一步促进数字经济的发展。总体而言，我国在数据要素领域具有显著的优势，但要充分实现这一潜力，需要加强数据资源的管理和开发，以提高数据的利用率，推动数字经济的发展。这也是未来发展的重要方向之一，有望为中国经济的可持续增长提供更多机会。

（二）新型数据基础设施为数据要素流通奠定良好基础

近年来，世界正处在一个信息技术迅速发展的时代，其中5G、数据中心、人工智能等新型数据基础设施不断完善，为数据要素的流通提供了强有力的基础环境。5G技术的独特特性，如高传输速度、低延迟和广泛的光连接，使其具备了天然的跨界融合属性。不仅改变了通信方式，也深刻影响着新一代ICT技术、传统产业和新兴终端设备。在促使单位时间内产生数据量急剧增加的同时也推动各种应用场景的不断丰富。例如，5G技术为车联网、可穿戴设备、无人机、无线医疗、智能制造等领域，提供了强大的数据传输和处理能力，促进了更多创新和商业机会的涌现。此外，数据

中心也扮演着数据要素市场中的关键角色，不仅提供存储和计算服务，而且为各类场景的数据应用提供支持。目前，数据中心已经成为大规模数据的“图书馆”，可以容纳巨量的数据资源，支持各种计算任务的进行，并且可以通过数据应用服务，将数据资源转化为有用的信息，进一步释放了数据的商业潜力。综上所述，5G、数据中心和人工智能等新型数据基础设施的发展，以及新基建项目的推动，为数据要素市场的培育和发展创造了良好的条件。这些技术和基础设施的不断进步将继续推动数据要素市场的发展，有助于数字经济的增长和创新。这些趋势将进一步巩固数据在现代经济中的关键地位，为数据要素市场提供更多的商机和机遇，推动数据要素市场的发展。

（三）产业生态优势为数据要素市场注入创新活力

近年来，数字经济新业态蓬勃发展，由此产生的数据呈现爆发式增长、海量集聚的特点，蕴含着巨大的经济社会价值。良好的数据产业生态体系，为数据要素市场培育提供了强有力的产业支撑。首先，数据的跨界应用推动了数据要素市场的创新。不同产业和领域的数据相互交叉应用，产生了新的商业机会。例如，健康医疗领域可以借助数据要素市场与物联网数据、金融数据等其他行业数据相结合，开发出更精确的医疗诊断和健康管理解决方案。其次，产业生态系统可以通过数据挖掘和分析发现新的市场机会，识别趋势和需求，鼓励不同行业合作开发相应的数据产品。例如，制造业和零售业可以合作开发基于数据要素的智能供应链解决方案，提高生产效率并满足消费者需求。这种合作鼓励数据要素市场为不同行业提供定制化的数据产品和服务。此外，数据要素市场可以成为创新生态系统的一部分，与初创企业、研究机构和大型企业合作，共同推动新技术的发展和应用，这种生态系统促进新业务模式的出现，从而为数据要素市场注入创新活力。总之，在海量数据供给、活跃创新生态和巨大市场需求的多重作用下，数据领域创新创业活跃，激发了市场的创新活力。不同行业和领域之间的协作和交叉应用为数据要素市场带来了更多的商机和潜力，推动数字经济的发展。

三、数据要素市场的战略意义

（一）传统生产要素市场的有力补充

在当前数字经济时代，数据已经成为创新型生产的核心要素，持续渗透到社会再生产的各个环节和全过程中，实现了与传统生产要素的深刻融合，显著提升了生产效率，推动了新动能的发展。数字要素市场的培育通过三种机制路径缓解了传统生产要素流动不畅的问题，从而提升全要素生产率（任保平、王思琛，2022）。首先，通过叠加效应，数据要素与传统生产要素高效配置，涌现新的产业、业态和模式，加速改变传统要素的存在方式，促使其从物理空间向数字空间循环流转，推动社会再生产各个环节的良性循环，显著提高全要素生产率，促进经济实现螺旋式上升。其次，通过乘数效应，数据要素的潜力得到充分发挥，传统产业实现数字化转型，数据价值链推动数字产业化转型，培育多样化的数字业态，提供高质量的数据产品和服务，有助于解决资源配置扭曲的问题。数字化应用，如在线教育和远程会议，在经济社会发展中发挥了关键作用，特别是在应对新冠疫情方面提供了有力支持。最后，通过规模效应，数据作为要素市场的商品，数据要素市场的核心目标是实现市场决定的数据价格，促进数据的有效流转。数字化技术有助于发挥市场的供求、价格和竞争机制，消除数据要素与其他生产要素之间的障碍，为生产要素的流通提供更好的条件，推动全要素生产率的提高。

（二）数字经济深化发展的核心引擎

数据要素市场在数字经济发展中扮演着至关重要的角色，具有多重积极作用。首先，数据是数字经济产业链中的核心传输介质，数字经济的运行围绕数据展开，数据资源的深度融合推动了数字经济的蓬勃发展。数据作为新型生产要素，推动了新兴产业、新业态和新模式的崭露头角，数据挖掘、脱敏和分析等高效利用方式促进了创新，加速了产业升级。其次，数据是数字经济的燃料，数据、算法和算力有机融合构成了数字经济的核心，数据要素市场为算法和算力提供了基础训练数据集，数据处理需求推动了数字经济核心硬件和软件的自主发展。培育数据要素市场有助于将数字经济的变革扩展到传统产业，推动数字经济与实体经济的深度融合，开启数字经济发展的新阶段，促进产业升级（李直、吴越，2021）。数据具有乘数效应，通过精确对接供需，数据要素市场的市场化配置促进了数字经济与实体经济的深度融合，为经济高质量发展提供了新动力。最后，数据在国际竞争中具有优势，不同国家和地区的数据资源差异决定了拥有更多人口和更大经济规模的地区在数字经济分工中占有竞争优势，培育数据要素市场有助于提高国际竞争力，我国必须及时抢占数据开发利用的技术高点和先机，培育数据要素市场有助于保障我国数字经济的发展空间和数据资源的有效利用，确保我国在国际竞争中占据有利地位。总之，培育数据要素市场为数字经济的发展提供了有力支撑，将进一步激发数据要素活力，释放数据要素潜能，赋能数字经济高质量发展。

（三）国民经济健康发展的全新赋能

数字经济发展在国民经济发展中的地位正在不断提升，积极推动规范化的数据要素市场，充分挖掘数据要素的价值，加速数据要素安全、高效地流通，对于国民经济发展具有重要意义。首先，数据要素市场有助于规范化数据要素的流通和价值挖掘，降低国民经济的运行成本。通过大规模系统化的数据处理，降低数据采集、复制和运输等领域的经济成本，使数据更容易在市场中流通和利用，减少了地理距离和交通运输成本对经济活动的制约。其次，数据要素市场的发展也提高了国民经济的运行效率。新兴数字技术与传统产业的融合催生了更具创新力和应变能力的企业，使其能够更灵活地适应市场需求变化，改变了传统的生产和商业模式，将劳动力从传统的体力劳动中解放出来，采用云计算、物联网、人工智能和机器学习等新兴数字技术，实时采集、使用和传播数据，从海量数据中迅速挖掘有价值的信息，形成更强大的生产力，提高了国民经济的运行效率。此外，数据要素市场的发展也有助于提高国家政府的治理效能。我国正在积极发展数据驱动的数字化政府和智慧城市，提供高效透明的公共服务。数据要素市场为社会治理提供了丰富的资源，降低了服务成本，提高了治理效率，实现了多主体协同共治，促进政府数据开放共享，加快数据共享与交换，以及数据责任清单的制定，优化治理模式与服务。综上所述，数据要素市场作为数字经济的核心组成部分，对国家经济发展和国民生活水平提升产生着积极影响。只有通过积极推动数据要素市场的培育与发展，才能更好地提升国家经济水平，增强国家综合实力，更好地服务于民众。

第二节　数据要素市场建设现状与趋势

一、数据要素市场建设现状

（一）数据要素市场发展的国家部署

数据要素市场的发展需要国家政策指明发展方向。党的十八大以来，党中央高度重视发展以数据为关键要素的数字经济，数据要素价值愈加凸显。为激活数据要素潜能，加快发展数据要素市场，中国不断探索符合国情的数据基础制度，完善相关法律制度，推动数智时代的顶层设计，加快数字中国建设。从大数据首次被写入政府工作报告，到数据被纳入生产要素范畴，再到数据基础制度体系“四梁八柱”构建，最后到数据要素被纳入数字中国建设方案中，随着党中央对数据要素作用的认识不断加深，数字经济发展的中国道路也更加清晰，建设数字中国成为推动中国式现代化的关键引擎，如图 4－1 所示。这些规划为未来五年我国数据要素市场建设指明了方向和目标。随着国家数据局的成立，将进一步落实我国数据产权界定、数据市场体系建设等制度和政策，更好构建完善我国数据基础制度体系，打通“数据孤岛”，释放数据要素价值，开启数字中国建设新篇章。

（二）数据要素市场培育的创新实践

“十四五”时期是我国工业经济向数字经济迈进的关键时期，除了国家已制定数据要素市场发展的战略规划外，部分省市也在其“十四五”战略规划中纳入了数据要素市场的发展，并积极实践，初步积累了我国数据

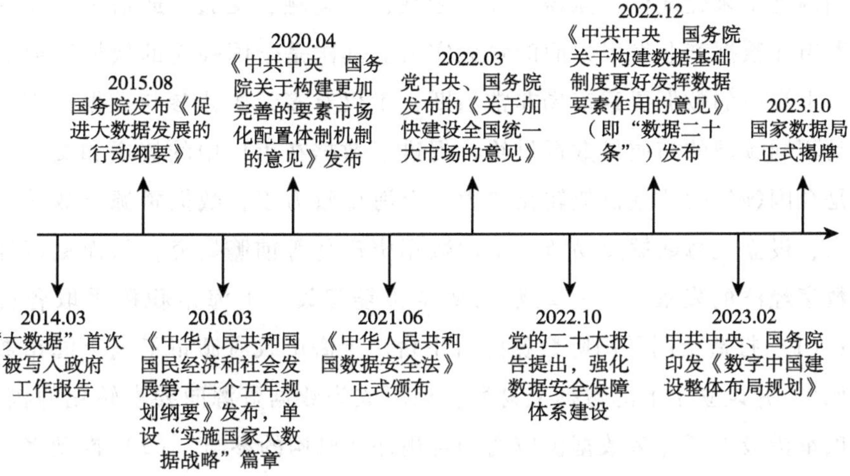

图 4－1 数据要素市场建设政策时序

要素市场建设的代表性经验。本部分梳理总结上海、北京、贵州、广东、浙江等地数据要素市场建设实践，通过研究这五个省份的规划，可以了解"十四五"时期中国数据要素市场建设的主要任务和重点内容。上述省市在培育数据要素市场方面各自独具特色，共性与特性共存，有望在推动中国数据要素市场未来发展中发挥示范和引领的作用。以下是五个省市在数据要素市场建设方面的特点实践，以及他们的关键内容和路径（见表 4－1）。

表 4－1 我国不同省市数据要素市场建设特色

省市	建设特色
上海模式	打造全国及国际数据配置平台，引领全国数据要素市场体系建设
北京模式	构建"共建共治共享"数据资源体系，打造国际数据之都
广东模式	以市场化改革为突破口，打造数据要素全价值链
贵州模式	打造国家大数据（贵州）综合试验区，推行省域数据要素市场自治与可信流通
浙江模式	推动公共数据开放利用，强化数据创新应用

1. 上海模式：打造全国及国际数据配置平台，引领全国数据要素市场体系建设

上海一直在数据要素市场的发展方面位居全国的前列，主要表现在以下方面：首先是全国领先的数据产业规模。上海市的数据产业规模在全国

范围内处于领先地位，涵盖了多个领域，如金融、交通、通信等，反映了上海市在数据产业发展方面的强大实力。其次是全国领先的数据流通活跃度。上海市的数据要素市场非常活跃，不仅有多元主体参与数据挂牌，还推动不同领域的高质量数据供给，促进了数据在市场中的流通和交易。再次是全国领先的数据价值转化能力。上海市致力于将数据资源有效转化为要素，设立上海数据交易所，推动数据资产化等前瞻研究，从而更好地支持数字经济的发展。为推动数据要素市场建设，上海市积极采取各种措施：（1）打造全国及国际数据配置平台。上海市政府颁布了《上海市数据条例》，并设立了上海数据交易所，该所成为数据资源向要素转化的核心。这项举措吸引了许多数据供应商和合规评估机构的参与。（2）推动多元主体参与数据交易。上海市鼓励不仅国有企业，还包括民营企业和外资企业等多元主体参与数据挂牌和交易，创造了新的“数商”业态。此外，技术、资金、人才等政策支持和前瞻研究也推动了数据流通交易领域的发展。（3）推动数据更好赋能数字经济。上海市通过实施“2+3+1”重点任务工程，优化数据交易系统，强化制度规范，深化“不合规不挂牌、无场景不交易”的交易模式，以更好地支持数字经济的发展。总体而言，上海市的“十四五”规划旨在建设成为国际数据港，具备连接全球、市场活跃、治理完善、生态繁荣的特点。这将为上海市和整个中国的数据要素市场建设树立标杆，发挥示范和引领作用。

2. 北京模式：构建“共建共治共享”数据资源体系，打造国际数据之都

作为全国经济数字化程度最高的城市之一，北京拥有大量潜在高价值的数据资产，具有国内重要的数据要素配置地位。在数据要素市场的发展方面，北京市采取了以下措施：（1）构建“共建共治共享”数据资源体系。北京市致力于推动数据跨界流转，首先加强政务信息共享。通过建立统一数据目录，整合了全市 62 个市级部门和 1000 多个业务处室的数据，并采用区块链等技术，形成了可靠和稳定的数据资源共享体系。此外，北京市加大公共数据开放，政务数据资源网已开放了大约 13.48 亿条数据记录，并有条件地开放了约 35 亿条数据记录，还建设了创新应用数据开放基

地，向社会、企业和个人有序开放政府数据。（2）推进数据专区建设：北京率先提出并深入实践了数据专区模式。这包括建立交通数据专区、金融数据专区、医疗数据专区等。这些专区有助于发掘数据要素的社会价值，其中金融数据专区与20多家银行对接，发放了近万笔贷款，涉及资金超过350亿元，充分体现了数据的价值。（3）打造国际数据之都。2021年3月31日，北京市国际大数据交易所成立。这是国内首家采用“数据可用不可见，用途可控可计量”新型交易范式的数据交易所，旨在打造国内领先的数据交易基础设施和国际重要的数据跨境流通枢纽。在成立当日，还建立了数据要素产业链生态联盟，以促进数据要素市场的共建、共治和共享。总体来看，北京市的“十四五”规划旨在推动数据要素的有序流动，培育数据交易市场，并探索跨境数据流动的新模式。北京市通过创新的数据资源管理和开放政策，以及数据专区和数据交易所的建设，为数据要素市场的可持续发展提供了坚实基础。这些措施将有助于提高数据的价值，并促进数字经济的增长。

3. 广东模式：以市场化改革为突破口，打造数据要素全价值链

广东省作为国内最早布局数字经济政策的省份之一，具备了在全国率先构建省域数据要素市场体系的条件和优势。广东省在推动数据要素市场建设方面采取了以下5项主要实践措施：（1）健全数据法规体系，优化制度供给。广东省积极响应中央政策，出台了一系列政策法规，包括《广东省建设国家数字经济创新发展试验区工作方案》《广东省数据要素市场化配置改革行动方案》《广东省首席数据官制度试点工作方案》《广东省公共数据管理办法》《广东省公共数据开放暂行办法》等。这些法规为广东的数据要素市场化配置改革提供了法律基础。（2）构建两级数据要素市场。广东省率先提出了构建两级数据要素市场的理念，分别为“一级数据要素市场”和“二级数据要素市场”。一级市场主要由政府行政机制主导，推进公共数据开放利用；而二级市场以市场竞争机制为主，鼓励社会数据交易。这一构建思路促进了数据要素的多层次交流和开放。（3）首席数据官制度试点。2021年5月，广东选取全省6个省直部门以及10个地市，率先在全国实施首席数据官制度试点，旨在解决政务数据共享开放方面的问题。通过设立专属职位与制度，负责不同部门之间的数据协调处理与共享

开发利用，推动公共数据的价值释放。(4) 公共数据资产化管理。广东省率先推出公共数据资产凭证和数据要素统计核算试点，为全面推进数据要素市场化改革奠定了基础。这些试点为数据要素的价值衡量和管理提供了依据。(5) 支持合作试验区建设。广东省支持广州南沙（粤港澳）数据要素合作试验区和珠海横琴粤澳深度合作区的建设，探索建立“数据海关”，以开展跨境数据流通的审查监管工作。总体来看，广东省的“十四五”规划旨在打造先进的数据要素市场体系和市场化配置改革先行区。广东的实践经验为全国的数字经济和数据要素市场的发展提供了重要参考，促进了数据要素的流通、开放和创新，有助于进一步释放数字经济的潜力。

4. 贵州模式：打造国家大数据（贵州）综合试验区，推行省域数据要素市场自治与可信流通

贵州省数字经济增速连续六年排名全国第一，作为全国首个国家大数据综合试验区，在数据要素市场培育方面根基深厚。贵州省在数据要素市场建设方面的主要实践包括：(1) 完善大数据政策和制度体系。自2013年起，贵州率先布局大数据发展，制定了20项大数据相关政策，覆盖了大数据标准化、政府数据共享开放、数字经济新业态、新模式、数据共享规范等多个方面。这些政策和制度提供了强有力的政策支持，促进了贵州数据要素的集聚、互通和应用。(2) 打造国家大数据（贵州）综合试验区。2015年贵州成立了全国首家大数据交易所——贵阳大数据交易所，并创办了中国国际大数据产业博览会，为政府和企业共同探讨数据要素市场发展提供了重要平台。此外，贵州省数据共享交换平台已与国家平台级联，12108个国家数据资源依托省数据共享交换平台面向全省各级政务部门提供服务。(3) 实施区块链+数据交易专项融合应用工程：贵州省先后出台《贵州省人民政府关于加快区块链技术应用和产业发展的意见》和《贵阳贵安区块链发展三年行动计划（2020～2022）》，积极引入区块链技术，将其纳入新技术基础设施中，培育区块链创新创业生态体系。(4) 推动省域数据要素市场自治与可信流通。贵州省于2021年率先提出了“省域数据要素市场自治与可信流通”的理念，旨在规范和促进数据要素的自由流

动，确保数据要素在发挥其价值时得到妥善保护，避免滥用或盗取。这一理念为全国数据要素市场的培育提供了重要路径和指引。贵州省的“十四五”规划目标是打造国家数据生产要素流通核心枢纽，这将有助于促进数据要素的有序流通和开放，以及数据要素市场的健康成长，为数字经济的发展提供了强有力的支持。贵州省在数据要素市场培育方面的经验为其他地区提供了宝贵的参考和启发。

5. 浙江省：推动公共数据开放利用，强化数据创新应用

浙江省深入推进数字经济的“一号工程”，持续激发高质量发展的新动能，创造数字经济发展的新优势。在数据要素市场建设方面，主要实践包括：（1）推动公共数据的开放和利用。为规范和促进公共数据的开放、利用和安全管理，浙江省于2020年6月颁布了《浙江省公共数据开放与安全管理暂行办法》。该法旨在推动政府数字化转型，促进数字经济和数字社会的发展。首先，通过制订实施方案，明确了公共数据开放的原则，强调需求导向、创新驱动、分类推进、安全可控。其次，通过数字赋能行动计划，重点推动公共数据的开放应用，提升社会数据资源的价值，加强数据要素的安全保障，并开展数据要素增值行动。（2）探索推进数据要素配置流通。在探索社会数据市场化运营机制方面，研究数据产品与服务的所有权、使用权、收益权，引导市场主体进行数据交易。应用区块链、数据安全沙盒、隐私计算等技术，推动数据所有权和使用权的分离，实现数据可用但不可见。在规范培育市场化数据应用服务主体、公益性数据服务组织和研究机构的同时，发展数据清洗、建模、可视化、信用评价等数据服务，培育数据开发利用产品和产业体系，完善数据创新应用服务生态（浙江省人民政府办公厅，2021）。（3）推动经济社会数据创新应用。浙江省于2022年10月印发了《浙江省推进产业数据价值化改革试点方案》。该方案明确了加快中国（温州）数安港市场化建设运营，聚焦产业数据价值化改革，以浙江省大数据联合计算中心为技术基座，以具体场景为应用基础，推进数据安全技术研发与流程创新。方案还提出了建立完善“产业大脑”多元数据融合应用体制机制，开展生产质量控制、供应链管理、工艺改进、新产品开发等数据服务。鼓励数字商贸企业依法依规利用消费大数据进行市场研究和精准营销，以改善产品和服务质量。同时，探索推进医

疗、教育、旅游、养老等领域的数据服务创新，全面释放数据的价值潜力。

二、数据要素市场建设发展趋势

（一）政策体系逐渐完善

我国数据要素市场的发展可以被视为典型的政策引导型，政策在驱动数据要素市场的推进与发展方面发挥了关键作用。尽管数据要素市场仍处于初级阶段，但从国家到地方，相关政策体系正在逐渐完善。在国家层面，已经发布的政策文件，如《要素市场化配置体制机制的意见》和《“十四五”发展规划》，为我国数据要素市场建设提供了整体规划和指导方向。这些政策文件为政府和企业提供了明确的发展目标和行动指南，为数据要素市场的繁荣发挥了关键作用。在地方层面，不仅有上海、北京、广东、贵州、浙江等地出台了相关政策，还有其他省市如重庆、河南、广西、福建、江西、湖北、四川、河北、山东等纷纷推出数据要素市场化配置改革政策。这些地方政府通过政策引导，积极推动数据要素市场的建设和发展，为地方经济增长注入新动力。

总体来看，随着我国数据要素市场实践的不断深入，逐步制定符合数据要素市场发展规律和需求的法律法规、政策指引、技术规范是大势所趋。尽管政策不断涌现，但尚缺乏一个清晰的政策架构来指导数据要素市场的建设。因此，未来需要进一步完善我国数据要素市场的政策体系。这包括从宏观层面明确数据要素市场发展的共识与方向，涵盖数据权属、数据管理、数据安全、隐私保护、数据要素市场化等方面。同时，也需要从微观层面明确数据要素市场的具体发展路径与发展模式，包括基础规范、发展路径、交易模式等。通过这些政策和法规的完善，可以更有效地引导我国数据要素市场的有序和规范发展，为数字经济的繁荣创造更好的条件。

（二）公共数据治理先行

公共数据在我国数据资源中占据重要地位，然而，目前的公共数据治理面临一系列问题，包括数据资源底数不清、数据采集和更新责任机制不健全、数据质量不高和完整性不足等。这些问题导致公共数据无法有效支持跨部门协同应用需求，同时也导致了数据共享不充分、基层数据需求得不到响应、数据孤岛和数据饥渴等困境。在“十四五”时期，创新公共数据运营模式、健全公共数据管理机制、完善公共数据资源体系、探索公共数据资产化管理、扩大公共数据共享与开放，成为各地数据要素市场建设的重要内容，也是数据要素市场发展的关键一环。各地区在公共数据治理方面采取了不同的举措，如：广东已领先一步在推动公共数据资产化，为数据资源赋予更高的价值；北京提出制定公共数据管理办法，以推动公共数据的安全共享；上海探索推动公共数据与社会数据融合应用，以形成数字城市建设的系统合力，同时推动公共数据的授权运营和收益共享；贵州提出建设统一安全可靠的公共数据开发利用平台，通过创新数据使用方式，如“数据不搬家、可用不可见”和“算法多跑路、数据少跑路”，推动公共数据向市场主体授权开发利用；浙江提出通过深入推进公共数据开放应用、提升社会数据资源价值、加强数据要素安全保障，开展数据要素增值行动。加强公共数据治理的好处不仅在于释放公共数据资源的价值，还有助于推动智慧城市和数字政府建设，提升政府数据治理能力。公共数据治理的改善有助于促进数据要素市场的成熟与繁荣，为数字经济的可持续发展创造更有利的条件。

（三）数据资源化、资产化趋势明显

数据是国家的战略性资源和关键生产要素。提升数据要素的经济和社会价值在加速培育数据要素市场、提高数据生产要素的地位以及推动数字经济的高质量发展方面发挥着至关重要的作用。数据资源化是将基础信息进行加工处理，使其成为高质量数据的过程；而数据资产化则是数据作为生产要素的价值体现，主要是指将高质量的数据与具体业务场景相结合，从中产生商业价值的过程。目前，市场化配置正逐渐成为培育数据要素市场的关键手段，多个地区已经采取相关实践措施，数据资产的价值正逐渐被激活。上海数据交易所、北京国际数据交易所等机构代表了数据要素市场化、产业化、资本化以及国际化的生态综合能力的建设成果；广东则支

持深圳数据立法，推动数据权益的资产化和监管试点，同时支持深圳建设粤港澳大湾区数据平台，设立数据交易市场，或者依托现有交易场所来进行数据交易。贵州正在探索数据资产评估、登记结算、交易撮合、争议仲裁等市场运营体系，推动一系列数据资产的确权、评估、撮合、审计、仲裁、担保以及保险等市场服务，培育了一批在数据资源开发和服务领域表现出色的企业，走在全国的前列。浙江正加快中国（温州）数安港市场化建设运营，聚焦产业数据价值化改革，以浙江省大数据联合计算中心为技术基座，以具体场景为应用基础，推进数据安全技术研发与流程创新。

（四）数据多元化治理

为了促进数据要素市场的公平和公正交易，实现数据要素的有效配置，数据要素市场需要多方主体进行共同治理，不仅涉及数据来源提供者、数据采集者、数据传播者、数据交易者、数据应用者，还包括数据监管机构等多个主体。因此，推动政府机构、企事业单位、社团组织、高等院校和科研机构等多个主体之间的参与和深度合作是数据要素市场发展的必然趋势。目前，北京、广东、上海等地都在探索多元治理模式。如北京提出将数据提供方、需求方、运营服务方、交易监管方等多方资源汇聚在一起，形成数据要素产业链生态联盟，通过联盟生态来促进数据要素市场的共建、共治和共享。上海则提出城市数字化总体架构，强调政府、市场和社会多方共同治理的重要性，旨在初步实现生产和生活的全局转变，实现数据要素的全方位支持。广东提出建立跨部门协同监管机制，以开展数据要素市场的监管和执法工作，确保市场稳健发展。贵州重点推动“产、学、研、用”一体化的多元数据治理体系，未来将形成政府主导、多元参与和法治保障的数据要素治理体系。浙江则鼓励两业融合重点领域探索建立多元化的行业数据合作交流机制，形成多元化的数据开放格局。需要强调的是，今后的发展应当围绕基于数据生产要素的分配机制推动数据多方治理的进一步发展，以确保数据要素市场的可持续发展和公平竞争。

（五）数据安全与隐私保护受重视

为促进数据要素的开放共享，必须解决数据的安全问题和隐私风险。

在当前数据开发和利用过程中，存在个人信息非法采集和利用、商业秘密侵犯以及数据分级分类保护制度不健全等问题。因此，在数据要素市场的培育过程中，需要制定数据隐私保护制度和安全审查制度，加强对政府数据、企业商业秘密和个人数据的保护。为此，不同地区已经采取了一系列措施来应对这些挑战：北京提出探索制定信息技术安全和数据隐私保护等关键领域的规则，以确保数据的安全和隐私；上海致力于打造更具韧性的关键信息基础设施，建立数据安全管理规范，加强数据资源全流程的安全监测，规范生物特征和用户习惯等信息的采集和使用，建立数据市场安全风险预警机制，同时加强对个人和企业信息隐私的保护；广东促进不涉密、不涉隐私、权属清晰的数据服务在平台上进行交易，建立数据隐私保护和安全审查制度，完善适用于大数据环境下的数据分类分级安全保护机制，同时强化对公共数据和个人数据的保护；贵州积极推动大数据安全产业的发展，开展相关项目建设，包括贵阳大数据安全靶场、云上贵州电子认证云、大数据安全监管分析平台以及云安全防护体系研究及应用中心等，以提高数据安全水平；浙江积极建立数据全生命周期安全保护机制，将保障数据安全贯穿整个条例制度设计始终，并设置公共数据安全专章，通过建立健全数据安全制度，确保个人信息不发生泄露等方面问题。这些举措旨在平衡数据开放共享与数据安全隐私之间的关系，确保数据要素市场的健康发展并为各方利益相关者提供保护。

（六）跨境数据交易的积极探索

为适应全球数字经济的发展，跨境数据流动不可避免。多个省市，包括北京、上海、广东、天津等地，都在探索相应的跨境数据交易模式。广东还在进行“数据海关”的尝试，以应对未来跨境数据交易的挑战。针对未来的跨境数据交易，可在以下关键方面加强跨境数据流通政策和制度建设：（1）构建数据跨境合作平台。建立跨境数据合作平台可以促进不同国家和地区之间的数据共享和合作。这个平台可以为数据提供者和需求方提供信息，支持数据交易和流通，同时确保数据的安全和隐私。（2）建立个人数据和重要数据跨境流通安全审查机制。针对个人数据和关键数据，需要建立安全审查机制，以确保其跨境流通不会威胁国家安全和个人隐私。

(3) 开展数据跨境流通监督管理机构建设：为了有效监督和管理跨境数据流通，应该建立专门的监管机构，负责监测数据流通的合规性，处理数据安全事件，解决争议，并制定相关政策和规定，以确保数据跨境合作机制的有效运行。上述政策和制度建设可以帮助平衡数据的自由流通和安全隐私保护的需求，同时推动数字经济的全球化发展，促进各国之间的数据合作，同时确保数据的安全和合规性。

三、数据要素市场发展困境

数据要素具有虚拟性、非竞争性、部分排他性、外部性等特征，相较于传统要素市场，数据要素市场培育难度更大，面临着更多的制约和挑战。

（一）数据权属界定不清晰，数据要素交易制度不完善

习近平总书记在中共中央政治局集体学习上指出，“要制定数据资源确权、开放、流通、交易相关制度，完善数据产权保护制度。”数据交易的本质是权利主体通过让渡使用权或未来收益权来影响数据要素市场配置效率的行为。数据确权是数据要素市场培育的前提，是数据要素自由交易和流通的基础。近年来，其他国家纷纷出台了专门的法规，例如欧盟的《通用数据保护条例》和日本的《人工智能、数据利用相关签约指南》，这些法规系统性地界定了数据权属等问题。相比之下，我国的法律体系，包括《中华人民共和国民法典》，虽然规定了对个人信息和数据的保护，但尚未明确解决数据要素市场中的数据权属问题，导致了数据在流通、交易和使用过程中的法律可解释空间较大，市场规范性不够明确。数据权属界定不明确的问题带来了一系列负面影响。首先，它导致了市场规范性的不足，使得数据交易变得模糊不清。其次，这种不确定性给执法工作带来了难题，从而增加了数据交易违法成本，例如，大量数据集在黑市进行交易，数据隐私泄露问题频繁出现。

从经济学的角度来看，数据确权问题涉及数据资源的有效配置，对社会福利的影响以及个人隐私和数据安全的保护。考虑到数据的来源，许多

数据，例如购物和出行数据，实际上是消费者行为的副产品，将这些数据的控制权授予个人可能会激励数据的更广泛分享和交易。但数据的易于复制和无形性使得数据的所有权往往难以界定，同时也容易被转移和占有，因此赋予个人数据所有权可能无法完全保障个人隐私和数据安全。赋予企业数据所有权则可能促进数据的更广泛交易，从而达到社会最优水平的资源配置。然而，这种方式也伴随着企业滥用数据的风险。因此，在考虑数据确权问题时，不仅需要关注效率，还需要关注数据权属的公平性。场景性公平原则强调，应该根据不同的场景、参与主体和数据特征来权衡公平和效率，以确定数据权益的分配。

数据分类分级是解决数据确权问题的一种思路，它意味着授予不同类型的数据不同级别的权利，包括收益权、拒绝权等。这样的分类分级制度可以兼顾个人隐私保护和数据交易流通的需要。相较于有形财产，数据等无形财产可能更需要产权保护以解决更复杂的信息和交易问题。然而，目前为止，尚未建立有效的数据产权制度、财产保护手段和风险管控措施等数据要素交易基础制度，这限制了数据要素市场的高质量发展。因此，未来相关部门应尽快建立数据权属界定方法体系，分离数据所有权与使用权，为数据要素的流通交易奠定基础。

（二）数据价值不确定性导致数据要素定价困难，影响数据要素供需

培育数据要素市场的一个核心任务是建立适用的市场定价机制，以消除数据要素流通的障碍。数据流通方式包括自留自用、企业互享、数据交易和开放共享，受到法律法令、风险偏好和交易市场等多种因素的影响。促进数据要素交易是培育数据要素市场的核心目标。根据所有权变动与否，数据交易可以分为租赁式交易和一次性交易。数据所有权人可以选择与平台或第三方中介采用租赁式交易模式，收取费用或采用一次性买卖或补偿机制。第三方中介可以从多个渠道汇集和加工数据，提供多样的数据产品，以有效匹配供需双方需求，降低信息不对称和交易成本，减少买卖双方的交易风险，促进数据要素的产生、交易和流通。无论采用何种交易机制，都需要考虑数据定价的环节。

数据的价值评估可以从 4 个主要方面展开，包括价值维度、应用场

景、模型方法和财税管理。在这些方面中，价值维度是最基础的计量维度，包括质量、效用和生态 3 个方面。随着现代科技的迅速发展，例如移动互联网、云计算以及机器学习等技术的普及，数据主要以数字形式存在，因此可以准确地计量其数量。然而，由于数据的非均质性，不同数据的价值存在显著差异。这是因为数据的价值不仅取决于其数量，还受到其利用价值的影响。数据的利用价值源于人类对数据资源的管理和应用，即在“数据—信息—知识—数据”这个价值闭环中，数据如何在不同的组织和产业集群之间协同作用，以指导核心要素的运作。通过有效的数据管理，包括数据采集、存储和组织等活动，可以提高数据的利用价值。由于不同个体或组织在数据管理活动上存在差异，同一数据要素的利用价值呈现多样性。因此，无论从投入和产出的角度，还是从实物和价值的角度看，数据利用价值的不确定性使得数据价值计量成为数据要素市场化过程中的一项重大挑战。为了充分挖掘数据资产的潜力，需要采用综合的方法来评估和管理数据的多维度价值。这将有助于组织更好地理解和优化其数据资产，从而实现更大的效益和竞争优势。

数据资产的定价方法主要包括传统会计定价、信息熵定价和多维度定价。从会计的角度来看，数据资产属于无形资产，因此可以借鉴无形资产的传统会计定价方法，主要有收益法、成本法和市场法 3 种基本方法，这些方法在多种应用场景中得到广泛应用。然而，传统方法可能会低估数据要素和产品的价值，因此存在一定的局限性。信息熵定价方法更关注信息内容的有效性，充分考虑数据资产的稀缺性和数据的有效量与分布情况。这种方法有助于更全面地考虑数据的特性和用途。多维度定价方法则通过构建包括数据现值、数据成本、数据质量、客户感知价值等多个维度的指标，综合计算数据资产的价值。由于数据价值的不确定性和使用者与场景的异质性，数据价值在不同场景和使用主体中可能会有较大差异。因此，数据定价需要根据具体情况进行个性化调整，这使得数据要素定价程序复杂，难以形成标准化的定价体系，因此目前数据定价仍然是一个具有挑战性的问题。

（三）数据安全和数据隐私问题突出，市场监管效果有限

近年来，随着数据要素市场的不断增长，数据隐私泄露等公共安全事

件的频繁发生引起了广泛关注。这些事件折射出数据要素市场所面临的严重技术安全风险问题。数据要素在其生命周期内，包括采集、存储、加工和流通过程中，面临着越来越复杂的数据安全挑战，使得数据要素成为非法势力的攻击和窃取的目标。在市场化运作中，数据要素的流通环节变得更加复杂，与传统要素相比，更容易受到泄露问题的影响，各种原因都可能导致数据泄露，无论是基础性问题、人为因素还是合规性问题，都构成了潜在的威胁。

数据要素的安全和隐私保护是保障数据要素交易的关键因素。根据信任理论，信任可以分为两个主要方面：善意信任和能力信任。在数据要素交易中，善意信任包括数据提供者对后续数据控制者或使用者的信任，相信他们会遵守社会道德规范，不会侵犯或泄露隐私信息。同时，数据卖方也需要信任数据买方，相信他们会遵守合规要求，不会擅自转卖或泄露数据。能力信任则指的是数据买方对数据卖方出售的数据要素的质量和价值的信任，相信这些数据要素符合事前信息和承诺。数据交易方往往难以在购买前充分了解产品，只有在交易发生后才能确定数据的实际效用和价值，因此数据要素具有信用品的特征。数据要素的虚拟性和信用品特性使得数据要素的信任问题变得复杂。数据主体对数据交易的善意信任和能力信任限制了数据的流通和共享。数据在流通和使用过程中可能会产生负面影响，影响提供数据和未提供数据的其他个体。数据隐私是整个数据要素流通过程中的一个至关重要的问题，涉及个人、企业和政府组织等多方的权益。隐私数据和包含个人信息的数据往往面临泄露或非法利用的风险，这对数据要素的流通构成了限制。

在数据收集、处理和分析过程中，平台有时倾向于选择对自身有利的方式，导致数据的过度收集和不足的隐私保护问题。随着数据收集技术的不断发展，获取个人隐私数据变得更加容易，这对数据主体的隐私权构成了威胁。如果数据收集者不受限制地使用和传播相关隐私数据，将损害数据主体的权益，甚至可能危害人身安全。因此，数据交易和共享应该建立在保护数据主体基本权益的前提下。目前，市场监管的效果相对有限，法律法规体系还需要进一步完善。数字技术和智能设备的广泛应用产生了大量私人统计数据和行为数据，覆盖了生活的各个方面。私人数据的广泛采集对数据隐私保护提出更高的要求，也使数据善意信任和数据要素流通之间的矛盾更加显著。数据要素的存储、加密和流通过程的安全问题亟待解决，因此建立动态高效的监管体系变得尤为紧迫。只有在确保数据安全和隐私保护的前提下，数据要素市场才能更加健康和可持续地发展，同时保护个体的基本权益。

区块链等技术在一定程度上提供了数据溯源的解决方案，但在可用性和实际应用方面仍然存在挑战。同时，新兴技术如安全多方计算和联邦学习在促进数据要素交易流通方面具有巨大潜力，但需要提高企业对这些技术的接受度。因此，在培育数据要素市场的过程中，解决数据安全保护问题至关重要，可以通过数据分级分类和建立数据安全保障机制来实现。首先，数据分级分类是一项关键工作，它有助于明确哪些数据属于不同的范畴或业务领域。当前数据要素分类标准悬而未决，数据分类分级标准的缺失导致部分数据的质量下降，进一步增加数据交易过程中数据资产的不确定性，买方对数据效用价值的判断更加困难（陆瑶、卢超等，2021）。数据分类可以根据数据的性质、用途和敏感程度来进行，以便更好地管理和保护数据。分类可以灵活地定义范畴的大小，可以是宏观的行业领域，也可以是微观的具体业务用途。通过清晰的数据分类，可以更精确地应用不同的安全措施和政策，以满足不同数据需求的保护要求。其次，建立数据安全保障机制是确保数据要素市场健康发展的另一关键步骤。这包括采用现代的数据加密技术，确保数据的机密性，以及建立访问控制和身份验证机制，以防止未经授权的数据访问。此外，数据备份和灾难恢复计划也是保障数据完整性的关键措施。这些安全保障机制需要根据数据的分类和敏感程度来定制，以确保每个数据要素得到适当的保护。

（四）相关技术和服务支撑不完善，市场交易不活跃

目前，中国的数据交易平台正处于初设和成长阶段，面临一系列挑战和问题，包括数据交易量低、活跃用户较少等，这些问题的根本原因在于数据权属不清晰、交易规则不统一和不明确，以及相关支持技术和服务不够成熟，严重影响了企业参与数据要素交易的意愿，导致数据价值转化效率较低，也阻碍了交易体系的建设和发展进程。其中，技术和服务的不完

善是市场交易不活跃的一个重要原因。数据要素市场需要更完善的技术和服务，以便更好地实现数据要素供给和需求的有效匹配，解决数据安全和市场制度问题。数据要素本身面临着数据安全、隐私保护与交易流动的平衡问题。一方面，丰富多元的数据要素难以全部用于生产活动，而一些数据可能包含了个人、企业隐私甚至国家安全的信息。因此，数据的脱敏和控制成为数据要素交易的重要环节，但虚拟特性增加了实现平衡的难度和成本。数据要素交易需要动态调整和保障相关技术和服务，以在确保安全和隐私的前提下释放数据的价值。另一方面，目前数据要素交易的主要对象仍以原始数据为主，这限制了大规模交易的发展。数据的异质性和标准化问题使得场内集中交易制度难以满足多样化的交易需求和应用场景。然而，场外交易制度也存在数据安全和隐私泄露的风险，监管难度和成本较高。因此，需要借助有效的技术和服务来解决场内外市场体系构建问题，以推动数据要素市场的进一步发展和壮大。此外，市场中还存在一些扰乱市场秩序和违法行为，进一步制约了中国数据要素市场的培育与成长。综上所述，中国的数据要素市场面临着多重挑战，包括技术、安全、隐私和市场制度等方面的问题。解决这些问题需要政府、企业和技术提供商的共同努力，以建立更健康、安全和可持续的数据要素市场。

第三节　数据要素市场化配置目标与框架

一、数据要素市场发展目标

作为数字经济时代的关键生产要素，数据要素在社会再生产全过程中发挥着重要作用。数据要素的市场化配置不仅能促进各类资源要素的流动和配置，也有助于畅通国内国际经济循环。因此，培育数据要素市场已成为构建新发展格局的内在要求和必然选择。

（一）数据要素市场的总体目标

数据要素市场的最核心作用是在市场中形成数据要素的价格，并实现数据要素的市场化配置。这是数据要素市场建设的基本目标。为了实现这一目标，需要完善市场基础制度，解决数据要素确权、定价和交易等难题，发挥数据要素市场的市场机制和功能。数据要素市场建设需要以畅通数据要素交易流通为目标，以此来支撑数字经济的高质量发展。在市场中，数据要素可以根据供求关系而形成价格，通过市场机制进行配置，从而实现高效的资源配置。通过市场化的交易方式，数据要素市场可以提高资源利用效率，促进经济增长和创新发展。同时，数据要素市场还需要解决数据要素安全性、交易和使用规范性等问题，需要建立健全的数据保护制度和法律法规，规范市场行为，防止不正当竞争和垄断行为。通过市场配置和流通，数据要素市场能够充分释放数据要素的内在价值，为各个领域的创新和发展提供支持，促进社会进步和提升人民群众的福祉。

1. *在市场中形成数据要素价格，实现数据要素市场化配置*

数据要素市场的基础功能和构建目标是通过市场活动和交易来确定数据要素的价格。通过市场评价数据要素的价值贡献和供需关系，从而实现数据要素的市场化配置。市场经济的本质是资源的市场配置，即通过市场交易来满足资源的供求关系。价格是基于价值决定，并通过市场形成，从而促进生产要素的自由流通，优化资源配置和社会生产。市场化配置被认为是最有效率的方式。我国目前已初步建立了传统要素市场机制和体系，而数据要素市场机制正在加速建立中。为了发挥数据要素市场的正常功能，需要去除数据要素交易的障碍，保障数据要素的高质量供给，确保价格、竞争和供求等市场机制的正常运行。数据作为新的生产要素进入并赋能生产活动，有赖于数据要素实现市场化配置，需要数据要素的确权、定价、安全保护等基础制度的支撑。由于数据要素具有虚拟性，其流通更加依赖于市场和平台的匹配供需和交易保障。培育数据要素交易市场可以高效实现数据要素的流通、定价和供需匹配，减少信息不对称，提高运行效率，挖掘和释放数据的价值。数据要素市场的建立将促进数据要素的市场化配置，推动资源的优化配置，提升社会生产效益。通过确保高质量的数据供给和正常的市场机制运行，数据要素市场将成为数据要素交易的安全可靠平台，推动数据要素的流通和利用，促进创新和经济增长。

2. 畅通数据要素交易流通，支撑数字经济高质量发展

数字经济高质量发展有赖于完善的数据要素市场和畅通的数据要素流通渠道。数据要素与数字技术是推动数字经济发展的核心动力，数据要素对数字经济的发展影响日益显著。在我国经济实现双循环战略的背景下，生产要素特别是数据要素的流动和循环对未来经济增长速度和产业升级速度的决定至关重要。数据要素市场作为数据要素交易流通的关键渠道，能够加速数据要素进入经济活动中，提高全要素生产率和发展潜力，促进国民经济的双向循环。然而，市场经济固有的局限性包括生产盲目性和信号滞后性，而数据恰好可以反映市场信息。通过基于大数据的预测和分析决策，数据要素市场可以弥补这些局限性，有效地匹配供需，缓解市场生产的盲目性。培育数据要素市场可以增强数据要素的市场信号功能，市场主体通过收集、处理、分析和利用数据要素，能够促进产业效率提升和创新升级，推动新的产业、新的业态和新的商业模式的涌现和发展。一旦数据要素通过市场配置进入生产活动，与传统的土地、劳动和资本等生产要素协同作用，将产生倍增效果，提高生产要素的使用价值，推动实体经济与数字经济的深度融合发展。实体经济的发展不仅会产生并积累大量的数据要素，还会推动数据要素的积累和流动，形成积极的正反馈循环，推动数字经济的高质量发展。

3. 规范数据要素使用与交易，充分释放数据要素内在价值

完善的数据要素市场需要有效解决数据要素规范使用与交易问题，以充分释放数据要素内在价值。首先，培育数据要素市场应以市场评价贡献、深度挖掘数据内在价值为核心目标。通过市场的形成和运作，鼓励各类主体积极参与数据要素交易和使用，数据要素的真实价值将得到充分认可和激励，促进数据融合互通，推动社会治理能力现代化。其次，培育数据要素市场时应注意公共数据价值的挖掘。数据要素市场的交易流通不仅涉及私人数据，还包括公共数据。因此，必须加强对公共数据的挖掘和利用，以加速政府治理能力的现代化和模式创新。通过整合不同政府部门和社会主体的数据资源，建立多元主体监管的新思维与模式，打破数据孤岛，提高公共服务水平和准确性。再次，培育数据要素市场时还需关注数据要素的安全性和使用规范性。由于数据要素已经深度融入居民生活，数

据安全和规范交易对于每个个体都息息相关，需明晰数据要素交易和使用的基本要求、数据要素分级分类框架和使用范围等方面的规定，加强监管和规范力度。最后，数据要素市场应解决数据确权问题，为数据主体提供所有权和收益分享权等法律支持。加快建立数据要素参与收入分配的机制，保障数据主体分享数据要素产生收益的权利。鼓励个人通过数据经纪人出售个人数据以丰富收入来源渠道。

（二）数据要素市场的具体目标

明确数据要素市场发展的总体目标，并根据《中华人民共和国国民经济和社会发展第十四个五年规划和2035年远景目标纲要》《“十四五”数字经济发展规划》《“十四五”大数据产业发展规划》《中共中央、国务院关于构建数据基础制度更好发挥数据要素作用的意见》等文件拆解为阶段性目标，有利于明确数据要素市场不同主体聚焦用力的方向，推动数据要素市场更快发展（王伟玲，2023）。

1. 数据资源生产的专业化和要素化

政府与企业作为数据要素的核心供给者，应当积极采用专业技术、前沿技术设备及高效的生产组织形式，将原始数据精细加工成适应多元场景需求的数据资源。在积累了庞大的数据资源后，必须实施专业的数据治理措施，借助数据安全保障、数据管理优化以及高效计算处理等技术手段，将数据资源转化为生产活动中可实际应用的投入要素。专业化处理后的数据可用于生产应用的数据产品，加强数据资源的可持续开发和管理，以满足不同行业和领域的需求。通过这样的专业化处理，实现数据资源的专业化和要素化转变，激发数据要素的流通活力。这一过程有助于提高数据的质量、可用性和安全性，使其更好地服务于各行业和领域的生产和应用需求。政府和企业的积极参与和专业处理是实现数据要素的高效流通和充分利用的关键因素。

2. 数据资源配置的开放化和精准化

确保数据要素市场稳健有序运行的核心在于实现数据资源的精准配置，这涵盖了公共数据的共享以及数据交易的流通两大关键领域。以数据交易为例，数据交易机构在推动数据要素市场化流通中占据举足轻重的地位。其主要职责之一，便是高效促进数据供给方与需求方之间的交易活动。数据交易机构需对数据资源进行深入分析和细致分类，明晰各类数据的独特属性及潜在应用场景。同时，通过精准把握需求方的具体需求，确保所提供的数据要素能够高度契合其实际需求，进而提升数据交易的效率与品质，推动数据要素市场的健康发展（王伟玲，2023）。同时，数据交易机构为数据供给方和需求方提供市场信息和数据质量评估，增强市场的透明度和可信度。这一过程促进了数据要素市场的有序运行，实现了数据资源配置的精准开放。通过精准的数据资源配置，数据交易机构在数据要素市场中发挥了协调和优化的作用，使数据供给和需求双方能够更有效地实现信息匹配，提升整个市场的效率和流通活力。这不仅促进了数据资源的充分利用，还有助于推动数字经济的健康发展。

3. 数据资源流通的平台化和自动化

数据的共享、开放以及交易在数据流通中发挥着至关重要的作用，但为了实现数据的流通，需要有效的平台作为媒介。政府与企业可充分利用政务数据共享交换平台和公共数据开放平台，同时依托数据交易机构，构建多层次的交易平台体系。这些数字交易与流通平台能够基于数据类型和级别进行智能化分类与管理，进而提升交易标的估值、定价、账单生成的自动化程度，并加强风险防范的精准性。通过引入区块链技术，数据交易机构能够实现数据的可靠存储，并依据分级分类原则生成目录，自动上传至对应级别的数据交易平台。此外，借助智能合约系统等数字技术，数据交易机构能够更为高效地为交易主体生成账单、提供所需数据要素，并完成数据交易过程，从而实现数据资源的平台化、自动化流通。此举不仅显著提升了数据流通的效率，更有助于降低潜在的交易风险，推动数据要素市场的健康、有序发展。

4. 数据资源应用的场景化和赋能化

数据资源已深入渗透至社交互动与日常生活的方方面面，要实现数据要素的具体应用并为其构建更为高效的生产场景，是充分挖掘其价值的核心所在。数据要素以其独特的互补性和溢出效应，通过与资本、劳动等生产要素的深度融合，为其他生产要素注入新的活力，推动各类生产要素的数字化革新，进而全面提升生产效率。为此，必须将数据资源与其他生产要素有机结合，并广泛应用于多样化场景，以充分发挥其巨大潜力。政府机构及企业应高度重视数据资源的场景化应用和赋能化，通过深度开发数据要素，积极促进传统生产要素的数字化转型升级，探寻数据资源在不同权属下的适用场景，推动创新并提升生产效率，从而充分释放数据要素的潜能。这将有助于推动数字经济与实体经济的深度融合，实现经济的高质量发展。

5. 数据资源生态的综合化和体系化

数据资源的生成与运用涉及政府、企业以及公民等众多主体。为强化数据要素市场的薄弱环节，需充分发挥各市场主体的优势，弥补市场不足，共同推动数据要素市场的稳步发展。在此过程中，政府、行业协会、企业及公民等各方应依据自身角色与地位，共同参与构建完善的数据要素市场生态体系，以弥补市场运作中的缺陷。具体举措包括建立健全数据要素市场运行规则，明确各参与者的监管职责，确保市场参与者能够切实履行责任与义务（王伟玲，2023）。这将有助于保障数据要素市场在生产、分配、流通和使用等各个环节的顺畅运行，提升市场效率，为数据要素市场的高质量、可持续发展注入强劲动力。通过协同合作，各方主体将更有效地推动数据要素市场的发展，实现更优化的社会经济效益。

二、数据要素市场的发展原则

基于数据要素市场的发展模式与定位，紧密围绕经济高质量发展的总体要求，在追求五项主要发展目标的过程中，数据要素市场务必坚守以下5项协调发展原则：

（一）坚持系统推进与协同高效相统一

数据要素市场建设是一项复杂的系统工程，需要全局思维与科学方法的指导，以系统推进各项工作。这涉及构建完善的数据要素制度规则体系，规范市场主体的行为，以及构建公平高效的市场监管机制，确保市场的公正和有效运作。首先，在制度规则方面，应建立清晰明确的数据所有权、使用权和交易规则，为市场主体提供稳定的预期和明确的指导。同时，制定统一的数据标准和数据质量规范，有助于提升数据的互操作性和可信度，促进市场的健康发展。其次，规范市场主体行为是市场有序运行的关键。建立健全的市场准入和退出机制，明确市场主体的权责利，有助于防止市场垄断和不正当竞争。此外，加强市场主体的诚信体系建设，对于提升市场整体的信任度和效率至关重要。再次，构建公平高效的市场监管机制是保障市场公正性的重要举措，包括建立多层次、全方位的监管体系，加强对数据要素市场交易的实时监测和风险评估，及时发现和处理违规行为。同时，强化跨部门、跨地区的监管协作，形成监管合力，确保市场的稳定和可持续发展。此外，在推进数据要素市场建设的过程中，需要政府各级部门、行业协会、企业和个人等多方协同参与。政府应提供政策支持和监管框架，为市场发展提供有力保障；行业协会应发挥桥梁和纽带作用，推动行业自律和协作；企业应积极参与市场竞争，提供高质量的数据产品和服务；个人也应积极参与数据要素的生成和分享，推动市场的拓展和深化。通过科学系统地推进数据要素市场建设，协调各方关系，提高政策规则的一致性和制度执行的协同性，可以确保数据要素市场的有序运行和可持续发展，为经济高质量发展提供有力支撑。

（二）坚持创新驱动与规范发展相统一

积极探索和创新符合我国数据要素市场运行与发展特征的特色制度规则和管理体系，是确保数据在清晰、明确的市场规则下应用于各类现实场景的关键举措，对于推动数字经济的高质量发展具有至关重要的意义。首先，在建设数据要素市场规则体系的过程中，应准确把握市场的发展方向，紧密结合我国数据要素市场的实际情况，制定既符合国际通行规则又具有中国特色的制度框架。同时，密切关注市场的发展动态，及时捕捉新问题、新挑战，灵活调整政策，确保市场规则始终与市场发展和监管要求保持高度一致。其次，建立明确的市场准入规则是防止市场垄断和不正当竞争的重要手段。通过设定合理的市场准入门槛，可以有效规范市场主体的行为，确保市场的公平竞争。此外，加强市场监管，严厉打击各种违法违规行为，维护市场秩序，提升市场的透明度和稳定性。最后，在推进数据要素市场建设的过程中，还应严格遵循市场规律，充分发挥市场在资源配置中的决定性作用。通过完善市场机制，促进数据要素的科学、规范和有序流通，激发市场活力，提升市场效率。总之，通过积极探索和创新特色制度规则和管理体系，准确把握市场规则体系的建设方向，加强市场监管和维护市场秩序，可以推动数据要素市场的健康发展，为我国数字经济的繁荣和可持续发展提供有力保障。

（三）坚持技术应用与管理创新相统一

为实现数据要素市场的有效运行，积极支持数字技术的创新和应用显得尤为关键。通过提升数据收集、存储、分析和交换等环节的质量和效率，可以进一步推动数据要素的广泛共享和深度合作。政府在此过程中扮演着重要角色，可以通过提供研发资金、鼓励创新投资以及简化创新政策来营造有利于数字技术创新的良好环境。同时，加强知识产权的保护也是激发创新活力、保障创新成果的重要措施。企业等数据主体作为市场的重要参与者，应积极拥抱先进的数字技术，不断完善自身的数据要素管理方式。通过应用最新的数据处理和分析技术，企业可以更高效地进行数据要素的生产、分配、交换和消费，从而提升市场竞争力，为经济发展注入新的动力。此外，行业组织、研究机构和高校等也应积极参与数字技术的创新和应用。通过加强产学研合作，推动技术创新与市场需求的有效对接，可以加速数字技术的普及和应用，为数据要素市场的繁荣发展提供有力支撑。总之，通过政府、企业和社会各界的共同努力，一定可以推动数字技术的持续创新和应用，提升数据要素市场的运行效率和质量，为我国经济的高质量发展注入新的活力。

（四）坚持重点突破与生态营造相统一

数据要素市场的运营涉及众多微观主体，包括数据供给方、数据需求方以及数据中介方等。为确保市场的可持续发展，必须遵循重点突破与生态营造相统一的原则。在重点突破方面，我们应聚焦于满足微观主体的发展需求，特别是完善数据权属、定价以及收益分配等关键制度体系建设。这些制度不仅为市场参与者提供了明确的行动指南，也为市场的公平、高效运行奠定了坚实基础。同时，我们还需要确保监管主体能够切实履行职责，对市场进行有效监管，以解决数据要素市场运行中的关键瓶颈和难题。在生态营造方面，我们要充分关注政府部门、行业协会、企业和个人等数据流通参与者的行为和需求。通过深入了解市场各个环节的运作情况，我们可以发现存在的问题和不足，进而提出有针对性的改进措施。这些措施旨在填补市场短板、强化市场优势，从而打造一个健康、稳定的数据要素市场生态系统。通过坚持重点突破与生态营造相统一的原则，必将促进数据要素市场的持续繁荣，更好地满足社会经济发展的需求。

（五）坚持价值创造与风险管理相统一

在数据要素市场中，追求价值创造与风险管理的统一是至关重要的。数据要素的非消耗性和非排他性特征为其带来了广阔的应用前景，同时也伴随着潜在的风险。为了确保市场的稳健发展，必须平衡数据流通与隐私安全的需求。通过推动数据安全保护和隐私计算等技术的创新应用，可以有效降低数据使用和传播中的风险。采用先进的数据加密和脱敏技术，确保数据在流通过程中的安全性，防止数据泄露和滥用。同时，建立严格的数据使用授权和追溯机制，使数据使用行为可控可追溯，保护数据主体的权益。此外，制定完善的数据安全标准和政策制度也是必要的措施。通过明确数据收集、存储、处理和流通等各个环节的安全要求，规范数据要素的使用行为，降低潜在风险。加强监管和执法力度，对违反数据安全规定的行为进行严厉打击，维护市场的公平和秩序。在追求价值创造的同时，必须始终保持对风险管理的关注。通过技术创新和政策引导，实现数据要素市场的健康发展，为经济社会的繁荣稳定提供有力支撑。

三、数据要素市场化配置框架

数据要素市场体系是一个包括多个要素的综合体系，其中包括基础制度、市场供给、市场流通、市场应用、市场监管和市场基础设施等多个组成部分（王伟玲，2023）。这些要素协同合作，以实现数据要素市场的顺畅运行和可持续发展。基础制度为市场提供了法律和政策框架，确保市场运作的合法性和公平性。市场供给部分涉及数据要素的生产和供应，是市场的起点。市场流通则涉及数据要素的交易和分配，是市场的核心。市场应用是数据要素在各个领域的实际应用，推动数字经济的发展。市场监管负责监督市场运行，确保市场的秩序和合规性。最后，市场基础设施包括数据存储、处理和传输等基础设施，支持市场的正常运作。这些要素共同构成了数据要素市场体系，为数字经济提供了重要的基础和支持，如图 4 - 2 所示。

图 4 - 2　数据要素市场体系

（一）基础制度是保障数据要素市场规范发展的前提条件

数据要素的生产、集中、共享和融合需要相关规则的建立和完善。数据要素市场的基础制度主要包括产权制度、会计制度、估值制度和分配制度等内容。

数据要素市场培育的基础在于完善的数据产权制度，这有助于调整市场主体之间的数据使用和权益关系。通过明确数据权力的归属，可以保障数据流通效率和数据收益分配的公平性。值得注意的是，数据产权制度并不困扰于“数据归谁所有”的问题，而更关注数据在使用、流通和收益方面的权利。通过合规和公正的方式解决数据交易中信息不对称、信用建立不足和数据权属不清晰等问题。

数据要素的会计核算制度对于提高其利用率具有显著意义。该制度通过明确核算范围、分类、计量以及资产处置等会计处理和报表编制事项，能够全面且准确地反映数据要素的资产价值。这不仅有助于最大化利用现有数据要素，更能激发市场供需主体的发展活力，为数据要素的深入分析和广泛应用提供源源不断的动力。

与此同时，价值评估制度的建立使数据要素能够以公允价值参与市场经济中的各项活动，从而营造出一个公平有序的市场环境。通过制定专业的价值评估框架和指南，该制度能够从第三方角度对数据资产的使用价值、规模活性、可用场景等方面进行客观、公正的量化分析。这不仅为数据要素的精确和多元化应用提供了有力支持，如促进数据流通和数据交易的顺利进行，也为市场参与者提供了明确的价值参考，有助于市场活动的规范化和透明化。

此外，数据要素的收益按劳分配制度确保了数据要素收益的公平有效分配。该制度以成本分配为主要原则，结合数据财税政策，构建了一个由市场评价贡献决定报酬的利益分配机制。这不仅有助于激发数据供给方的积极性，推动数据要素市场的繁荣发展，也有助于平衡供需主体之间的利益关系，减少不公平分配现象的发生。同时，通过加强公共数据治理和流通交易，该制度还有助于逐步缩小区域和群体之间的数字鸿沟，推动数字经济的普惠发展。

（二）市场供给是数据要素市场运行的基础原料

数据要素市场供给是数据要素市场中至关重要的一环。通过建立完善的数据要素市场供给机制，可以保障数据产品的质量，提高市场的透明度和可信度，促进市场的发展和创新，满足市场主体的需求，提高数字经济的效率和质量，从而为社会和经济的持续增长提供有力支持。数据要素市场供给机制不仅有助于数据产品的质量控制，还有助于促进市场的规范化和标准化，提高整个市场的竞争力和可持续性。通过完善的数据要素市场供给机制，我们可以更好地发挥数据要素市场的潜力，促进数字经济的发展和创新，为未来的社会和经济发展创造更多机会。

数据要素市场供给是指在特定时间段内，在一定价格水平下，市场各方愿意提供的数据要素的总规模。数据要素在现代数字经济中扮演着重要角色，包括数据采集、数据标注、数据治理等多种新业态。这市场的主要目标是解决数据供给质量良莠不齐的问题，涉及数据采集方、数据提供方、数据产生方等多个市场主体（高富平、冉高苒，2022）。数据要素市场供给的核心功能体现在对数据产品质量的把控和管理上。在数据要素市场中，质量是关键因素，因为数据产品的质量决定了其实际价值和可用性。因此，完善的数据要素市场供给机制不仅可以监督数据要素的提供者，还可以严格控制进入市场的数据产品的结构和质量。为了实现这一目标，数据要素市场可以采取一系列措施，如建立质量标准和认证机构，制定数据产品的标准规范，开展质量检验和认证活动。通过这些措施，建立有效的监管和审核机制，对数据产品的质量进行全面的评估，包括数据的准确性、完整性、一致性和可用性等方面。这有助于市场主体更好地了解和信任数据产品，从而提高数据要素市场的透明度和可信度。

另外，数据要素市场供给机制还应搭建标准化的数据产品生产流水线，建立统一的产品生产和操作标准，标准化的生产流程可以使数据产品的制造更加高效，降低生产成本，提高生产效率。统一的操作标准可以确保数据产品的一致性和质量，并减少不必要的变化和风险，提高市场的整体效益。此外，数据要素市场供给机制的完善还涉及建立质量监测和反馈机制。通过定期的质量监测和评估，可以及时发现和纠正数据产品中的问题和不足。市场监管机构可以定期检查和评估数据产品的质量，并向市场主体提供反馈和建议，以便他们改进和提高产品质量。这有助于数据要素市场不断改进和提高，以满足市场主体的需求。

（三）市场流通是数据要素市场运行的主轴枢纽

数据要素市场的流通是一个复杂的过程，为数据产生方、数据使用方和数据开发方带来价值。这一过程中，流通载体通常由平台运营方进行管控，涵盖了数据的开放共享、数据的授权运营、数据的交易流通以及数据的跨境移动等多个方面。健康的数据要素市场需要具备多个特征，其中包括市场环境的安全可信、市场的包容创新、市场的公平开放等（王伟玲，2023）。为了确保这一市场的健康发展，需要建立安全可信的市场环境、鼓励创新和包容多样性，同时建立规范的制度和标准，以确保数据要素的流通和交易在有序的框架内进行。

首先，良好的数据要素市场应该在市场环境的安全和可信方面表现出色。这意味着市场参与者应该能够信任数据的来源和质量，同时数据的流通和交易过程应该是安全和受保护的。数据要素市场的安全可信性对于吸引更多的市场主体和投资者至关重要，促进了数据要素市场的健康发展。其次，数据要素市场应该是包容和鼓励创新的。不同类型的数据，涵盖公共数据、企业数据和个人数据，都应经过分类和分级后方可进入数据要素交易市场。这种包容性的做法有助于激发公共数据管理机构、数据要素型企业和个人参与数据流通应用的积极性，从而推动市场的多样性和创新性（戎珂、刘涛雄等，2022）。在制度建设方面，目前还未形成完善的数据要素交易制度相关规则体系。因此，有必要制定一套覆盖数据要素准入、标识、质量、处理、安全等多个方面的规范标准，为市场主体提供明确的指导，以确保数据要素的流通和交易在合规和有序的框架内进行。此外，针对不同来源和重要程度的数据，还需制定相应的数据跨境审核要求和监管标准，以引导政府、行业协会和企业参与数据跨境风险监管，鼓励数据控制主体进行自我监管，降低数据跨境传输合规的风险（马费成、卢慧质等2022）。

（四）市场应用是释放数据要素市场经济价值的必经环节

数据要素市场的应用阶段是数据价值释放的重要过程，包括政务数据应用、工业数据应用、农业数据应用和服务业数据应用等领域，各个领域的数据应用有助于提高效率、降低成本、创新和提升竞争力，数据应用领域的不断拓展和深化将为未来的社会和经济发展带来更多机会和可能性。

政务数据应用是将政府数据应用到政府履职过程中，以提升政府履职能力和效率。政府数据的应用在宏观经济调控方面具有重要意义，可以实现宏观经济运行的实时感知、预测预警和精准调控。通过大数据的应用，政府可以更好地监测和预测宏观经济的走势，及时采取措施来维护经济的稳定和可持续发展。此外，政府数据的应用也可以改变市场监管的方式，创新监管模式，实现穿透式全过程监管，从而提高市场的公平和透明度。在社会治理领域，政府数据的应用可以提升社会治安管理的能力，预测和预防犯罪不法行为，保障公民的生活安全。

工业数据在企业经营管理中的有效应用可以实现企业管理模式的变革。通过工业数据的应用，企业可以更好地监测和管理生产过程，提高生产效率，降低运营成本。工业数据的应用可以使企业更加智能化，通过数据分析和预测来优化生产计划，提高生产线的利用率，减少废品率，从而实现更加高效的生产管理。

农业数据在农产品的种植和销售中的应用，可以降低农作物生产风险，提高农作物产量，实现精准的市场营销。通过农业数据的应用，农民可以更好地了解土壤和气象条件，选择合适的农作物种植方式，预测病虫害的发生，及时采取控制措施。同时，农产品的销售也可以更加精准和高效，通过数据分析和市场预测，农产品可以更好地匹配市场需求，减少库存和损失，提高销售效益。

服务业的数据应用可以最大程度地实现服务资源的有效配置，提高社会运行效率。通过数据分析和预测，服务提供者可以更好地满足客户需求，提供更加个性化和高效的服务。服务业的数字化转型可以优化服务流程，提高服务质量，降低成本，从而提高整个服务业的竞争力。

（五）市场监管是维护数据要素市场运行秩序的必要之策

市场监管在数据要素市场中扮演着至关重要的角色，其主要职责包括数据要素市场的登记备案、流通安全与秩序维护，以及信用体系的建设与监督管理。监管机构的监督和管理有助于数据要素市场的规范运营，提高市场的可信度，为市场主体提供法律保障和信心。监管的主体通常包括政府机构和行业协会，涵盖政策文件、法律法规、制度规则和标准规范等方面，包括数据市场交易登记备案监管、数据交易市场安全与秩序监管以及数据要素市场信用行为监管，这些监管措施有助于确保数据要素市场的合规性、安全性和有序性，从而促进数字经济的发展和创新。

数据市场交易登记备案监管的目的在于监督数据要素市场的登记备案流程，并全面管理数据资产凭证的生成、存储、归集和应用过程。这一监管机制旨在促进数据交易服务行业协会和企业的自律，监督交易参与主体充分履行其责任和义务，从而有助于解决数据要素的确权和定价问题，畅通数据要素的流通，为市场主体提供透明度和法律保障（王伟玲，2021）。

数据交易市场安全与秩序监管的职责重大而关键，它涵盖了多个重要方面，旨在确保市场的健康、有序和公平运行。首先，这一监管职责涉及管理和整治涉及数据安全泄露的问题。数据安全是数据要素市场的基石，一旦发生数据泄露事件，不仅会对个人和企业造成巨大损失，还会对整个市场的信任度造成严重影响。因此，监管机构需要加强对数据交易过程中的安全措施进行监督和检查，确保数据在传输、存储和使用过程中的安全性。其次，监管职责还包括对垄断以及不正当竞争等违法违规行为的整治。数据交易市场作为一个新兴市场，很容易出现一些企业利用自身优势地位进行垄断或不正当竞争的行为。这些行为不仅会损害其他市场参与者的利益，还会破坏市场的公平性和竞争力。因此，监管机构需要密切关注市场动态，及时发现并处理这些违法违规行为，维护市场的公平和秩序。此外，对第三方服务机构的数据权属和数据使用行为进行监管也是监管职责的重要组成部分。第三方服务机构在数据交易市场中扮演着重要角色，他们的行为直接影响数据的安全和合规性。因此，监管机构需要加强对这些机构的监管力度，确保他们遵守相关法律法规和行业标准，规范自身的数据使用行为。通过这一监管机制，可以有效地防止数字化企业的过度扩张和野蛮生长，降低数据滥用和泄露的风险。同时，它还能够确保数据要素市场的安全和有序运行，维护市场的公平竞争环境，减少不当行为的发生。这对于推动数据要素市场的健康发展、吸引更多市场主体参与以及促进数字经济的发展都具有重要意义。

此外，数据要素市场信用行为监管也是确保市场公平、透明和高效运行的关键环节。通过制定交易数据的“负面清单”，可以明确哪些数据类型不能或只能在严格条件下进行交易，从而避免不合法或不道德的数据交易行为的发生。同时，公示交易主体的信用信息和失信行为可以加强市场的透明度和可信度，使市场主体在交易过程中能够更好地了解对方的信誉状况，降低交易风险。对于违规操作的交易主体，监管机构将严格限制其参与数据要素交易活动，以维护市场的公平和秩序。

（六）基础设施是推动数据要素市场发展的重要支柱

基础设施是推动数据要素市场发展的重要载体，它们提供了数据要素市场运作所需的基本条件和技术支持，有助于确保数据的可靠性、安全性和高效性。数据要素市场的建设离不开数据流通、安全保护、加工分析和模型治理等关键技术和数据中心的支撑。这些技术和功能共同为数据的高效流通和合理利用提供了必要的条件，推动了数字经济的发展和创新。

数据中心作为数据要素市场的基石，其重要性不言而喻。它不仅是数据传递、存储、展示和计算的核心物理单元，更是以高效、低延迟处理数据的关键所在。在数据要素市场中，数据中心以其强大的数据处理能力，为数据的安全存储和深度分析提供了坚实的支撑，从而有效提升了市场的运作效率和信任度。

数据流通技术，作为数据要素市场的另一重要支柱，其核心价值在于促进数据的高效交易。通过利用数据定价算法的网络化模型，这一技术能够精准地根据数据与场景、数据与数据之间的有用性和价值关系，实现数据的精准匹配和高效交易。同时，引入区块链等可溯源技术，不仅增强了数据交易的透明性和可追溯性，更为市场的合规性和安全性提供了有力保障。

在数据安全保护方面，隐私计算技术发挥了至关重要的作用。它能够在确保数据不被泄露的前提下，实现数据的合法使用，这种“可用不可见”的交易方式，极大地促进了数据要素的共享和流通。通过打破“数据孤岛”，隐私计算技术不仅提升了数据的利用效率，更在保障数据安全的同时，推动了数据要素市场的健康发展。

数据加工分析技术，则是将数据转化为有价值信息的关键环节。通过辅助数据建模，它能够深入挖掘数据的经济价值，进而提升工作效率和管理层的决策效率。在实际应用中，企业可以利用数据加工分析技术，构建智能生产模型，优化生产流程，提高产品制造和加工的效率，实现经济效益的最大化。

此外，数据模型治理技术对于保障数据要素市场的公平性和合规性具有重要意义。通过对数据模型进行治理，确保算法的公平性和合规性，该技术为市场参与者提供了模型价值、公平性、合规性和风险系数等方面的底层支持。这不仅有助于维护市场的公平竞争环境，更为监管机构的监管工作提供了有力工具（王伟玲，2023）。

第四节 数据要素市场化配置的推进策略

一、新发展格局下数据要素市场的基本特征

新发展格局背景下的数据要素市场在具备生产要素市场普遍特征的同时，也拥有其与众不同之处，具体表现在以下 5 个方面。

（一）以创新为根本动力

在数字经济时代，创新成为发展的核心推动力，驱动着技术、知识和数据的快速更新，从而有效提高了生产要素的配置效率，更好地满足了商品生产者和服务提供者的要素需求。数据要素在这一进程中扮演着至关重要的角色（任保平、王思琛，2022）。对于数据要素而言，其极强的时效性意味着通过创新实现持续的更新和迭代是其与生俱来的使命。数据要素市场的培育对数字经济的发展有着重要影响，具有双重作用。一方面，数据要素市场的培育通过自主创新促进了数据要素与传统生产要素的协同组合。这意味着企业和创新者可以依赖数据要素市场，获得即时和高质量的数据要素，为新技术、新产品和新业态的迭代提供了基础条件，为创新提供了重要的基础支持，从而加速创新的迭代过程。此外，数据要素市场的培育有助于打通资源要素流动的障碍。传统生产要素往往受到地理位置和市场限制，而数据要素可以跨越地域界限，实现全球化的流动。这意味着数据要素市场可以帮助企业和创新者更容易地获取和共享数据，从而消除了资源要素流动的堵点，促进了资源的有效配置。另一方面，数据要素市场可以依托国内大市场，在全球范围内吸引优质资源要素。国内大市场提供了丰富的需求和机会，吸引了来自世界各地的资源要素，包括技术、资本和人才。这有助于增强供应链的连接性，稳定产业链的布局，推动产业结构的优化和升级。国内市场的巨大规模吸引了更多的国际合作和投资，有助于加速技术传播和创新。

（二）以有效为重要基础

有效的数据要素市场应具备统一开放、竞争有序的特征。作为信息经济时代的关键资源，数据要素具有较强的时效性，其市场价值受时间推移和市场供求状况的变化影响，因此在一定时段内可能逐渐失去有效性（任保平、王思琛，2022）。数据要素市场相较于传统要素市场，其独特之处在于供求信息能够迅速且完整地通过要素价格得到充分反映。这一特性使得数据要素市场更具开放性和竞争有序性。在市场化配置下，数据要素能够充分流动和流通，根据市场主体的需求进行授权、转让、使用或交易。市场化配置数据要素的优势在于能够充分挖掘数据的潜在价值，可以根据市场需求和供给情况，形成合理的价格机制，使数据要素的定价更加接近其真实价值。这有助于激发数据供给方的积极性，促进数据要素的充分供给。同时，市场化配置数据要素还能够确保数据交易的公平性和高效性。在价值为基准的定价机制下，数据交易双方可以根据数据的价值、成本以及预期回报等因素进行协商和交易，从而实现互利共赢。此外，市场化配置还能够降低数据交易的成本和风险，提高数据交易的效率和成功率。然而，在市场化配置数据要素的过程中，也需要注重保护数据供给方的数据产权。数据产权是数据交易的基础和前提，只有确保数据产权的清晰界定和有效保护，才能激发数据供给方的创新活力，推动数据要素市场的健康发展。为了充分发挥价格机制、供求机制和竞争机制的作用，必须提高数据要素市场供求体系的适应性，建立灵活的市场规则和机制，包括不同数据要素类型的市场分割，不同市场参与者之间的协调与合作机制，以及市场监管机构的强化与改进。同时，增强市场的对外开放程度，以确保数据要素的循环流通，促进不同国家和地区之间的数据资源共享与互惠合作，全面释放数字红利，助推新发展格局的构建。

（三）以多元为必要前提

在新的发展格局下，数据要素市场确实展现出了多元化特征，这些特征在市场交易方面尤为显著，主要表现为重复性、灵活性和拓展性。首先，重复性是数据交易的一大特点。与传统的实物交易不同，数据交易往往涉及的是数据的使用权而非所有权。这意味着同一份数据可以在不同的时间段内多次参与交易，为数据供应方带来了更多的交易机会。这种重复性的交易模式不仅提高了数据的利用效率，也促进了数据市场的活跃度和流动性。其次，数据交易的灵活性也是其重要特征之一。在数据要素市场中，市场主体可以根据自身需求自由变换身份，既可以是数据的供应方，也可以是数据的需求方。这种灵活的身份转换使市场主体能够更好地适应市场变化，实现资源的优化配置。同时，随着数字化交易平台的不断发展，数据交易的渠道和模式也日益多样化，为市场主体提供了更多的选择和可能性。最后，拓展性是数据交易的另一个显著特征。数字化交易平台的广泛应用推动了线上和非接触式交易的普及，使得数据交易不再受时间和空间的限制。这种拓展性不仅促进了数据要素交易活动的扩展，也为数据市场的全球化发展提供了有力支持。通过数字化交易平台，不同国家和地区的市场主体可以更加便捷地进行数据交易，进一步推动全球数据要素市场的形成和发展。

（四）以开放为内在要求

新的经济格局下，数据要素市场呈现出推动开放共享的趋势，促使数据要素在各市场主体之间实现畅通流通和充分价值开发。这一趋势体现在以下 3 个层面：首先，通过数据的开放共享，能够消除“数字孤岛”和“数据壁垒”带来的不利影响，促进不同组织之间的数据互通，使各种数据要素资源在更广泛的范围内自由流通和高效配置。这有助于解放和发展数字生产力，提升产品和服务供应的质量，推动经济循环的畅通（任保平、王思琛，2022）。其次，借助数据开放共享，可以最大限度地挖掘数据要素和数据资产的价值，改善生产流程，创新业务模式，提供多样化的产品和服务，满足市场主体的多元需求，实现高水平的供需动态平衡。最后，数据的开放共享有望引领生产方式、组织模式和商业模式的新一轮变革，为新兴产业和经济体提供更多机遇，加速数字化转型覆盖全产业链和全价值链，增加高质量数据产品和服务供应，推动要素循环，激发增长动力，提高经济韧性。

（五）以普惠为根本目的

在新的经济格局下，数字要素市场的普惠性得到了充分体现，这主要表现在数据提供方和需求方通过公平、高效的交易实现了共同受益，推动了数字经济与实体经济的深度融合。数字要素市场的普惠性不仅体现在分配机制的完善，确保各参与数字产业链的市场主体能够公平分享数字经济发展的好处，还表现在其对社会经济的广泛促进作用。首先，数字要素市场推动了数字经济与实体经济的深度融合，促进了新产业和新业态的涌现。这种融合不仅加速了传统产业的数字化转型，还催生了一系列新兴行业，如大数据、云计算、人工智能等，为经济增长注入新的动力。同时，新产业和新业态的快速发展也创造了大量就业机会，提高了中低收入人群的收入水平，进一步扩大了消费需求，促进了经济循环的畅通。其次，数字要素市场的普惠性激发了各市场主体的创新动力。在数字要素市场的培育过程中，各市场主体积极参与，共同推动技术创新、模式创新和管理创新。这种共建共享的模式不仅促进了数字要素市场的健康发展，也提高了整个社会的创新能力和竞争力。通过创新，各市场主体能够更好地适应市场变化，把握发展机遇，实现经济和社会的双赢。此外，数字要素市场的普惠性还有助于缩小数字鸿沟，促进区域协调发展。通过加强数字基础设施建设、推动数据资源共享和开放等措施，数字要素市场能够为欠发达地区提供更多发展机遇，缩小与发达地区的差距。这不仅有利于实现经济社会的全面协调发展，也有助于提高整个社会的福祉水平。

二、数据要素市场培育的关键点

经过多年的发展，我国在建立数据要素市场方面积累了可观的基础条件，然而，作为一个新兴领域，数据要素市场仍然面临许多挑战和难题需要克服。在此背景下，我国在发展数据要素市场时，应着重关注以下 6 个关键点。

（一）清晰界定数据权属

数据确权是数据市场经济活动有序进行的基础，其目的在于明确不同数据来源的产权归属，从而为规范数据要素市场行为提供实际标准和制度保障（王伟玲、吴志刚等，2021）。这一过程有助于建立清晰的权利关系，防范数据资源滥用和非法流转，确保数据要素市场的公平竞争和稳定运行。首先，确立明确的数据产权是保障数据交易市场有序运作的基石。在缺乏数据确权的情况下，尽管数据在交易中可能经过脱敏和加密处理，但由于数据的合法性和合规性难以保障，数据权益的归属也显得模糊不清。这种不确定性不仅增加了交易的风险，也阻碍了数据的有效流通和利用。因此，为确保数据交易市场能够健康有序地发展，必须建立清晰、明确的数据产权制度。其次，数据确权有助于清晰划定数据流通的边界。数据作为一种无形资产，其价值的实现依赖于有效的流通和共享。然而，在数据产权不明确的情况下，数据的流通和共享往往受到阻碍。各方参与者对于数据的归属和使用存在疑虑和担忧，导致数据流通不畅，价值难以充分释放。通过数据确权，可以明确数据的归属和使用权限，消除各方疑虑，促进数据的自由流通和共享。此外，数据确权还有助于实现数据收益按贡献分配。在数据要素市场中，不同的主体在数据价值的创造过程中扮演着不同的角色。通过明确数据产权，我们可以根据各方在数据收集、处理、分析等方面的贡献来合理分配数据收益。这不仅能够激励各方更加积极地参与到数据要素市场的建设中来，还能够确保数据的价值得到充分体现和利用。

（二）统一数据估值标准

数据估值缺乏统一的衡量标准，导致数据无法像传统资产一样进行准确的会计核算。这使得在数据交易时，买方难以清晰了解应支付的费用额度，同时在数据要素收益分配时，也面临着不清晰的贡献比例计算问题。在数据要素市场的培育和发展中，解决数据估值问题显得尤为紧迫。首先，数据自身的定价是一个复杂的问题。数据的价值受多种因素影响，包括数据的质量、采集难易度和具体应用场景等。同样的数据对于不同的人和场景可能有不同的价值。因此，数据的估值和定价是一个具有挑战性的任务。数据估值的准确性直接关系到数据交易的成本和数据收益的分配。不同数据的估值差异可能导致购买方支付不确定的费用，也会使数据收益的分配变得模糊不清。因此，需要从多个角度入手，发挥市场力量来探索数据的定价机制，逐步明确数据要素的定价规则和标准。其次，对于数据产品或服务的定价也存在管理上的难题。很多平台企业采用了消费者免费使用的模式，这为数据产品或服务的定价管理带来了新的挑战。在市场中，数据产品的价格通常不够透明，消费者往往难以积极参与定价决策。为了确保消费者的合法权益得到保护，需要引入合理的数据产品或服务价格形成机制，以便有效引导和规范数据产品或服务的价格。这将有助于确保数据产品或服务的价格公平、透明，从而提高市场的竞争性，激发创新，促进数据要素市场的健康发展。

（三）建立数据配置模式

在社会对数据资源的需求日益增长的背景下，数据资源配置的重要性愈发凸显。它涉及数据资源在时间、空间和数量上的分布与分配，其核心目标在于实现分配的公平性和配置效益的最优化。这一过程通常由政策法规的引导和市场机制的调节共同实现。目前，我国数据资源配置领域仍面临一些挑战。由于缺乏有效的开发使用机制，数据供给方式存在不合理之处，数据质量参差不齐，且数据的使用率有待提高。为了应对这些挑战，加速数据资源配置模式的探索显得尤为关键。在数据资源配置模式的探索中，政府配置模式和市场配置模式各有特色。政府配置模式侧重于公共数据产品和服务的供给。基于公共职能，政府为市场无法有效提供的数据产品和服务提供支持，并通过财政等手段确保数据资源的公平分配和有效利用。这种模式在保障公共数据资源供给的公平性和合理性方面发挥着重要作用。与此同时，市场配置模式则侧重于数据资源的效率和创新。市场机制通过价格信号的传递，自动调节数据商品的生产和消费，从而激发市场主体的创新活力。在市场机制的作用下，数据资源得以更加有效地流动和配置，数据产业得以蓬勃发展。市场配置模式在激发数据产业创新热情、提升数据资源使用效率方面表现出色。随着数据资源配置模式的不断完善和优化，数据资源流通的问题将逐渐得到解决，数据资源的使用效率也将得到提高，数据要素市场有望实现健康发展。这将有助于进一步释放数字经济的潜力，为经济社会发展注入新的动力。

（四）厘清参与分配机制

数据要素参与分配是我国分配格局进一步完善的体现，它有效激发了各参与主体的积极性，并为构建公平、合理的数据要素市场秩序提供了坚实的制度保障。这一机制的建立，对于实现数据价值的最大化、推动数字经济发展以及促进社会资源的优化配置具有深远的意义。

首先，数据要素的分配机制为各主体提供了明确的创新激励。通过合理的分配安排，各主体能够积极参与数据资源的开发和利用，充分发挥自身优势，形成自主可控的数据产业链。这种创新氛围的营造，不仅有助于推动数据技术的不断进步，还能够促进数据在各产业中的广泛应用，提高生产效率，推动数字经济与实体经济的深度融合。其次，数据要素的分配机制有助于提升数据市场的效率。通过合理的分配，能够确保数据资源得到充分利用，减少浪费和重复投入。同时，这种分配方式还能够促进数据要素市场的公平竞争，激发市场活力，推动数据产业的健康发展。此外，数据要素按劳分配的方式有助于提高居民的收入水平。对于拥有丰富数据资源的个体和企业而言，他们能够通过参与数据要素的分配，获得相应的收益，进一步提升自身的经济实力和生活水平。这种分配方式也有助于缩小贫富差距，促进社会公平和共同富裕。最后，数据要素参与分配还有助于实现数字经济的可持续发展。通过合理的分配机制，能够激发各主体在数据要素市场中的创造力，推动科技创新和产业升级。同时，这种分配方式还能够促进数据资源的共享和合作，推动形成开放、合作、共赢的数据要素市场生态，为数字经济的长远发展奠定坚实的基础。

（五）推动数据开放共享

数据价值最大化的实现，关键在于不同主体间的数据共享与开放。数据要素市场的健康发展，离不开数据的自由流通与高效利用。然而，当前数据开放共享面临着诸多挑战，直接影响了数据价值的充分发挥，也阻碍了数据经济新业态和新模式的培育。由于缺乏统一的数据共享主管部门以及明确的权责划分，政府数据的共享效果并不理想。尽管各级政府已经建立了大量的数据开放平台，但开放数据的质量参差不齐，难以满足实际应用的需求。在国家层面，尚未建立完善的法规政策框架和统一的数据开放共享标准体系，这使得数据开放的方式和标准各异，进一步加剧了数据流通的困难。此外，部分政府部门对数据的安全性问题存在担忧，这也限制了政府数据的有效流动和共享。在行业层面，由于缺乏数据开放和共享的管理规则以及技术规范，行业内部的数据流通和应用同样面临困难。企业之间缺乏数据共享的动力和机制，导致大量数据被孤立和浪费。在企业层面，许多企业尤其是中小微企业，由于信息化水平较低，缺乏数据流通共享的技术手段和能力，因此不会主动进行数据共享。这也限制了数据价值的最大化，阻碍了数据要素市场的进一步发展。为此，需要加强数据开放共享制度的建设，推动数据要素市场的关键环节取得更大的实效，包括但不限于完善数据共享的法律法规和规章制度，明确各方的权责关系，提高政府数据开放的效果和质量；建立统一的数据开放共享标准体系，促进数据的标准化和规范化，降低数据流通的成本和难度；鼓励企业加强内部数据管理机制的建设，提高数据的质量和价值。通过推动企业内部数据的去壁垒化和对外数据开放的机制建设，激发企业参与数据开放共享的积极性，进一步推动数据要素市场的发展。

（六）健全数据市场监管规则

数据要素市场化发展，使平台方不断汇聚累积数据，将促使马太效应进一步加剧，无形中增强了行业性或区域型平台的数据优势和影响力，给政府运用传统反垄断手段对其监管带来挑战（王伟玲、吴志刚，2021）。数据平台公司在定价和获利方面的运作方式使其不符合传统垄断企业的行为特征，因此传统的反垄断手段可能无法切实应对平台公司对消费者权益的负面影响。虽然存在一些大数据杀熟等行为，但这些行为常常难以被准确识别和界定。随着数据要素市场的市场化发展，数据的竞争变得愈发激烈，势必会催生出新的数据巨头。然而，目前在监管层面，数据产业仍处于相对自由的状态，监管标准和要求尚未明确，特别是在数据安全和隐私保护方面。因此，有必要站在新的历史起点，深入探讨平台公司的经营行为对市场和消费者权益所带来的潜在影响，并采取相应的监管措施。首先，政府可以加强数据产业的监管，制定明确的数据安全和隐私保护标准，并加强对数据滥用和侵犯用户权益的监督。其次，政府可以推动行业自律，鼓励行业协会和组织建立行业规范，以规范平台公司的行为。此外，政府还可以加强国际合作，与其他国家分享最佳实践，共同应对跨境数据流动和合规的挑战。综合而言，监管数据要素市场发展是一项迫切的任务，需要政府、行业和国际社会的共同努力，以确保数据的安全、合规和公平使用，同时维护市场秩序和保护消费者权益，推动数据要素市场的可持续和健康发展，从而更好地推动数字经济的增长和社会福祉的提高。

三、数据要素市场培育的推进策略与路径选择

我国数据要素市场在构建目标和建设状况方面面临多方面挑战：包括数据权属不清、数据定价不明、数据安全无法保障、交易监管不到位、交易技术及相关服务不优质等。为此提出基于“制度支撑—交易体系—市场监管—技术赋能”四位一体的总体框架和路径。

（一）完善数据要素市场制度，破除数据要素交易的供给障碍

1. 建立数据分类分级保护制度，有序保障数据安全流通

实现数据要素的确权、定价和安全流通是数据要素市场建设的关键任务之一。为此，迫切需要建立和完善数据分类分级保护制度，以明确哪些数据及数据类型可以进行流通和共享。这个制度应该根据数据要素的潜在影响对象和影响程度两个维度对数据要素进行分级分类。核心数据和重要数据应被禁止流通和共享，以确保其安全性和机密性。一般数据则可根据其不同的重要级别进行分级，分为可以流通或受到限制的数据。此外，还应根据数据要素的类型进行分类，包括政府公共数据和社会数据。政府公共数据应通过高质量的开放共享来促进流通，而社会数据则需要经过确权、定价和交易等环节才能进入数据要素市场进行流通。建立数据分级分类管理制度是推动数据要素确权和数据要素市场建设的首要步骤。为了实现这一目标，需要制定统一的科学标准，以便对数据要素进行分级分类，有助于明确可交易和共享的数据要素的范围和界限。制度的分类应基于数据的敏感程度、隐私性、重要性和潜在危害程度，实施禁止流通、限制流

通或可以流通的三级分类管理制度，确保数据要素的安全和合法流通，从而促进数据要素市场的健康发展。

2. 明晰数据产权，解决数据要素确权难题

数据确权问题是数据要素市场发展的核心难题。为了解决这一问题，应该从理论和实践两个方面入手。在理论层面，需要加强数据权属的相关基础理论研究，综合多学科的视角，如经济学和法学，来科学探讨数据要素的权属问题和可能的解决方案，以平衡效率和公平。在实践层面，需要推动数据权属问题的实践探索，构建和完善数据确权制度和体系，并在实际操作中发现和解决问题。数据确权的前提是法定性，对于可能危害国家安全和社会稳定的禁止流通的数据，应该严格禁止其进入市场流通。这部分数据并非生产要素，因此不存在数据要素的权属问题。虽然《民法典》肯定了数据的财产权益，但并未规定具体的产权形式和规则。考虑到数据要素的多元主体性和物权法一物一权基本原则的限制，可以参考物权法的一物多权，尝试设立包括所有权、用益物权等一“数”多权，以尽可能兼顾各类数据主体的合法合理权益。另一种思路是通过数据分类和场景确权来解决数据要素的多主体性和确权难题。通过对数据是否进行清洗和脱敏的划分，可以赋予数据要素主体不同的权利。在数据脱敏前，权利主体主要是数据生成者和收集者；而在数据清洗和脱敏后，数据要素成为了收集和处理者的数据资产，此时权利归属较为明晰。数据确权制度的实际效果需要在现实中不断探索和修正，以确保数据要素市场的健康发展。这涉及法律法规的制定和不断完善，需要在政府、企业和社会各方的共同努力下取得进展。

3. 积极探索和实践数据要素定价机制

构建数据要素的定价体系是推动数据确权和培育数据要素市场的关键步骤。然而，由于使用者和场景的异质性、数据价值差异等不确定性因素，建立统一的数据要素定价机制面临一定挑战。因此，需要采取灵活的方法来应对这些挑战。首先，充分发挥市场定价机制的作用，特别是对于那些交易量大、交易稳定和频繁交易的数据要素。在这些情况下，市场供求关系可以更好地决定数据要素的价格，从而确保市场的高效运作。其次，涵盖不同数据类型和交易场景，积极探索和实践如何构建综合的数据

要素定价体系，以应对不同类型和需求的数据要素。最后，政府等相关管理部门可以适时适度地介入监管。当数据要素市场出现价格机制扭曲、垄断或失灵的情况时，政府可以采取调控措施，以平衡供求关系或采用其他数据定价机制来确保市场的有效运行。

4. 构建和完善数据要素参与收入分配的机制

构建和完善数据要素的参与收入分配机制是数据要素市场发展中的重要环节，有助于推动数据要素的有效供给并保障要素主体的合理权益。差异性公平应当尊重各要素主体的劳动创造和成果，以便激发他们的积极性和创造性。数据要素的权益分配方式直接关系到数据要素的交易和流通，必须建立合理的参与收入分配机制，基于市场评估的贡献来分配报酬。为适应不同的交易场景，数据要素参与收入分配机制可以分为以下方式：首先，是保留数据收益权，这意味着数据要素的所有者可以持有其数据并享有相关收益。其次，是一次性交易，这种模式通常用于一次性数据交易，数据要素的所有者出售数据，然后不再享有与之相关的收益。此外，还有多次交易，数据要素的所有者可以多次出售同一数据，并在每次交易后继续享有相关的收益。数据要素参与收入分配机制应该贯穿数据要素的整个流通过程，包括数据的产生、收集、加工、交易和收益分配等各个环节。在初次分配数据要素时，应当遵循市场化分配原则，坚持效率优先，根据贡献来确定报酬，以激励市场主体创造更多的价值。通过建立这样的参与收入分配机制，可以更好地推动数据要素的流通和市场的发展，同时确保各类主体在数据要素市场中享有公平和合理的收益分配权益，激发市场主体的创造力，促进数据要素市场的发展和数据价值的最大化。

（二）构建数据要素市场交易体系，完善和创新多层次市场交易体系

1. 协同建设场内和场外交易制度，发挥数据交易场所的交易支撑与保障功能

数据要素市场的发展离不开有效的交易生态系统，其中交易中介和交易场所发挥着关键作用，该生态系统支持和推动数据要素的交易和流通，从而促进了数据要素市场的繁荣。数据交易可以根据其具体应用方向分为多个领域，包括营销分析、风险信用和人员匹配等。在这些领域中，数据

交易场所等第三方中介发挥着显著的作用。首先，数据交易场所充当了交易活动的关键枢纽和中介，提供了统一平台，使数据买家和卖家能够交流、协商和达成交易。这种集中的交易场所有助于加速数据要素的流通，提高市场的效率，促进了数据的交易和应用。在面对信用品信息不对称的问题时，渐进式的主体间交流变得尤为重要。数据交易场所可以提供高度专业化的交易支持服务，包括数据清洗、数据标准化、数据验证等，以确保数据的质量和准确性，可以促使数据买家和卖家之间更频繁地交流，建立信用机制和市场声誉机制，以增加交易的透明度和可信度，减轻信用问题对交易的影响，鼓励更多的交易行为。未来，应进一步强化数据交易所的核心中介职能，通过建立信用评级制度、提供数据产权登记和权威的第三方数据要素定价服务，帮助数据要素市场更好地发展，吸引更多的参与者，提高数据的价值。此外，数据所有者可以选择将部分数据提供给数据交易所等第三方中介，以便更好地评估数据的价值。这种合作模式不仅有助于数据的有效利用，还能确保数据所有者对其数据拥有一定程度的控制，从而促进渐进式的合作和交易。在数据要素市场的初期阶段，由于产权保护制度的不完善，数据通常更多地被视为服务而非商品，限制了数据的大规模流通和高频率交易。在这个阶段，数据交易场所需要采用不同于传统证券交易所的合作模式，包括提供更多数据服务，强调中介和匹配功能，促进信息流动和交流，降低风险感知，提供交易风险评估和安全保障，以激励交易主体积极参与市场。总之，数据要素市场的发展需要一个健康的交易生态系统，其中交易中介和交易场所发挥着至关重要的作用。通过不断完善交易制度、强化中介功能和提供各种支持和服务，数据要素市场才能更好地实现其潜力，为各行业和组织提供更多的机会和创新，从而推动经济的增长。

2. 培育和发展数据经纪人，丰富交易模式

在建设第三方中介与数据交易场所等交易体系的同时，积极培育和发挥数据经纪人的中介与交易撮合作用。目前，主要的数据交易平台通常不允许个人注册进行数据交易。然而，实际上，个人无论是作为供给者还是消费者，都具备可观的潜力和需求。尤其是在数据要素市场的发展初期，个人数据交易规模总量相对较低，交易频次也较少，通过尚未完善的交易

平台进行数据交易存在一定的限制。在这种情况下，数据经纪人发挥了关键作用。数据经纪人的角色主要包括搜集、整合和提供与个人信息相关的数据，如与个人相关的统计数据、地理数据和行为数据等。在这一过程中，保护个人隐私是至关重要的，因此需要对携带个人隐私信息的数据进行严格的脱敏，以确保个人身份和敏感信息的不可逆性。在一些发达国家，如美国，数据经纪人的商业模式已经相对成熟。然而，我国数据经纪人的发展还处于萌芽阶段，需要加快推进场内交易和场外交易的步伐和进程，具体可以通过以下方式来实现，如制定政策和法规，鼓励个人参与数据市场交易，并提供适当的激励措施，以吸引更多的个人供给和需求方；对于个人数据交易，可以设计更灵活的模式，以适应不同规模和频次的交易。这可能包括小额数据交易、个性化数据定价等；规范和监管场外交易，确保场外数据交易的合规性和合法性，以防止滥用数据和侵犯个人隐私；完善交易体系，建设更强大的数据交易平台，提供更多的功能和服务，以满足个人和企业的不同需求，并促进数据交易的便捷性和透明度。培育和发挥数据经纪人的中介与交易撮合作用对于推动个人数据交易的发展至关重要，有助于更好地满足数据市场的需求，保护个人隐私，促进创新和经济增长。

（三）优化数据要素市场监管与服务，推动科学立法与规范监管

1. 健全有关数据要素权属与隐私安全的法律法规

数据要素市场的制度基础至关重要，为了保障其正常运行，需要出台相应的法律法规。首先，应逐步出台解决数据要素权属问题的相关法律法规。这些法律法规可以帮助克服数据确权上的法律制度缺失和滞后，明确不同数据要素的权属。通过法律制度的正式明确，可以推动数据要素的分级分类管理和保护，为数据要素的后续流通提供制度基础和保障。这种数据要素确权需要在效率与公平之间取得平衡，构建包容审慎的政策和法律环境，以鼓励创新和数据要素的合法使用。其次，建立和完善针对数据隐私的法律法规体系至关重要。这些法律法规应当能够适应不断变化的数据流通需求和隐私问题。通过法律途径保障数据隐私和数据安全，有助于增强数据要素交易双方的数据信任，缓解和克服数据要素所有者和控制者参

与数据要素流通的风险感知。这包括数据收集、处理、存储和传输过程中的隐私保护，以及数据泄露、滥用和侵权的法律责任规定。最后，法律法规应考虑不同数据类型的特点，为其提供合适的法律制度保障。对于符合专利制度申请要件的特殊数据要素，如临床数据等，可以借鉴专利制度，赋予其知识产权权属和排他性，以激励创新和保护数据要素的价值。对于其他类型的数据要素，可以通过商业秘密法律法规和合同安排来提供一定程度的保护，以缓解数据要素流通中的“阿罗信息悖论”和交易的信任困境。这种差异化的法律保护可以根据数据要素的特点和市场需求来制定，从而维护数据要素市场的公平性和合法性。综上所述，建立适当的法律法规体系对于数据要素市场的健康发展至关重要。这些法律法规将有助于解决数据要素权属问题、保护数据隐私以及为不同数据类型提供法律制度保障。这样，数据要素市场可以更好地实现数据的流通和共享，促进经济创新和社会发展。此外，法律法规的不断调整和更新也需要与技术的发展和市场需求相适应，以确保法律环境与数据要素市场的实际情况保持一致。

2. 明确与规范数据交易所等第三方中介的职能、定位、义务和责任

数据交易所等第三方中介在数据要素市场中扮演着至关重要的角色，它们既具有促进数据流通和交易的功能，又需要承担一定的安全保障和风险防范责任。特别是在数据要素市场逐渐成熟的背景下，确保数据交易的合规性和安全性变得至关重要。首先，数据交易所作为典型的中介平台，应当承担对数据要素市场的安全保障责任，包括确保数据要素的合规交易、数据隐私保护、数据安全存储和传输，以及防范风险，如数据泄露、滥用、侵权等。数据交易所需要采用先进的技术和安全措施，确保交易平台的安全性，并建立应急响应计划来应对潜在的风险事件。其次，数据交易所和相关监管机构需要建立合规确认和安全审查机制，以确保数据要素交易在合规框架内进行，包括对交易参与者的身份验证、数据要素的合规性检查，以及确保数据交易遵循相关法律法规和行业标准。这些机制有助于防止非法或不当数据交易的发生，提高数据要素市场的合法性和安全性。再次，数据要素市场需要建立监测和预警机制，以实时监控交易活动并及时应对潜在风险。数据交易所应当建立数据要素流通全流程的溯源留底系统，以记录数据的采集、存储、传输、处理和交易等环节。这不仅有

助于查明数据流通中的问题，还可以提供数据的可追溯性，帮助解决争议和法律纠纷。复次，数据交易所可以提供公证服务，确保数据要素交易的可信度和合法性，包括数字签名和时间戳等技术手段，用于验证交易的真实性和完整性。此外，数据交易所也可以提供安全保障服务，如数据备份和恢复，以防止数据丢失或损坏。最后，数据交易所和相关监管机构需要确保交易用户的权益得到保护。这包括建立投诉处理机制，解决用户的纠纷，以及提供合理的赔偿机制，以应对因不当数据交易或数据泄露而导致的损失。总之，数据要素市场的健康发展需要在中介平台和监管机构之间建立合理的法律和机制。这些法律和机制可以确保数据要素交易的合规性、安全性和透明性，从而为数据要素市场的参与者提供安全规范的交易环境。

3. 限制不正当竞争行为，调节市场失灵

加强数据要素市场监管的顶层设计是确保数据要素市场正常运行和保护参与者权益的关键。为有效监管数据要素市场，可以成立专门的数据管理机构或部门，其任务包括制定数据标准、规范市场行为、促进数据要素的跨部门、跨行业、跨地区流动，以及打破不同主体间的数据壁垒，这有助于建立统一的市场规范和数据标准，以促进数据的自由流通和互操作性。针对数据滥用和不正当竞争行为，监管机构可以运用反不正当竞争法进行治理，包括对不当采集、拒绝共享、自我优待、价格歧视等不正当竞争行为进行调查和处罚，以维护市场竞争的公平性和效率。数字经济时代下，数据风险更加凸显，平台可能通过过度收集和利用数据成为数据寡头，阻碍行业竞争。为应对这一挑战，监管机构应采取包容审慎的态度，同时鼓励技术和创新，以促进市场的健康竞争。同时，监管部门应当规范交易主体行为，以确保合规性和市场透明度，包括对数据交易平台和参与者的合规性审查，监测市场行为，并采取适当的措施来解决不当行为，维护市场的秩序和参与者的信任。最后，监管部门需要采用动态高效的监管方法，使用数据分析和监测工具来识别市场问题，以及采取迅速的反应措施。此外，监管部门应当鼓励相关企业进行自我监管，保护产权，优化资源配置，以确保市场的有效和稳定运行。综上所述，加强数据要素市场监管的顶层设计是确保市场健康运行和保护参与者权益的关键因素。通过建立数据管理机构或部门，应用反不正当竞争法，构建新的监管模式，规范交易主体行为，以及采用动态高效的监管方法，监管机构可以更好地维护数据要素市场的公平和有序运行，促进数字经济的可持续发展。

（四）推动相关数字技术研发与创新，加速数字技术在数据要素市场中的应用

数据赋能、数据要素交易和数据要素市场建设的成功实施在很大程度上依赖于相关技术的支撑，应加速诸如区块链、通信与信息传感技术、公钥密码学、密码技术、交易技术等相关技术的研发与应用，这些技术将促进数据的确权、数据交易、数据共享和数据监管，推动数据要素市场向高质量发展迈出坚实的步伐。

首先，区块链技术在数据要素市场的发展中发挥着重要作用。区块链是一种去中心化的分布式账本技术，其核心特点包括不可篡改性和去中心化。这使得它成为确保数据要素交易的透明性和安全性的理想选择。通过区块链，数据要素交易的全流程可以被记录和追溯，包括数据的采集、存储、处理、交易和流通等环节。每个区块都包含了先前交易的信息，从而有利于明确各主体的行为和权利，为数据要素的流通提供了可验证的记录与证据。这有助于确保数据要素市场的有序运行，防止欺诈和不当行为，从而增强市场参与者的信心。

其次，通信技术、射频识别技术（RFID）、全球定位系统（GPS）等信息传感技术在自动化数据采集方面发挥了关键作用。这些技术能够实现实时数据的采集、传输和协同处理。通信技术使设备能够互相通信，实现数据的实时传输和共享。射频识别技术允许物体被唯一识别和跟踪，从而产生大量的现实数据要素。全球定位系统使我们能够获取物体的位置信息，为物联网应用提供了定位数据。这些技术的应用使数据要素市场的数据获取和交流变得更加即时和智能化，有助于提高市场的效率和响应速度。

再次，多方安全计算（Multi - Party Computation，MPC）技术在数据共享方面具有潜力。MPC 技术允许多个参与方在不共享原始数据的情况下进行计算，从而保护数据的安全性和隐私。这种技术可以在数据要素市场中

用于促进数据共享，保护数据产权和隐私。通过 MPC，企业和个人可以与其他参与方共享敏感数据，而不必担心数据泄露或滥用。这有助于激发数据要素的流通，促进业务创新，并为合作和合规性提供了保障。同时，企业需要加强数据收集与分析能力，以充分发挥数据要素的生产作用。这包括完善数字技术等基础设施，以提高数据的质量和多样性。通过有效的数据收集和分析，企业可以提高生产经营效率，推动创新发展，以满足市场需求并获得竞争优势。

最后，数据要素市场的监管需要技术支持。为了确保市场的透明性和合规性，需要采用一系列技术手段。加密技术可用于保护数据传输的安全性，防止数据泄露。传输技术可以确保数据在传输过程中的完整性和可用性。控制技术可以用于管理数据的访问权限，确保只有合格的参与者可以获得数据。监测技术可以用于监视市场的运行，识别不合规和不合法行为。这些技术的综合应用将有助于建立一套全面的数据要素市场技术支持体系，从而确保市场的正常运行。

总的来说，数据赋能、数据要素交易和数据要素市场建设需要依赖各种关键技术的支持。这些技术将推动数据要素市场向更高质量和更安全的发展方向迈进，为数据的确权、交易和共享提供强大的保障。因此，我们应当积极研发和应用区块链、通信与信息传感技术、公钥密码学、密码技术、交易技术等相关技术，以实现数据要素市场的繁荣发展，推动数字经济的壮大。同时，我们还需要建立数字信任制度和体系，完善数据要素全生命周期的评估、监管和反馈机制，以确保数据要素市场的健康和可持续发展。通过技术的不断进步和创新，我们可以更好地应对日益增长的数据挑战，实现数据的最大潜力和价值。

第五章　制造业高质量发展研究

第一节　制造业高质量发展的战略意义

习近平总书记（2017）指出，“不论经济发展到什么时候，实体经济都是中国经济发展且在国际经济竞争中赢得主动的根基，而制造业是国际经济命脉所系，是实体经济的基础，是构筑未来发展战略优势的重要支撑。”中国经济已由高速增长阶段转向高质量发展阶段，推动经济高质量发展，关键在制造业，重点也在制造业。“十四五”规划纲要更是在考虑党和国家事业发展全局的基础上指出，坚持把发展经济着力点放在实体经济上，加快推进制造强国、质量强国建设，促进先进制造业和现代服务业深度融合。在新发展格局下，加速构建制造业强国不仅是全面建设社会主义现代化国家的重要支撑，也是高质量发展阶段提升中国经济质量优势的关键。

一、制造业高质量发展是实施创新驱动发展战略的重大举措

习近平总书记指出，“创新始终是推动一个国家、一个民族向前发展的重要力量。”在此背景下，我国必须坚定不移地推动产业升级，不断强化自主创新的能力，积极培育高端制造业和智能制造业，以使我国的制造业和实体经济焕发新生，引领经济发展由“规模型”向“质量型”转变。制造业的核心在于创新，特别是关键核心技术的掌握。党的二十大报告明确提出，创新驱动发展战略，迫切要求我国在科技领域取得自主自强的突破。为此，我们需要以国家战略需求为指导，动员全社会的智慧和力量，

积极从事独创性和引领性的科技攻关工作，坚决赢得关键核心技术攻坚战的胜利。党中央高度重视创新驱动发展战略，将创新摆在国家发展全局的核心地位。制造业不仅是科技创新的主要战场，同时也是实施创新驱动发展战略的重要力量，肩负着极为重要的使命（齐美虎、黄云平，2023）。制造业的创新驱动转型不仅是为了提高产业规模，更是为了提高产业的质量和效益。只有通过制造业的创新，我们才能够实现从数量增长到质量提升的转变。这意味着我们需要摒弃传统制造模式，积极拥抱智能、绿色、服务型制造等新兴模式，将传统产业体系全面升级为现代产业体系，由“中国制造”向“中国创造”的转变。这一巨大的变革将推动我国经济从粗放的增长方式转向内涵、绿色、高效、协调、可持续的发展方式，为实现高质量发展提供坚实基础。

党的二十大报告还明确提出，加速实施创新驱动发展战略的任务，其中以国家战略需求为导向的原创性和引领性科技攻关工作尤为重要。这意味着我们必须高度重视我国的国家战略需求，将科技研究和创新工作紧密结合起来，推动我国在关键领域取得突破性进展，从而在国际竞争中处于领先地位。这不仅有助于我国在全球经济中发挥更大的影响力，还将为实现国家的长期可持续发展提供强有力的支持。同时，党的二十大报告还强调了制造业的关键作用。制造业既是科技创新的主要战场，也是实施创新驱动发展战略的主要力量，承担着重要的使命。在新发展格局下，制造业不仅是国家经济的支柱产业，更是国家繁荣发展的关键推动力量。只有通过制造业的创新驱动，我国才能够实现从规模扩张到质量提升的转变，推动产业结构的升级和转型，实现从“中国制造”向“中国创造”的飞跃式转变。这将推动我国从传统的经济增长方式转向内涵、绿色、高效、协调、可持续的经济发展方式，为实现国家的长期繁荣和可持续发展提供坚实支撑。

二、制造业高质量发展是经济高质量发展的战略选择

党的二十大报告明确提出，要以推动高质量发展为主题，将扩大内需战略与深化供给侧结构性改革有机结合，以提升国内大循环的内生动力和

可靠性，提高国际循环的质量和水平为目标，加速构建现代化经济体系，着力提高全要素生产率，同时加强产业链和供应链的韧性和安全水平，积极推动城乡融合和区域协调发展，从而推动经济实现质的有效提升和量的合理增长。高质量发展不仅是新时代我国经济转型升级的全面体现，也是制造业可持续发展的必然要求。

制造业是国民经济体系中生产效率最高、提升速度最快的部门，它对提高整体经济发展的效益和效率具有重要影响。制造业是实体经济的中流砥柱，没有制造业的高质量发展，就没有整个经济的高质量发展（苗圩，2019）。因此，我们必须致力于升级和提高制造业，特别是高端制造业，以不断推动技术进步和创新，提升生产效率和产品质量，实现经济的升级和发展。制造业不仅创造了更多的就业机会，还在全球市场中树立了中国的良好声誉，为国家经济的增长和繁荣作出了卓越贡献。在此背景下，高质量发展的实现不仅是中国经济转型升级的综合体现，也是制造业可持续发展的客观要求。制造业是国民经济的支柱，其发展水平直接关系到国家整体实力和竞争力。只有制造业不断提升，我国才能够在国际舞台上占据更有利的地位。高质量发展要求我们更加注重科技创新，提高自主研发能力，增强关键技术的自主掌握，这将推动中国制造业向更高水平迈进，确保国家的强大地位。

三、制造业高质量发展是壮大实体经济的重要支撑

习近平总书记指出，“一个国家一定要有正确的战略选择，我国是个大国，必须发展实体经济，不断推进工业现代化、提高制造业水平，不能脱实向虚。”在不同的时间和不同场合，习近平总书记多次强调了制造业的重要作用和地位，明确提出发展实体经济必须把制造业做好，无论国家发展到何种程度，都不可偏离实体经济，也不可忽视制造业的关键作用。党的二十大报告明确提出，要建设现代化产业体系，坚持将发展经济的重点放在实体经济上，推动新型工业化，加快建设制造业强国。实体经济在中国的经济体系中扮演着关键的角色，作为财富创造的基础，是国家繁荣的支柱之一，同时也是提高产业国际竞争力的重要战略选择。为了确保中

国经济未来的可持续发展并在全球竞争中取得成功，必须深入发展实体经济（齐美虎、黄云平，2023）。推动制造业的高质量发展，对于巩固和壮大实体经济的基础，以及推动经济的高质量发展，具有重要的战略意义。习近平总书记的重要指示和党的二十大报告明确了中国制造业的战略地位，为中国经济的稳健发展提供了明确的道路图。发展实体经济，特别是制造业，将不仅有助于推动经济增长，还将增强国家的全球竞争力。通过不断提升制造业的水平，中国将能够在全球经济中扮演更加重要的角色，创造更多就业机会，树立国际声誉，为国家经济的长期繁荣和可持续发展作出卓越贡献。

四、制造业高质量发展是促进共同富裕的物质基础

习近平总书记指出，“共同富裕是社会主义的本质要求，是中国式现代化的重要特征，要坚持以人民为中心的发展思想，在高质量发展中促进共同富裕。”这一思想在党的二十大报告中也提出，将全体人民的共同富裕视为中国式现代化的核心目标。中国式现代化以人民为中心，将满足人民对美好生活的向往作为主要方向。制造业作为具备创造和积累物质财富能力的关键领域，是构筑共同富裕社会的重要基石，有助于扩大社会财富总量，为人民提供坚实的物质保障。在推动经济增长与提升就业质量方面，制造业发挥着不可替代的作用，是经济高质量发展的中流砥柱，更是中国实现共同富裕战略目标的关键要素。鉴于此，我们必须全力以赴推动制造业的高质量发展，为共同富裕奠定牢固的物质基础。

稳定制造业占比不仅有助于维护和扩大就业，还有助于壮大中等收入群体，避免收入差距扩大，缩小贫富差距，提高人民群众的获得感、幸福感和安全感。这有助于实现全体人民的共同富裕，推动中国走向现代化。制造业的发展为各个社会阶层提供了机会，创造了就业机会，提高了劳动者的收入水平，为中等收入群体的壮大提供了支持。同时，制造业的繁荣有助于各地区之间的协调发展，促进共同富裕的实现。总之，实现共同富裕需要坚持以人民为中心的发展思想，发展制造业并继续“做大蛋糕”，必须坚定不移地致力于推动制造业的高质量发展，以推动全体人

民的共同富裕。

第二节 制造业高质量发展内涵及外在表现

高质量发展作为现代化经济体系的本质特征，是构建现代化经济体系的基石与必要条件。而制造业的高质量发展，则是实现经济高质量发展的根基与先决条件。制造业作为实体经济的核心组成部分，其提质增效对于推动经济转型升级、增强国际竞争力具有决定性的意义。

一、高质量发展的科学内涵与基本要求

高质量发展是建立在中国特色社会主义进入新时代、发展环境发生新变化、人民生活出现新要求的基础上对经济发展进行的一项重大战略调整。这一发展理念全面体现了创新、协调、绿色、开放、共享五大新发展理念，将创新置于第一动力、协调成为内生特点、绿色普遍贯穿、开放成为必由之路、共享成为根本目的（余东华，2020）。在推动高质量发展的过程中，创新被赋予了首要地位，成为经济增长的主要动力。协调作为内在特征，体现在产业升级和经济结构的优化调整上。绿色发展不仅是一种发展方式，更是对环境的全方位保护和可持续利用的体现。开放则被视为必由之路，为实现高质量发展提供了广阔的空间和资源。共享成为根本目的，则强调经济增长应当惠及全体人民，构建更加公平的社会。这一高质量发展理念，要求不仅关注经济增长的数量，更要注重结构的优化。经济的增长不能脱离对环境的保护、社会文明的提升以及社会治理的完善，强调“五位一体”的全面发展和进步，即经济、政治、社会、文化、生态的协同发展，实现更高水平、更有效率、更加公平、更可持续的发展（杨伟民，2018）。新时代推动高质量发展需要全社会的共同努力，注重创新和结构优化，实现经济增长与环境保护、社会公平的有机融合，为人民创造更美好的生活。这一发展理念不仅是经济层面的战略调整，更是对社会、环境、文化等多方面的综合考量，体现了对全面发展的追求。

高质量发展的关键在于提升经济的活力、动力、创新力和竞争力，持续提高投入产出效率和经济效益。在微观层面，实现高质量发展必须建立在提升要素效率、生产力和全要素生产率的基础上，不断提升微观主体的经济效益。中观层面需要重视升级国民经济结构，包括产业、市场和区域结构的优化，同时将宝贵资源配置到最需要的领域。宏观层面强调经济的均衡发展和内涵式发展，致力于提高劳动、资本、土地、资源、环境等要素的投入产出效率（金碚，2018）。整体而言，高质量发展要求综合考虑微观、中观和宏观的多层面要求，以创造更为活跃、创新和具备竞争力的经济发展环境。高质量发展的基本要求包括以下 4 个方面：

（1）在实现高质量发展的路径上，通过供给侧结构性改革和创新驱动，培育新的经济增长动能，坚持以质量为首要目标、效益为优先考量。在新时代的高质量发展中，供给侧结构性改革应成为主线，推动经济实现质量、效率和动力的全面变革，重点致力于提升全要素生产率，这意味着要实现经济发展动力从传统的要素驱动向更为创新驱动的转变。在推动经济增长的过程中，必须注重提高产品和服务的质量，推进生产过程的效益优化，以及激发创新活力，从而实现经济发展的质的飞跃。

（2）为了解决经济发展中的不平衡和不充分问题，必须提升整体发展水平和各领域之间的协调性。实现这一目标的主要途径包括通过产业创新、技术创新和模式创新，积极培育新兴产业，大力推动现代服务业的发展，并对传统产业进行深度改造，实现由制造大国向制造强国的转变。这意味着要在产业结构调整中注重新兴产业的培育，推动技术创新和商业模式的升级，以实现中国经济由“中国制造”向更为创新和智能化的“中国创造”迈进。这种战略性的转型将为中国经济注入新的活力，同时也促进不同产业之间的协同发展，提高整体经济的协调性。

（3）为促进高质量发展，必须进行体制机制创新，完善社会主义制度，构建现代化的市场经济体制机制。通过深化改革和制度建设，充分发挥市场在资源配置中的决定性作用，致力于构建更为有效的经济体制，使市场机制更具活力，微观主体更富有活力，宏观调控更加得当，更好地发挥市场的配置功能，激发企业活力，提高整体经济的适应性和竞争力。

（4）高质量发展的核心在于以人民为中心，着眼于满足全体人民日益增长的美好生活需要。在这一发展理念中，坚持社会主义原则，秉持以人民为中心的价值导向，将人民的需求和期待置于发展的核心地位。如同习近平总书记在党的十九大报告中所强调的，“坚持以人民为中心”，强调人民是历史的创造者，是决定党和国家前途命运的根本力量，“把人民对美好生活的向往作为奋斗目标，依靠人民创造历史伟业”。在实现高质量发展的过程中，必须将一切服务于人民，解决新时代人民日益增长的美好生活需要和发展不平衡不充分的发展之间的矛盾（佘东华，2020）。这涉及在发展中不仅追求经济增长的数量，更要关注人民的生活质量和全面幸福感。通过为人民提供物质产品和服务，以及通过推动发展与人民美好生活的需求相协调，高质量发展可实现人民的全面幸福感，促进社会的和谐稳定。这一发展理念体现了对人民福祉的深切关注，为构建更加美好的社会提供了有力的指导原则。

二、制造业高质量发展的指导理念

制造业高质量发展是中国经济实现高质量发展的关键领域之一，而实现这一目标需要贯彻五大发展理念，即创新、协调、绿色、开放和共享。这些理念为破解发展难题、夯实发展基础提供了重要的指导原则，对中国制造业的未来发展具有深远而积极的影响。

第一，创新被视为制造业高质量发展的关键。在当前高度竞争的全球经济环境中，技术创新、管理创新和商业模式创新等多方面的创新成为推动制造业升级的核心动力。王刚等（2019）指出，创新不仅关乎产品和技术，还包括管理和商业模式的创新。制造业必须在不断迭代的市场中寻求突破，通过不断推陈出新，提高自身的核心竞争力。在技术创新方面，制造业需要加强研发投入，提高自主创新能力。新材料、新能源、人工智能等前沿技术的应用将成为推动制造业创新的重要驱动力。管理创新则涉及提高生产效率、降低成本、优化流程，以适应市场的快速变化。商业模式创新则意味着要突破传统的销售模式，更好地适应数字化、智能化的趋势，构建全新的商业生态系统。创新的优势还表现在融合效应的形成。张明志等（2020）强调，通过优化创新，可以改善产业结构，实现不同产业之间的融合，形成新的增长点。创新不仅是技术上的领先，更是在商业上的差异化，通过不同产业的融合，制造业可以创造出更大的市场空间，实现全产业链的升级。

第二，协调发展是解决当前经济社会发展中不平衡、不协调和不可持续问题的关键。王小广（2020）提到，近阶段中国经济发展出现了产能过剩、供给不足等问题，制造业作为经济的重要组成部分，需要关注供给侧与需求侧结构不平衡问题。为此，制造业要在供给和需求两端同时发力，加速提升供给和需求的质量。在供给侧，制造业需要加强技术创新，提高产品的附加值。通过引入更先进的生产技术和工艺，提高产品的质量和品牌溢价，实现供给结构的升级。同时，注重解决地区产业优势不足的问题，通过发挥各地区的特色和优势，提高区域经济韧性，实现整体协调发展。在需求侧，制造业需要更加精准地了解市场需求，加强市场调研和预测，提前洞察市场动向。通过灵活的生产和供应链管理，更好地适应市场的快速变化。同时，注重提高产品的适用性和用户体验，满足不同层次、不同领域的需求，实现需求的质量提升。

第三，绿色发展是衡量高质量发展是否长期有效的重要指标。由于经济增长与环境保护的不协调，环境问题已成为制约高质量发展的重大问题。中国制造业未来应当重视高质量发展与绿色发展的深度融合。首先，制造业需要重视环保的创新。在生产过程中减少对环境的负面影响，采用更环保的生产工艺和材料，提高资源利用效率。其次，通过引导全民重视环境保护与经济协调发展，提升国民在环境保护方面的参与度。加强环保教育，推动社会公众的环保意识提升。最重要的是，从宏观和微观角度全面提升环境治理能力，实现环境保护与制造业产业升级的目标。

第四，针对当前国际形势，开放发展成为必然选择。构建人类命运共同体是当前时代发展的使命，因此，中国制造业需要加强制度创新，推动企业、地区和行业的开放能力建设，将高水平、全方位开放作为实现中国高质量发展的重要突破口。在制度创新方面，需要打破传统的行业壁垒，鼓励更多的企业参与到国际合作中来。建设更加透明、公正的市场环境，为各类企业提供公平竞争的机会。此外，要强化国际合作，加强与其他国家的技术交流和人才合作，吸引更多国际优秀企业和人才来华发展。同时，通过“一带一路”等倡议，积极开拓洲际、国际市场，提升中国制造业在全球价值链中的地位。高水平、全方位的开放也涵盖发展高层次的开放型产业。在充分利用国际市场资源的过程中，中国制造业有望在实现国内产业高质量发展的同时，进一步拓展对外开放的关系和领域。通过学习国际产业的一流科学技术，中国制造业可以通过自主创新推动产业技术水平的提升，从而培养全球市场上的竞争优势。此外，消费促进国内经济大循环，重塑和完善内循环产业链也是开放方面的重要任务。通过更加开放的市场环境，引入更多优质产品和服务，提升国内市场的竞争力，推动中国制造业不断创新和升级。与此同时，加强对外经济合作，通过共同开发新技术、新产品，进一步提高中国制造业在全球市场中的份额。

第五，共享方面凸显了共享经济对推动新旧动能转换、加速高质量发展的直接作用。共享型平台作为一种载体，能够促使传统产业逐步开放、优化，以更好地适应共享型发展趋势。在当前中国共享经济蓬勃发展的时代背景下，该经济模式在制造业中呈现出鲜活的特征、良好的发展态势以及深厚的发展潜力。共享经济的兴起直接推动了中国制造业的新旧动能转换。通过共享型平台，传统产业可以更好地适应市场需求，实现资源共享和互补。例如，制造业中的共享制造平台可以提高生产设备的利用率，减少浪费，降低生产成本。这种模式不仅对传统制造业具有创新意义，也对提高整个制造业的效益和竞争力有着积极的影响。同时，共享经济也能够促进传统产业的逐步开放和优化。共享型平台为企业提供了更灵活、更高效的合作方式，加速了产业链上下游之间的信息流、物流和资金流的畅通。通过共享经济，制造业可以更好地适应市场需求的变化，提高产业的适应性和灵活性。共享经济的发展也有助于制造业更好地与新兴产业融合，实现跨界合作。例如，在智能制造领域，通过共享经济平台，制造业可以与信息技术企业、软件开发公司等合作，共同推动智能化生产和数字化管理的发展。这种跨界合作有助于制造业更好地利用先进技术，提高生产效率和产品质量。

总的来说，五大发展理念为中国制造业高质量发展提供了全面的指导原则。创新、协调、绿色、开放和共享五个方面相互交织，共同构建起推动制造业迈向更高水平、更可持续的发展的战略框架。在贯彻这些发展理念的过程中，制造业需要在技术、管理、市场等多个层面迎接挑战，不断实现自身的升级和转型，为中国经济的高质量发展注入强大动力。随着这一发展理念的贯彻，中国制造业必将在全球产业格局中发挥更为重要的作用，为经济的可持续增长和全面发展作出积极贡献。

三、制造业高质量发展的内涵及外在表现

（一）制造业高质量发展的内涵

深刻理解和清晰界定制造业高质量发展的内涵是研究和实现高质量发展的必要前提。为了实现制造业的高质量发展目标，应以五大发展理念为基石。创新被认为是打造中国制造业核心竞争力的关键，供需平衡和区域互补成为协调发展的重要着力点，绿色发展构建了环境友好型制造业的框架，开放促使制造业实现进出口的双向流动，而共享理念有助于塑造国际国内制造业的共同繁荣。因此，制造业高质量发展的内涵建立在高质量发展和五大发展理念的基础上，结合制造业的特点，形成以创新为核心、以质量为优先、以人才为基石，积极整合内外资源、协调共同发展，通过透明开放式运营，确保产品可靠性的高质量发展特征，推动制造业迈向高端、智能、绿色、服务方向的发展。

（二）制造业高质量发展的外在表现

制造业高质量发展所追求的“高质量”是对活力、效益和质量的有机结合，构建一个既有活力又高效益、质量卓越的产业生态体系，以满足日益增长的美好生活需求。在这一理念下，高质量的制造业体现在多个方面，具体表现为：

在质量方面，制造业高质量发展所追求的“高质量”包括供给要素高质量、供给体系高质量和满足需求高质量。首先，高质量的供给要素是制造业高质量发展的基础。这涉及具备高端要素的产业链源头，能够进行系统性的顶层规划，前瞻性地规划产业的发展方向。这需要在产业链的最前端拥有创新性的研发、科技人才等高端要素，以确保制造业在技术和市场

上具有领先优势。其次，高质量的供给体系表现在对创新的激发和引领上。这包括引领价值链及要素资源链增值环节创新，以技术创新能力为核心，具有市场地位、技术领先、品牌优势的功能链。这要求制造业在不断推动技术创新的同时，将其转化为市场竞争力和经济效益，形成全面的供给体系。最后，高质量的产业生态体系需要依托原创性研发、技术商业化应用和产业融合发展的能力（余东华，2019）。这将推动互联网、大数据、智能技术与现代制造的融合发展，形成一个全方位的产业战略支撑体系。这意味着制造业在各个方面都要有所突破，既要具备原创性研发的能力，又要能够将技术成功商业化，并通过产业融合发展形成更高水平的生态体系。

在活力方面，制造业高质量发展需要具备市场主体活力、产业创新活力、市场交易活力和市场环境活力。市场主体活力指的是企业在市场竞争中的活跃程度，包括创业创新的积极性和市场主体的竞争力。产业创新活力则是指产业在技术、管理等方面的创新能力，能否不断推动行业的发展和升级。市场交易活力涉及市场在交易中的活跃度，包括市场的流通性和交易便捷性。市场环境活力强调市场在发展过程中的透明度、公平竞争等方面的活力，确保市场环境的公正与规范。

在效益方面，高质量的制造业发展需要实现经济效益、社会效益和生态效益的有机结合。这涉及人、产业与自然的协调发展，强调在追求经济效益的同时，不能忽视社会和生态环境的可持续性。经济效益需要在活力的基础上实现，通过市场竞争获得盈利，保证企业的可持续发展。社会效益强调产业对社会的贡献，包括提供就业机会、改善社会福祉等。生态效益则关注产业对环境的影响，要求制造业在发展过程中要积极采取环保措施，实现人、产业与自然的和谐共生。

在整个高质量发展的过程中，制造业需要达到速度、结构和品质的相互协调。速度方面，需要保持发展的稳健节奏，不仅要有创新的速度，也要有市场适应的速度。结构方面，要优化产业结构，推动产业升级和转型，确保制造业在全球价值链中的地位。品质方面，追求的是产品和服务的品质，包括技术创新的品质、管理水平的品质、品牌的品质等。综合来看，制造业高质量发展是一个多维度、全方位的目标。它要求制造业在创新、协调、绿色、开放和共享等方面取得突破，构建起一个活力十足、效益显著、质量卓越的供给体系和产业生态体系。这既是对制造业自身发展的要求，也是为了实现经济、社会和环境的协同可持续发展而提出的宏观目标。只有在这样的发展理念指导下，制造业才能在全球竞争中保持竞争力，为中国经济的高质量发展注入新的动力。

第三节　我国制造业发展的特征及现实困境

一、制造业高质量发展特征

学者对制造业高质量发展的特征有不同的理解，但综合制造业发展的全局观，可以从多个维度理解其特征。制造业高质量发展不仅具有工业化、智能化、融合化、绿色化的特征，还包括高端化、服务化等特征。此外，制造业的高质量发展还应具备高品质、高附加值、高复杂性及高个性化等特征，满足质量、效率、动力、协调、绿色、开放、共享等方面的需求。因此，制造业高质量发展需要有机地将产业的经济效益、社会效益及生态效益相结合，追求发展速度的同时保持产业结构向合理化与高端化推进，促进市场活力、发展动力及国际竞争力的高度一致。通过制造业高质量发展的定义及我国制造业的发展现状，制造业高质量发展的特征应具备供需平衡为基础型特征，创新发展为动力型特征，绿色发展为原则型特征，智能发展为导向型特征，高端发展为目标型特征。

（一）供需平衡发展是制造业高质量发展的基础型特征

当前我国制造业仍然存在供需错配问题，这主要受产业发展水平的影响。制造业中低端产品供给过剩，而中高端产品的供给不足，这使得制造业面临供需不平衡的挑战。为了实现高效率的发展，必须有效解决这一问题，因此，供给系统平衡发展成为制造业高质量发展的一大重要特征。要实现制造业的高质量发展，首先需要处理产品的供需平衡，并且需要注重人才供需的均衡性。在产品供需均衡方面，首要任务是确保制造的产品数量能够满足人们的需求，避免产生产能过剩现象。同时，产品的质量也要满足人们对美好生活的需求，这要求制造业具备高效率的生产和加工水平，实现既高质又快速的生产。此外，还要避免出现严重的冗余现象，既满足国内需求又能促进产品出口。对于制造业产品的质量供需，虽然目前产品数量供需已经基本满足国内发展需要。然而，随着消费水平和收入的提高，消费者对产品质量的需求逐渐增加。调整产品质量供需结构，提高质量供给效率成为当前制造业的关键任务。因此，制造业的质量供给是随需求拉动而不断提升的，这也是在倡导供给侧结构性改革与高质量发展背景下对制造业发展的新要求与新标准。制造业的质量供给能力提升后，供给效率和供给的稳定性仍需长期关注和提高，这将有助于推动制造业的产品价值链向高端领域发展，推动制造业质量变革和效率变革，最终实现产业变革。由此可知，制造业的产品质量供需均衡不仅有助于我国制造业在全球市场上占据高质量的竞争优势，还将有效推动制造业向高质量发展的目标迈进。

（二）创新发展是制造业高质量发展的动力型特征

在制造业这一复杂系统中，应始终以创新为动力贯穿生产制造全局，坚持创新驱动的核心地位不可动摇。对于区域制造业高质量发展而言，良好的创新环境是制造业走向高质量发展的关键，只有通过创新，区域制造业才能真正实现动力变革。高质量发展不仅需要技术创新的引领，还需要制度创新在产业发展中发挥协调作用。技术创新可以促进各要素投入产出比最大化，而制度创新则能够促进并协调各要素的积极性，在制造业高效率发展过程中发挥着重要的作用。目前，我国制造业中低技术产业、中技术产业及高技术产业的占比存在不均衡情况，低端产业占比较高。因此，在追求高质量发展的过程中，制造业应将创新发展作为第一驱动力，深入推进产业的高端转型发展。这可以通过技术引进、消化、吸收来形成具有自主创新能力的产业技术研发系统。通过不断在创新驱动下，优化产业结构，向中高端产业迈进，可以增强我国制造业在国际环境中的竞争力。因此，创新不仅是技术层面的革新，还包括制度和管理层面的变革。制造业应当积极倡导和支持创新文化，鼓励企业加大研发投入，建立完善的创新体系，同时推动制度创新，为创新提供良好的制度环境。只有通过不断的创新，制造业才能不断提升自身的竞争力，实现高质量的发展。

（三）绿色发展是制造业高质量发展的原则型特征

20 世纪以来，工业化进程的高速发展导致了环境污染问题，对制造业生产提出了严峻的考验。在国内外追求制造业创收经济效益的进程中，特别是在欧美发达国家，对制造业绿色发展的关注和重视日益增强。美国的《先进制造伙伴计划（AMP2.0）》、欧洲的《欧盟地平线 2020 计划》、德国的《资源效率生产计划》等政策的提出，都凸显了绿色制造在制造业发展中的重要性，并围绕绿色制造制定了适应可持续发展的战略和对策。我国制造业在环境负荷过重和资源利用率低等问题的压力下，正在推动产业转型发展。传统制造业的发展趋势已经不能满足我国绿色发展和生态环境的需求，不符合习近平总书记提出的“绿水青山就是金山银山”的发展理念。我国政府高度重视绿色制造的发展。在 2006 年 2 月，国务院发布的《国家中长期科学和技术发展规划纲要（2006 ~ 2020 年）》中，将绿色制造列为制造业科技发展的三大方向之一。2015 年 5 月，国务院发布的《中国制造 2025》明确提出“全面推行绿色制造”，实施“绿色制造工程”，并明确了“构建绿色制造体系，走生态文明发展道路”。我国制造业的高质量发展必须依据绿色发展理论，结合创新性的绿色技术，实现节约发展和清洁发展。这将促进制造业从粗放式发展向集约化方向发展。在追求经济效益的同时，必须坚守绿色可持续的生态底线。因此，走绿色可持续发展道路是我国制造业高质量发展的必由之路，不仅有助于应对环境挑战，还能提升产业竞争力，实现经济与生态的双赢。

（四）智能发展是制造业高质量发展的导向型特征

在信息化与工业化发展的推动下，智能技术在制造业领域得到了更深层次和更广范围的应用，促使制造业走向新的发展阶段。智能化技术的应用为传统制造业注入新的发展动力和方向，不仅可以提升产品附加值，还能实现高效率、高精度和高质量的制造流程。随着人工智能技术的不断发展，制造业的生产模式也在向敏捷制造和柔性化制造方向发展，全新的制造模式能够满足人们对产品质量和个性化生产的需求。在我国，制造业在智能技术、智能应用及智能效益方面取得了显著的进展，进入了全面的智能化转型发展阶段。智能化不仅改变了制造模式和制造技术，还催生了更先进的高端智能产品。智能产品的广泛应用深刻地影响着人们的生活方式。随着智能时代的到来，不仅对制造业的生产模式和产品有影响，而且对制造业的智能化管理也带来了深刻的变革。智能化管理实现了生产车间、生产部门物料、人员及生产过程的系统化管理和信息互通。这不仅实现了供应链环节快速高效的物料供应，还为管理层提供了实时的车间生产信息，有助于有效决策生产方式与生产顺序，从而实现了缩短生产周期和提升生产质量的双重目标。因此，无论是从生产模式、产品质量还是生产管理等方面，智能化都将引领制造业向高质量发展目标迈进，不仅推动着制造业的技术升级和转型，还为整个产业带来了更大的活力和竞争力。

（五）高端发展是制造业高质量发展的目标型特征

高端化发展是制造业在优化产业结构、推动产业向价值链高端发展的最终目标。走高端化发展路径有助于改变我国制造业低端锁定的发展困境，通过引进高技术人才和实现高技术生产，使我国制造业能够在长期的发展中占据价值链的高端地位。制造业的高端化特征是其发展到一定程度的结果表现。要实现制造业的高端化与高级化，不仅需要促进传统要素的转型升级，还需要吸纳更多的先进技术和数字资源，包括将先进的芯片技术、大数据技术以及云计算技术有效整合，合理而有效地应用在制造业的生产环节，提高制造业生产质量、提升生产效率。制造业的高端化还意味着高技术制造业可以发挥带动作用，与中低端制造业形成协同发展效应，形成一种互补关系。高端制造业可以引领并带动中低端行业利用高端创新资源与技术，共同促进制造业的高端化发展，这种协同效应有助于整个制造业在高端化发展的轨道上迅速而高效地完成高质量发展的目标。通过不同层次制造业之间的协同发展，整个制造业能够更好地适应市场变化，提高产业整体的竞争力，实现经济的可持续发展。

二、我国制造业高质量发展面临的现实困境

制造业作为国民经济的主体，已在持续转型升级中推动我国从规模小、技术弱的制造业加工基地发展成为如今的世界级制造工厂。现今的中国拥有41个工业大类、207个工业中类、666个工业小类，是全世界唯一拥有联合国产业分类中所列全部工业门类的国家（汪婉，2023）。然而，在经历快速发展后，环境压力递增，劳动力优势弱化，国际竞争日益加剧等一系列内外环境不断变化，中国制造业大而不强的局面亟待改观。

（一）外部风险骤增，制造业对外开放环境恶化

近期，制造业面临着不断增加的外部风险，对外开放的环境也呈现出日益恶化的趋势。这一现象使得制造业在全球经济不确定性的背景下，面临更为严峻的考验。首先，国际贸易保护主义势头逐渐加强，成为制造业发展的一大难题。多个国家采取了各种手段，包括提高知识产权和环境保护门槛，以抑制他国制造业产品的竞争力。特别是美国通过实施《2022年芯片与科技法案》等政策，采取补贴和税收抵免等手段，旨在拉拢制造业回流至本国。这不仅导致我国制造业出口产品成本上升，而且对“走出去”战略的实施产生了阻碍。其次，全球产业链和价值链的短化与碎片化，给我国制造业供应链的稳定性和安全性带来了严重冲击（张帆、刘嘉伟，2023）。一些国家将供应链限制在盟国和友好国家，导致我国制造业面临了更为局限的发展环境。此外，俄乌冲突引发的能源危机改变了地缘政治和经济格局，使国际政治经济的不确定性进一步加剧。最后，原材料价格大幅上涨成为困扰制造业的另一大问题。能源、粮食、矿产等原材料的价格飙升，加剧了制造业企业的生产成本压力。这不仅影响了利润状况，也使得制造业面临了更为复杂的市场环境。这一问题同时也与俄乌冲突和全球供应链的问题相互交织，使得制造业在原材料获取方面面临更大的不确定性。面对这些外部挑战，我国制造业迫切需要采取更加灵活、创新和适应变化的策略，以稳健的姿态迎接国际经济风险。推动自主创新，提升核心技术研发能力，是保持竞争力的必然选择。同时，加强国际合

作，寻找多元化的供应链解决方案，也是当前形势下制造业可行的发展路径。在全球风险与机遇并存的背景下，我国制造业需要更具韧性，通过创新和合作实现可持续发展。

（二）传统要素优势减弱，制造业高端发展出现阻滞

随着时代的变迁，传统制造业所依赖的传统要素优势逐渐减弱，这为制造业的高端发展带来了一系列阻滞。传统制造业长期依赖于低成本的人力和资源，但随着劳动力成本的上升和资源约束的加剧，这一优势不再明显，制造业正面临深刻的变革和调整。首先，劳动力成本的上升成为传统制造业高端发展的制约因素。过去，低成本的人力是传统制造业的一大优势，但随着社会经济的发展，劳动力成本逐渐上升，导致制造业的成本压力明显增大。这使得传统制造业在高技术、高附加值领域的发展受到了制约，因为高端制造需要更多的高素质、高技能的劳动力，而这部分劳动力的成本相对较高。其次，资源约束加剧也是制造业高端发展面临的问题之一。传统制造业长期依赖大规模的资源消耗，但随着资源短缺和环境污染的问题凸显，传统的资源依赖模式已经不再可行。高端制造业需要更多地依赖创新、科技和知识密集型的要素，而这些要素对资源的依赖程度较低，因此传统制造业在转型升级过程中需要应对资源约束的挑战。最后，技术创新和研发投入不足也是制造业高端发展的制约因素。高端制造业需要不断进行技术创新，提升产品的附加值和竞争力。然而，传统制造业在这方面的投入相对较少，缺乏足够的研发力量和创新激励机制，导致高端技术的研发进展缓慢，阻碍了制造业向高端领域的迈进。综合而言，传统制造业面临传统要素优势减弱的挑战，高端发展受到了阻滞。为了克服这一困境，制造业需要加强技术创新、提高研发投入，注重人才培养和引进，同时加强资源可持续利用和环保生产，实现从传统制造向高端制造的转型升级。只有通过这些努力，制造业才能适应新的时代背景，保持竞争力，实现可持续发展。

（三）环境效率偏低，制造业绿色化转型迫在眉睫

当前制造业在环境效率方面存在偏低的问题，因此绿色化转型势在必

行。制造业一直以来注重产能和规模的扩大，但相应的环境保护措施滞后，导致资源浪费和污染问题日益凸显。首先，制造业的生产过程中存在着能源和资源利用效率低的情况。传统生产方式大量依赖化石能源，不仅增加了能源的消耗，还导致二氧化碳等温室气体排放，加剧了环境压力。此外，原材料采购和利用的方式也存在浪费，未能实现资源的最大化利用，造成了资源枯竭和环境破坏。其次，废弃物排放和污染物释放问题也是当前制造业面临的困境。由于生产过程中存在的不合理排放和处理方式，大量工业废水、废气和固体废弃物排放到环境中，对水、空气和土壤造成了污染，危害了生态系统的平衡。这不仅影响了周边环境的质量，也对人类的生存和健康构成了威胁。最后，制造业的技术水平和管理水平相对滞后，未能充分应用先进的环保技术和清洁生产理念。缺乏绿色化的生产工艺和管理模式，使得制造业在环境效益方面无法达到最佳状态，与可持续发展的目标存在较大差距。因此，制造业亟须进行绿色化转型，推动技术创新，引入清洁生产技术，建立健全的环保管理制度，规范废弃物的处理和排放，加大对环境友好型生产的支持力度。同时，加强企业的环保培训，提高从业人员的环保意识，形成全员参与的绿色发展氛围。总体而言，制造业的绿色化转型是当前的紧迫任务，只有通过科技创新、管理创新和全面的环保措施，才能实现制造业的可持续发展，为经济增长和环境保护找到平衡点。

第四节　我国制造业高质量发展的目标与任务

一、我国制造业高质量发展的目标取向

党的二十大报告和中共中央、国务院印发的《扩大内需战略规划纲要（2022～2035年）》均明确提出要“推动制造业高端化、智能化、绿色化发展”，这为加快推进中国制造业高质量发展，助力中国式现代化建设指明了具体方向。

（一）强化科技创新能力，抢占全球产业链高端领地

在“十四五”规划纲要中，提出了“加快构建以国内大循环为主体、国内国际双循环相互促进的新发展格局”的目标，并强调“坚持自主可控、安全高效，推进产业基础高级化、产业链现代化”。当前，我国制造业已紧密融入全球产业链和供应链，然而尚未确立难以替代的竞争优势。随着全球经济不确定性的上升，传统的国际循环受到了一定的阻碍，导致产业链体系呈现出内向化、区域化和多元化的趋势。同时，西方国家，尤其是美国，对我国产业链的限制加深，加大了我国制造业企业陷入“中低端陷阱”的风险。我国制造业面临的主要挑战主要体现在产业高端装备、核心技术和核心零部件的自主供给能力不足，这制约了产业链关键环节的升级（张帆、刘嘉伟，2023）。针对当前面临的问题与挑战，科技自主创新成为突破现有发展瓶颈的必由之路。我国制造业企业应致力于在科技发展上实现更大程度的自主自立与自强，通过强化自主创新能力，力求在全球产业链中占据优势地位。科技创新不仅有助于提升我国制造业企业的国际竞争力，打破他国设置的技术壁垒与封锁，进而提升中国在全球产业分工体系中的层级与地位；同时，通过深化产业变革，整合优化创新资源，增强我国制造业的协同创新能力，解决高端技术领域的关键难题，确保产业链体系的安全可控。

（二）提升智能制造水平，打造制造业智能化先发优势

在人口红利消退、要素成本攀升、过剩产能积压以及全球化趋势受阻等多重因素的交织影响下，中国制造业的原有优势正逐步丧失。面对这一局面，我国亟待通过信息化与工业化的深度融合，引领并驱动制造业的整体进步，从而实现从制造大国向制造强国的跨越式转变。作为世界制造大国和互联网大国，我国拥有丰富的人口资源和海量的数据资产，以及低成本的数据标注能力，这些优势不仅为智能技术的快速融入奠定了坚实基础，也为制造业与智能化的深度融合提供了广阔的应用场景。在智能制造的引领下，制造业可以更加灵活、高效地应对多重挑战。通过深化信息技术与制造业的融合，企业能够实现生产流程的数字化、智能化，提高生产

效率，降低生产成本。同时，智能制造系统的广泛应用也将促使制造业向着更加智能、绿色、可持续的方向发展，推动产业结构升级和优化。在实现制造业智能化的过程中，加强研发和应用智能制造技术不仅能够提升企业竞争力，更能够助力我国制造业在全球产业链中的地位。通过培育具有全球竞争力的智能制造技术和系统，我国制造业不仅能够应对当前的挑战，还能够为未来的发展奠定坚实基础。因此，深度融合信息化和工业化，推动智能制造的发展，是我国制造业实现转型升级、走向制造强国的必由之路。

（三）推动制造业企业绿色化转型，实现人与自然和谐共生

《中共中央、国务院关于完整准确全面贯彻新发展理念做好碳达峰碳中和工作的意见》（2021 年 9 月 22 日）提出："建设绿色制造体系，加快推进工业领域低碳工艺革新和数字化转型"的战略方向。

工业化进程虽为我国经济带来了显著的红利，但亦伴随着高能耗、高排放等严峻问题。随着中国经济步入新阶段，增速放缓的同时，实现碳排放强度持续下降的压力日益凸显。在此背景下，生态优先、绿色发展的道路变得刻不容缓。我们必须坚定绿色发展理念，充分考虑到不同地区、行业和企业的资源禀赋差异，遵循经济发展和能源转型的客观规律，因地制宜、因业施策、因企施策，实施精准减碳和绿色转型策略。在全球绿色低碳转型趋势与资源环境约束的双重推动下，我国制造业企业亟须积极引入绿色创新技术，坚持资源循环利用，降低污染排放，并加强对生态系统的保护与修复工作。这不仅有助于企业自身的可持续发展，更是推动实现人与自然和谐共生的中国式现代化的重要举措。为此，制造业企业应当将绿色制造理念融入企业的发展战略中，加大对低碳工艺革新和数字化转型的投入力度。通过引入绿色创新技术，企业能够在生产过程中减少对能源和原材料的需求，实现资源的高效利用。同时，数字化转型也为制造业提供了更为智能、高效的生产方式，有助于提高生产效率、减少浪费，从而减少对环境的负面影响。在绿色低碳转型的过程中，制造业企业还应加强与科研机构、行业协会以及政府部门的合作，共同推动创新技术的研发和应用。通过协同努力，可以加快新技术的推广和普及，形成良性循环。此

外，企业还应加强内部管理，建立健全环保体系，加强对员工的培训，提高员工的环保意识，共同为绿色发展贡献力量。

（四）注重区域协调发展，促进全体人民共同富裕

实现中国式现代化的核心在于确保全体人民实现共同富裕，而实现这一宏伟目标的关键则在于促进区域经济的协调发展。目前，我国东部、中部、西部经济发展呈现出显著的差距，具体表现为“南快北慢”的增速差异以及城乡之间的明显发展落差，这在一定程度上制约了国内市场的全面释放和整体经济潜力的充分发挥。与此同时，发达地区的要素和产业过度集聚现象可能加剧市场竞争的激烈程度，而欠发达地区则面临要素流失、产业支撑不足、制造业升级困难等多重困境，这无疑对整个经济体系的持续稳定健康发展构成了严峻挑战。因此，需要在综合考虑各区域制造业禀赋优势的基础上，通过促进要素的充分流动与高效融合，推动产业链上下游的协同发展。在发达地区，应通过加强产业链的纵向协作与横向联动，避免过度集聚导致的竞争问题，鼓励创新和高附加值产业的发展，以更好地发挥发达地区的引领作用。同时，需要通过区域协作机制，支持欠发达地区充分利用自身资源和市场潜力，实现产业链的完整连接。在欠发达地区，要解决要素流失和产业支撑不足的问题，可以通过引入先进技术、培养本地人才、吸引外部投资等方式，促进当地制造业的升级。政府可以通过出台相关政策，提供优惠条件，鼓励企业在欠发达地区设立产业基地，以促进当地就业和经济增长。总体而言，实现中国式现代化要求各地区经济协调发展，形成合作共赢的格局。通过要素的充分流动与融合，促成产业链上下游的紧密连接，有助于实现区域优势互补，助力现代化产业体系的协调运行，为实现高质量发展和全体人民共同富裕提供内生动力（张帆、刘嘉伟，2023）。

二、我国制造业高质量发展的关键任务

在当前复杂多变的环境下，为了实现价值链的循环流转和产业关联的畅通，需要从供给端、需求端、市场端、技术端等具有正向动力的因素出

发进行深入分析，并从多个维度出发，促成价值链的循环流转和产业关联的畅通。只有通过全面的战略思考和前瞻性布局，我国才能更好地适应全球经济的新常态，确保制造业走向高端，为实现高质量发展奠定坚实基础。

1. 供给端：优化产业结构，增强创新能力

在供给端，迫切需要进行产业结构的优化，提升技术水平，并增强创新能力，以更好地满足高端市场的需求。这一方面包含了深刻的产业升级和转型过程，旨在适应日益复杂和多元化的市场需求，提供更高质量、更具附加值的产品和服务。首先，产业结构的优化是提高制造业整体水平的基础。通过淘汰过时、低效的产能，加大对高新技术和高附加值产业的支持，可以实现产业结构的合理调整。这有助于提高整个产业链的效益，推动向更具竞争力的领域发展，为制造业的可持续发展创造更为有利的环境。其次，提升技术水平是制造业保持竞争力的重要手段。通过引进、消化、吸收国际先进技术，培育本土研发创新，制造业可以不断提高生产效率和产品质量。在高端市场，技术创新更是赢得竞争的关键，因此必须持续加大对研发和创新的投入，推动制造业向技术密集型和智能化方向发展。同时，增强创新能力是提升供给端竞争力的关键环节。鼓励企业加强研发投入，推动科技成果向市场转化，建立健全的创新体系，培育更多的创新型企业，都是关键举措。通过创新，制造业能够更好地适应市场的动态变化，提供更符合消费者需求的产品和服务。最后，面对高端市场的需求，还需要提升产品质量和品牌形象。通过不断提高产品的技术含量和附加值，制造业可以在市场上建立更为良好的声誉。同时，注重品牌建设，提升品牌影响力，有助于在激烈的市场竞争中脱颖而出，赢得高端市场份额。

2. 需求端：深化市场内需，拓展消费领域

在需求端，迫切需要通过深化内需市场和拓展消费领域，以激发市场的活力，促进经济的健康发展。这涉及从多个方面推动需求的积极增长，以实现更为全面和可持续的经济繁荣。首先，深化内需市场意味着加强对国内市场的开发和挖掘潜在需求。通过提高居民收入水平，增加就业机会，创造更多的中低收入群体，可以有效扩大内需市场规模。此外，通过

实施积极的就业政策和社会保障政策，提高居民的消费能力，鼓励人们更多地参与经济活动，进一步拉动市场需求。其次，拓展消费领域需要注重产业结构升级和消费升级。通过引导和支持新兴产业的发展，推动传统产业向高附加值和高科技领域转型，可以提高产品和服务的品质，吸引更多的消费者参与。同时，注重消费升级，鼓励人们更加注重品质和体验，推动市场朝着更为高端和个性化的方向发展，促进消费的多层次升级。同时，加强文化、旅游、教育等服务性行业的发展，培育健康、养生、休闲等消费新趋势，也是拓展消费领域的关键。通过提供更多元化的消费选择，满足人们对于生活质量的不断提升的需求，可以激发更多新的消费动能。此外，数字化、智能化等新兴技术的运用也是拓展消费领域的有效手段。通过数字科技的支持，可以打造更为便捷、个性化的消费体验，提高人们对于新科技产品和服务的需求。这既有助于提高居民生活水平，也能够推动制造业升级和结构调整，为经济的可持续增长奠定坚实基础。

3. 市场端：参与国际合作，拓宽市场渠道

在市场端，需要积极参与国际合作，拓宽市场渠道，以提升我国制造业的国际竞争力。这涉及一系列战略和举措，旨在促进我国产品和服务更好地走向世界，同时吸引更多国际资源和市场机会，实现互利共赢。首先，积极参与国际合作是提升国际竞争力的关键一环。通过建立和加强国际合作关系，我国制造业可以获取更多先进技术、管理经验和市场信息，有助于提高产品质量和技术水平。参与国际产业分工，共同应对全球性挑战，也是提升国际竞争力的有效途径。其次，拓宽市场渠道是加强国际竞争力的战略之一。通过拓展海外市场，我国制造业可以更好地适应全球市场需求的多样性，实现产品和服务的差异化。同时，借助跨境电商、国际贸易合作等平台，促进我国企业与全球市场更紧密的连接。此外，提升国际竞争力还需要注重品牌建设。通过打造具有国际竞争力的品牌形象，能够提高产品的知名度和美誉度，增强在国际市场上的竞争力。建设国际一流的品牌形象，有助于吸引更多国际客户和合作伙伴。加强与国际组织的合作也是提升国际竞争力的有效途径。通过参与国际标准制定、技术研发、贸易规则的制定等活动，我国制造业可以更好地融入全球体系，提高国际话语权，推动我国在全球价值链中的地位。总体而言，在市场端，积

极参与国际合作、拓宽市场渠道、注重品牌建设、加强与国际组织的合作，是提升我国制造业国际竞争力的关键策略。这有助于我国制造业更好地适应全球经济格局的变化，迎接更多国际合作的机遇，推动我国制造业迈向更为广阔的国际舞台。

4. 技术端：加强科技创新，提升自主研发能力

在技术端，亟须加强科技创新，提升自主研发能力，以引领并积极参与新一轮工业革命的发展。这不仅是推动我国制造业持续升级的迫切需要，更是适应日新月异的科技潮流和全球产业变革的必然选择。首先，要着力加强基础研究。通过增加对基础科学领域的投入，推动基础研究的深入开展，为制造业技术创新提供牢固的理论基础。基础研究的深化将有助于突破关键核心技术，推动我国在新一轮工业革命中走在前列。其次，需要加大对关键核心技术的研发投入。通过设立专项资金、建立科技创新基地，支持企业和科研机构加大在关键领域的研发力度，确保在人工智能、物联网、大数据等前沿领域取得重大突破。这将有助于我国制造业在新技术的引领下实现全面升级。同时，要强化科研机构和企业之间的合作机制。建立更加紧密的产学研用合作桥梁，推动科研成果更好地转化为生产力。科研机构与企业的深度合作将有助于实现技术的快速推广和应用，推动制造业向着更加智能、绿色和可持续的方向发展。此外，要鼓励人才培养和引进。加强高校与企业之间的合作，培养更多适应新一轮工业革命需求的高素质人才。通过引进国际优秀科技人才，加强国际科技交流，吸引更多高水平的科技创新团队加盟我国的科研阵营。在技术端，科技创新是引领制造业发展的关键。通过加强基础研究、关键核心技术的研发、产学研用合作和人才培养引进，我国制造业将能够在新一轮工业革命的浪潮中紧跟时代步伐，迎接更为广阔的科技前景。

第六章　数字经济背景下制造业面临的新形势

第一节　数字经济背景下制造业高质量发展的动因

在数字经济背景下，技术创新、资源要素和市场需求构成了中国制造业高质量发展的关键 3 大因素。这三者之间相互交织，形成了一个紧密相联、相互激发的有机整体，为产业的演进注入新的动力和活力。首先，技术创新在数字经济时代显得尤为重要，不仅能够满足市场不断变化的个性化需求，而且激发了新的更高层次的市场需求。技术创新不仅是对现有技术的改进，更是在满足市场需求的同时，引领着市场走向新的高度。市场需求与技术创新相互交织，形成一种良性循环，推动制造业朝着更高水平的发展迈进。其次，资源要素的投入在数字经济时代扮演着关键的角色。资源的有效配置可以实现市场需求，而市场需求的不断变化又促使新的资源要素的投入。这种双向的互动机制，既从供给侧带动了产业的升级，又从需求侧推动了新资源要素的引入，为产业发展创造了更为有利的条件。最后，技术创新导致了资源要素投入的变革，而资本、劳动力和技术的投入则为技术创新提供了支撑。这种相互促进的关系使制造业能够在不断变化的经济环境中灵活应对，不断实现技术和产业的升级。这 3 大因素不仅是推动制造业高质量发展的动力因素，而且具有较强的自组织性。它们能够根据技术—经济范式的变化，灵活调整与升级，与不同范式下的关键要素、驱动技术、基础设施融合，呈现出新的特征（王姝楠，2020）。这种自适应性使得中国制造业能够在数字经济时代中持续繁荣发展。

一、数字经济以信息通信技术推动制造业的技术创新

根据卡萝塔·佩蕾丝的技术—经济范式理论，技术创新在数字经济时代的确展现出了多种形态，其中增量创新、突破式创新、新技术系统以及技术—经济范式变革四种类型尤为突出。这些创新类型在制造业中的具体体现，充分展示了技术创新对产业发展的深远影响。首先，增量创新在制造业中表现为对现有产品、工艺或服务的持续改进和优化。这种创新方式通过不断提升产品性能、降低成本或提高生产效率，使制造业企业能够保持竞争优势。例如，在汽车制造领域，通过改进发动机技术、优化车身结构等方式，实现汽车性能的逐步提升和燃油消耗的降低。其次，突破式创新则为制造业带来了颠覆性的变革。这种创新类型通常涉及新技术的引入，能够显著改变行业格局和竞争态势。例如，在制造业中，3D 打印技术、人工智能、物联网等前沿技术的突破，为传统制造业带来了革命性的变革。这些技术的应用使制造业能够实现个性化定制、智能化生产、远程监控与维护等新型业务模式，极大地提高了生产效率和产品质量。此外，新技术系统则是指一系列相互关联的技术创新所形成的整体。在制造业中，新技术系统的出现往往能够推动产业链的升级和转型。例如，工业互联网、智能制造等新技术系统的兴起，使制造业能够实现设备间的互联互通、数据的实时采集与分析，进而实现生产过程的智能化和优化。最后，技术—经济范式变革则是技术创新对经济社会系统产生深远影响的体现。在制造业中，这种范式变革表现为制造业从传统的以生产为中心向以用户需求为中心转变，从大规模生产向个性化定制转变，从线性供应链向网络化协作转变等。这些变革不仅改变了制造业的生产方式和组织结构，也推动了相关产业和服务业的发展和创新。

二、数字经济以数据要素促进制造业的能源革新

大数据被形象地称为“21 世纪的新石油”，作为制造业发展的关键要素之一，在数字经济时代发挥着突出的作用，推动了制造业的能源革新。

卡萝塔·佩蕾丝的技术—经济范式理论强调了关键要素具备成本递减、无限供给和应用普及3个特征，而在这一理论框架下，大数据充分符合这些要求（王姝楠，2020）。

首先，大数据具有显著的成本递减特征，这一特性在信息科技领域引起了广泛关注。随着科技的不断进步，数据存储、处理和传输的成本不断降低，使得大数据的应用变得更加经济实惠。这种成本递减趋势主要归因于技术创新和基础设施的不断完善，例如云计算技术的广泛应用。云计算不仅提供了强大的计算和存储能力，而且允许按需使用，从而最大程度地降低了运营成本。

其次，大数据展现出供给增加的明显趋势。这一趋势在当今数字化时代愈发凸显，得益于技术进步和信息技术基础设施的持续发展。随着数据的快速生成和积累，大数据的供给规模呈现出不断扩大的态势。在信息时代，各个行业和领域都在不断涌现大量的数据源，包括但不限于社交媒体、物联网设备、传感器技术等。这种源源不断的数据流使得大数据的供给规模大幅度增加，为各种实时分析和决策提供了充足的原始材料。这无疑为制造业提供了丰富的数据资源，支持了技术创新和产业升级。

最后，大数据展现了应用普及的显著特征。在当今数字化浪潮中，大数据技术得到了广泛的应用和普及，渗透到各行各业的方方面面。大数据的应用普及，一方面表现在企业管理和决策层面。越来越多的组织通过大数据分析，深入挖掘数据中的有价值信息，以更精确的方式制订战略计划、优化业务流程。另一方面，大数据在科研和创新领域的应用也日益普及。研究人员利用大规模数据集进行实验和分析，推动了各个学科的发展。在医学、气象学、社会学等领域，大数据的应用为解决复杂问题和挖掘新知识提供了强大的工具和方法。此外，大数据技术也在智能城市、物联网、人工智能等新兴领域得到广泛应用。这表明中国制造业的要素结构正在不断向更高水平转变，大数据正成为推动制造业升级的重要引擎。

三、数字经济以信息网络带动制造业的需求更新

在数字时代，信息网络被广泛视为基础设施的核心组成部分，具备整

合供给侧和需求侧信息的强大能力。其影响力不仅局限于连接各种设备，更在推动消费、投资和贸易等方面发挥着关键作用。从多个角度来审视信息网络与数据要素以及信息通信技术的融合，我们能够深入了解其在不同领域的重要性以及对经济体系的深刻影响。

首先，信息网络的崛起推动了消费需求的升级。随着网络的普及和数字化服务的不断发展，消费者的购物体验发生了翻天覆地的变化。信息网络不仅为消费者提供了便捷的购物途径，还使其能够随时随地获取各种产品和服务的详细信息。在线购物平台、社交媒体和个性化推荐系统等数字化工具使得消费者更容易发现并满足个性化的需求。这种便利和个性化的服务引领了消费者对更高品质、更创新、更多元化产品和服务的需求，从而推动了整体消费需求的升级。

其次，信息网络对于投资需求的改善发挥着至关重要的作用。企业在数字化时代通过信息网络可以实时获取市场信息、行业趋势和竞争动态，这使决策者能够更迅速地做出准确的决策。信息网络不仅提供了大量的数据，还为企业提供了分析工具和预测模型，帮助其更好地了解市场变化和未来趋势。同时，数字化平台也为投资者提供了更多元的投资选择和更透明的投资环境，促使他们更智能地配置资产，实现资本的高效流动和配置。这种信息网络与投资需求的融合，有助于改善整体投资环境，提高市场的有效性和透明度。

最后，信息网络在贸易方面的影响同样显著且多层次。数字化时代的信息网络极大地促进了国际贸易的便捷进行。通过数字化平台，企业能够更迅速、更高效地进行跨国贸易，拓展市场，降低交易成本。电子商务、数字支付和在线市场等工具的发展，使得贸易活动不再受限于地理距离，为全球经济提供了更多的发展机会。此外，信息网络也推动了全球供应链的高效协同。通过实时数据的分享和协作，供应链的各个环节能够更好地协同工作，提高效率，降低成本。这种全球化的贸易网络不仅促进了贸易需求的优化，也为各国之间的经济合作带来了更多可能性。

第二节 数字经济背景下技术创新的结构特征

技术创新是企业应用新技术来开发新产品或提高产品质量，并实现市场化的过程。在制造业转型升级中，技术创新被视为基石和关键，有助于企业形成核心竞争力。新一代信息技术、流动性增强的数据要素以及开放性的互联网平台的融合，为制造业技术创新提供了丰富的发展空间。数字经济时代下，制造业经历着由传统制造向智能制造的深刻变革，从而实现了生产方式的全面升级。这一转型不仅使制造业在全球经济中更为有活力，也为社会带来了更多的创新、就业和可持续发展的机会。未来，随着技术不断演进和数字经济的深入发展，制造业技术创新将持续引领着全球经济的演变。新一代信息技术的渗透性使得生产过程更加智能和高效，数据要素的流动性带动了信息的高度共享，使企业更能够基于数据作出精准的决策。互联网平台的开放性则创造了更多合作和创新的机会，企业可以共享知识和资源，加速技术的演进。在数字经济范式中，技术创新不再是企业依靠内部资源进行的孤立行为，而是多元经济主体共同利用网络空间共享知识和资源的结果。这种开放、协作的新模式特征为技术创新带来了更为广泛的参与和更大的创新潜力。

一、数字经济背景下的技术创新模式

技术创新模式的演化是与时俱进的，与当前的技术环境和经济体系相互影响。在数字经济时代，制造业技术创新呈现出更为复杂和多元的特征，开放式创新和分布式创新等新型模式为企业提供了更灵活、更高效的创新途径（王姝楠，2020）。未来，随着数字经济的不断发展和技术的演进，我们可以期待更多创新模式的涌现，为制造业的可持续发展打开更广阔的创新空间。

（一）开放式创新

1. 开放式创新内涵

开放式创新是一种创新模式，强调企业通过与外部环境、合作伙伴、社群等多方进行广泛合作，以获取外部的知识、资源和创新要素，从而推动创新过程的加速和提升。开放式创新的核心思想在于企业不再仅仅依赖内部的研发活动，而是积极寻求外部的创新资源，通过与外部合作伙伴、研究机构、供应商等建立合作关系，实现创新的共享、开放和协同。这一模式打破了传统封闭式创新的边界，将创新过程扩展至企业的外部生态系统。在制造业中实施开放式创新，可以通过多种途径实现技术创新和产业升级。这些途径不仅包括基于单项合作的技术转让和委托开发，还包括基于双向合作的联合开发、共建研发机构和经营实体等方式。这种模式的组织形式可以是政府主导的制造业创新中心，也可以是企业主导的工业互联网平台。激励机制和信用机制是开放式创新中的关键元素，通过利益驱动和信用建立，激发各方的积极性，确保合作的稳定性。开放式创新的特点在于注重深度合作，在关键性、共性和前沿领域建立长期合作关系，为企业提供了更灵活获取外部资源、推动技术创新的机制，从而提高竞争力。

2. 数字经济范式下制造业开放式创新的运作机理

在数字经济范式下，制造业开放式创新的运作机理呈现出新的面貌。数字技术的广泛应用，如物联网、大数据分析、人工智能等，为企业提供了强大的技术支持。开放数据流动成为制造业创新的关键，通过与供应链伙伴和其他行业企业的信息共享，创新资源得以更为自由地流动和共享。数字化生态系统的形成使创新活动不再受限于企业内部，而是通过数字平台形成了更加开放、互动和复杂的创新网络。数字孪生技术的应用帮助企业在虚拟环境中进行快速创新实验，优化设计和理解产品性能。开放创新平台的建立成为集成内外部创新资源的重要手段。全球范围内的协同创新加速了制造业的全球化发展。同时，开源文化的影响使制造业通过采用开源技术、工具和平台更灵活地获取创新资源。这些机理共同推动制造业向更加开放、协同的创新模式迈进，促使企业更加敏捷地适应市场变化，助推整个制造业的可持续发展。因此，数字经济范式下制造业开放式创新的运作机理在于构建一个创新生态系统，各主体充分发挥自身优势，协同创新，通过不同的激励机制、信用机制等环境辅助下，进行从知识构建到产品商业化的一系列创新活动。这一过程旨在谋求突破制造业的关键性、共性或前沿技术问题，实现价值增值，最终达到合作共赢的目标（王姝楠，2020）。

3. 开放式创新生态系统类型

目前我国制造业主要有政府主导型和企业主导型两种开放式创新生态系统。

（1）政府主导型开放式创新生态系统

政府主导型创新生态系统在推动制造业创新中发挥着至关重要的作用。这一系统由政府牵头，多方共同参与，专注于行业共性与前沿技术的研发，为制造业的创新发展提供了强大的支撑。首先，政府通过主导创新生态系统的建设，提供了必要的软硬件基础设施和数据资源。这为创新活动提供了良好的环境和条件，使各参与方能够更加高效地进行合作和研发。同时，政府还通过政策引导和资金支持，鼓励企业、高校、研究机构等各方积极参与创新活动，形成了强大的创新合力。其次，政府主导型创新生态系统注重多方参与和协同创新。这一系统不仅涵盖了产业界、学术界、研究机构等多方面的力量，还通过搭建开放式的创新平台，促进了各方之间的合作和交流。这种协同创新的模式有效地缓解了科研与市场脱节的问题，使得创新成果更加贴近市场需求，更容易实现商业化应用。此外，政府主导型创新生态系统还主攻共性和前沿技术。这意味着该系统的定位不仅局限于解决企业面临的具体技术问题，更着眼于整个行业共性技术和未来竞争所需的前沿技术。通过集中力量攻克这些关键技术难题，政府主导型创新生态系统为制造业的升级和转型提供了有力的技术支撑。最后，政府主导型创新生态系统还注重与市场需求的对接。通过与产业政策的有机结合，该系统确保了创新成果能够及时投放市场，实现市场化运作。这不仅提高了创新成果的经济效益，也进一步推动了制造业的创新发展。综上所述，政府主导型创新生态系统在推动制造业创新中具有独特的优势和作用。通过提供基础设施、促进多方参与、主攻共性和前沿技术以及与市场需求的对接，该系统为制造业的创新发展提供了全方位的支持和保障。在未来，政府应继续加强对这一系统的建设和完善，以更好地推动制造业的创新和升级。

（2）企业主导型开放式创新生态系统

企业主导型创新生态系统在制造业中的兴起，无疑为我国制造业的创新发展注入新的活力。这一模式不仅打破了传统的创新路径依赖，更为制造业提供了全新的创新途径，推动了行业在关键技术、前沿技术和共性技术层面的自主突破。企业主导型创新生态系统以大型企业为核心，汇聚了研究机构、高校、自由开发者、中小企业和消费者等多方参与力量。通过利用互联网等信息通信技术，该系统有效地整合了全球创新资源，促进了创新主体间的深度合作与资源共享。这种深度的合作与资源共享模式，使得创新活动更加高效、灵活，有力推动了制造业的创新进程。此外，企业主导型创新生态系统还注重培养创新主体的互联网思维，通过前瞻预测、协同开发以及优势互补的方式，提升整体创新能力。这种互联网思维使得创新活动更加贴近市场需求，更加注重用户体验，从而提高了创新成果的市场竞争力。在我国制造业中，企业主导型创新生态系统通常表现为由制造业巨头企业构建的工业互联网平台。这些平台不仅推进了大企业的探索式创新，也促进了中小企业的利用式创新，形成了良好的创新生态。通过工业互联网平台，企业可以更加便捷地获取创新资源、分享创新成果，实现了创新活动的网络化、协同化。总体来看，企业主导型创新生态系统为我国制造业的创新发展提供了强大的支撑。它打破了传统的创新模式，为制造业带来了全新的发展机遇。在未来，随着数字经济的深入发展，企业主导型创新生态系统将在制造业中发挥更加重要的作用，推动行业实现更加高效、可持续的创新发展。

（二）分布式创新

1. 分布式创新内涵

分布式创新是一种突破传统创新限制的模式，其内涵涵盖多样性、地理分布、信息共享、开放性以及快速迭代和反馈等方面。首先，它强调参与者的多样性，包括来自不同领域的专业人士、组织和社区，以促使创新发展更全面。其次，分布式创新打破地理位置的限制，允许全球范围内的参与者共同推动创新。再次，信息和知识的共享是其关键特征，通过先进的通信技术和协同工具，实现实时的信息交流和经验分享。此外，分布式创新倡导开放的创新生态系统，鼓励组织与外部合作伙伴开展协同创新，共同创造价值。最后，它具备快速迭代和及时反馈的机制，以灵活应对创新过程中的调整和改进。总体而言，分布式创新强调协同合作、多元参与、开放共享和灵活反馈，为创新的不断发展提供了有力支持。

分布式创新的形成是由于分工细化和研发独立化的趋势，使得创新活动可以更为高效地进行。在分布式创新的实践中，各创新主体之间的合作是基于利益考量的博弈结果。因此，在创新合作的过程中，可以通过正式和非正式的奖罚机制来影响各创新主体的行为和动机，以实现整体合作的利益最大化。这种灵活而高效的创新模式为不同领域的企业提供了更多的创新机会，也为解决复杂问题提供了更多的思路和方法。

2. 数字经济范式下制造业分布式创新的运作机理

在数字经济的蓬勃发展下，制造业正经历着一场深刻的变革，其分布式创新机制在这个数字时代得以重新定义和升华。数字经济范式注入制造业新的活力，推动了创新过程的多样性和高效性，为产业的可持续发展开启了崭新的篇章。首先，数字化技术的渗透成为推动制造业分布式创新的基石。物联网、人工智能、大数据分析等先进技术的广泛应用实现了制造环境的数字化，使得设备、流程和数据得以互联互通。这种数字化基础为各个创新参与者提供了更便捷、高效地共享和获取信息的途径，打破了过去信息壁垒，为分布式创新提供了有力支持。其次，开放式创新平台的兴起成为数字经济范式下制造业分布式创新的又一重要机制。传统制造业常常是封闭的研发模式，而数字时代的开放平台则鼓励制造企业与供应商、合作伙伴、创新社区等多方面的参与者协同工作。这种开放模式促使不同领域的专业人士、组织以及创新社区能够共同分享知识、技术和资源，共同推动产业的创新和发展。

在数字经济的框架下，数据驱动的决策成为制造业制定创新策略的重要依据。大数据分析和人工智能技术使制造企业能够更好地理解市场需求、预测趋势，并迅速调整生产和创新策略。数字经济赋予了制造业更为精准和实时的数据流，使得分布式创新可以更加灵活地响应市场的变化，从而提高竞争力。同时，数字经济的兴起推动了智能制造的发展，为制造业内部和外部各个环节提供了更紧密、更高效的协同创新机制。数字化生产工具和自动化流程的广泛应用提高了生产效率和灵活性，使制造企业能够更加敏捷地响应市场需求，并在创新领域中实现更高水平的协同工作。

虚拟化的协同工作环境成为数字经济范式下制造业分布式创新的又一亮点。通过先进的通信技术和协同工具，制造业的参与者可以实现远程协作和虚拟协同。这种虚拟化环境使来自不同地理位置的创新参与者能够实时互动，共同推动创新的发展，为制造业带来了更为高效和灵活的协同方式。此外，数字经济时代制造业形成了以平台为核心的生态系统。各个参与者在这个生态系统中相互合作、共享资源，形成良性互动。生态系统合作使得制造业不仅是个体企业的竞争，更是整个生态系统的合作与共赢，这为分布式创新提供了更为广阔的空间和更为强大的支持。

总体而言，开放式创新和分布式创新两种模式在创新领域相互交织、相互补充，形成了一种协同的创新生态。这两种模式不仅各自具有独特的特点和优势，而且在实践中常常相互融合，共同推动创新的不断发展。开放式创新注重的是与外部环境的广泛合作，通过引入外部创新资源、分享知识和技术，以及与不同组织、行业的合作伙伴建立联系，实现创新的开放性和多样性。这种模式强调创新的开放性，使组织能够更灵活地应对市场需求的变化，吸引外部专业知识，推动新观念的涌现。分布式创新则侧重于创新过程中涉及多个参与者、地点或组织。通过多元参与者的协同合作，分布式创新使创新活动能够从多个维度得到充分发展，各方通过共享信息和资源实现更快速、更灵活的创新。这种模式有助于深度挖掘不同参与者的创造力，推动创新在多方面的丰富发展。这两种创新模式在实践中常常相互交融。开放式创新与分布式创新形成了一种互为基础的关系，共同构建了开放、灵活、多元的创新生态。在开放式创新中，分布式的合作成为实现开放性的重要手段，而在分布式创新中，开放的思维和外部资源的引入成为推动多方协同创新的重要驱动力。这两种创新模式正在逐渐从轻工业领域向重工业领域扩展，未来将在制造业中发挥更为重要的作用，成为制造业转型升级的重要动力。

二、数字经济背景下的技术创新特征

数字经济范式下，两种技术创新模式具有集成、放大和倍增的效应，使制造业的创新效率提升，创新利润增加，研发周期缩短（王姝楠，2020）。

（一）创新效率提升

在数字经济的背景下，开放式创新和分布式创新为制造业带来了显著的创新加速和质量提升，这主要体现在以下5个方面：（1）多元化资源整合。开放式创新注重与外部合作伙伴、创新社区等多方面的合作，引入不同领域的专业知识和经验。分布式创新则通过多个参与者的协同合作，使得创新活动在多方面得以充分发展。这种多元化的资源整合使制造业能够更快速地获取各种创新要素，促使创新速度的提升和创新质量的提高。（2）实时信息共享和反馈机制。数字经济时代的通信技术和协同工具使开放式创新和分布式创新能够实现实时的信息共享和反馈。开放式创新通过开放的创新平台和合作网络，使信息能够迅速传递和反馈，有助于迅速调整创新策略。而分布式创新通过协同工作环境，使不同地理位置的参与者能够实时互动，加速了创新流程中的决策和反馈环节，进一步提升了创新速度和质量。（3）开放创新生态系统构建。数字经济时代推动了开放创新生态系统的形成，使得制造业不再是封闭的创新体系，而是与外部环境更为紧密连接的创新网络。在这个生态系统中，开放式创新和分布式创新相辅相成，共同构建了一个多元化、高效率的创新环境。这种开放的生态系统有助于吸引更多的创新者和专业人士参与，推动创新的加速和提质。（4）快速迭代和敏捷开发。开放式创新和分布式创新的机制使制造业能够更加快速地进行迭代和敏捷开发。开放的创新平台和多方合作使新的想法能够迅速得到验证，而分布式的协同工作环境使团队能够更迅速地适应变化，从而缩短了创新的周期，提高了创新的灵活性和质量。（5）全球化协同创新。数字经济的发展促成了全球化协同创新的格局。开放式创新和分布式创新使制造业能够与全球范围内的创新者、合作伙伴、供应商等进行更为紧密的合作。这样的全球化协同创新不仅拓展了创新资源的来源，也使制造业能够更好地融入全球创新网络，推动了创新速度和创新质量的提升。

总体而言，开放式创新和分布式创新在数字经济时代为制造业创新注入新的活力，通过多元化的资源整合、实时信息共享、开放创新生态系统构建、快速迭代和全球化协同创新等机制，使得制造业的创新速度大幅加快，创新质量得以显著提升。这种协同作用有助于制造业更好地应对激烈的市场竞争和快速变化的消费者需求，从而在数字经济时代更为成功地实现创新驱动发展。

（二）创新利润增加

数字经济的崛起为企业创新带来了显著的成本优势，这主要体现在边际成本、固定成本、学习成本以及交易成本的降低等多个方面。首先，在边际成本方面，数字技术的广泛应用使得企业能够实现生产过程的自动化和智能化。自动化生产线、物联网设备以及智能机器人等技术的引入，极大地降低了人力成本，提高了生产效率。同时，数字化监控和分析工具的应用，使企业能够更精准地进行生产计划和资源配置，从而进一步降低了边际成本。其次，固定成本也得到了显著的降低。数字经济时代的远程办公和虚拟化技术为企业提供了更加灵活的办公环境，降低了对固定办公空间和设备的依赖。员工可以通过远程协作工具进行在线协同工作，这既减少了企业的物理空间成本，又提高了工作效率和协作能力。此外，开放式和分布式创新模式为企业带来了更多的学习与合作机会。通过打破传统的组织边界，企业能够与其他组织进行知识互补，共享创新资源，从而降低了学习成本。这种创新模式不仅有助于企业快速获取新知识、新技术，还能够提升企业的创新能力和市场竞争力。最后，交易成本在数字经济时代也得到了显著降低。电子商务的兴起使企业能够通过在线平台实现产品和服务的销售，降低了传统零售渠道的成本。同时，数字支付和结算系统的普及，简化了交易流程，降低了交易摩擦费用。这使得企业在全球范围内进行业务交易更加便捷、高效。

数字经济的兴起对企业创新收益的增加产生了显著的影响，主要体现在网络外部性的增强和消费者黏性的显著增大两个方面：首先，网络外部性的增强。数字经济的发展极大地增强了网络外部性，即一个用户的行为对其他用户产生的积极影响。数字平台、社交媒体和在线市场等数字化工具成为连接用户的纽带，使得信息和创新更容易传播。企业在数字经济中通过创新引入的产品或服务可以更迅速地在社交网络中传播，吸引更多用户的参与和关注。这种网络效应带来了规模经济和更广泛的市场覆盖，推动企业创新的收益迅速增加。其次，消费者黏性的显著增大。数字经济为企业提供了更为个性化、定制化的服务和体验，增加了消费者对企业的依赖和忠诚度，即消费者黏性。数字化工具使得企业能够更好地理解和满足消费者的需求，提供个性化的产品和服务。此外，数字平台上的社交互动和用户体验设计也增强了用户对特定品牌或产品的情感连接，使消费者更愿意长期与企业保持联系。这种消费者黏性提高了客户的终身价值，并为企业创新带来了稳定的、可持续的经济回报。这两个方面的影响相辅相成，使得企业在数字经济中更容易获取创新收益。通过网络外部性的增强，企业的创新可以在更广泛的用户群体中传播，形成更大规模的用户基础，从而提高产品或服务的市场份额和盈利潜力。与此同时，消费者黏性的增大使企业能够更好地保持并巩固用户群体，形成更为稳固的市场地位，进一步推动创新带来的收益。

（三）研发周期缩短

在传统创新模式中，制造企业往往需独自承担技术创新的重任，这一过程通常伴随着漫长的专利申请和品牌建设过程。仅当研发成果得以成功产业化应用时，企业方能获得相应的创新收益。然而，这一路径通常耗费了大量的时间与资源，致使研发周期长、市场响应迟缓。因此，企业往往难以迅速适应市场需求的变动，进而可能丧失竞争优势，最终面临被市场淘汰的风险。然而，在数字经济范式下，这一状况发生了根本性的变革。新产品从技术创造到产业化应用的转化时间显著缩短，研发周期得以有效压缩。这主要归因于以下 4 点因素：

一是快速响应市场需求。首先，数字经济带来了快速响应市场需求的能力。通过网络平台和大数据分析等工具，信息得到更加公开和高效的匹配，使厂商能够实时获取到公平透明的市场信息。这种信息的流通和共享使企业更具敏捷性，能够更快速地了解市场的动态，把握消费者的需求。其次，数字经济下，消费者作为创新的参与者，积极参与产品研发过程。通过消费者的报告、评论、分享等行为，企业可以直接获得关于产品的反馈和建议，了解市场的个性化需求。这种消费者参与的模式使得企业在产品研发中更注重用户体验，更贴近市场需求，进而更好地满足消费者的期望。另外，在分布式创新模式下，创新主体更为分散和灵活，能够迅速响应市场需求的变化。这种“轻微化”的创新主体结构意味着各方可以更加灵活地合作，以更高效的方式推进创新。企业能够根据市场的变化进行柔性化创新，更好地适应不断变化的市场环境。因此，数字经济下的开放式创新和分布式创新模式，以及消费者的积极参与，使得企业更具有快速响应市场需求的敏捷性和灵活性。这有助于提高产品的市场适应性，加强企业与市场的互动，为消费者提供更加个性化、符合需求的产品。

二是解决方案的高可复用。在开放式创新模式下，制造企业可以通过吸收外部知识，将自身的共性经验转化为标准化的开发方案，并在平台上与其他企业共享。这种开放和共享的机制使企业能够避免重复劳动，减少了研发过程中的冗余工作，从而显著缩短了产品研发的周期。在这个模式下，企业可以将已有的解决方案推向平台，其他企业可以在此基础上进行增量创新，满足异质需求。这种迭代式的开发模式使各个企业能够更加高效地利用已有的经验和成果，避免了从零开始的研发过程，进而大大提高了研发效率。这也使得行业内的企业可以更加紧密地合作，共同推动解决方案的创新，形成了一个更加协同和高效的创新生态系统。因此，数字经济下的开放式创新模式使企业能够通过共享和协同，实现解决方案的高度可复用，进而在研发过程中更加迅速、高效地满足市场需求，推动行业的持续创新。

三是模块化的并行创新。分布式创新模式通过将复杂的创新任务分解为独立的模块，将这些模块分配给不同的创新资源进行独立并行开发。这种模式的优势在于降低了技术创新的门槛，让更多创新者能够参与创新过程。同时，模块化创新减轻了创新的风险，因为各个模块能够独立运作，即使某一模块出现问题也不会影响整个创新项目。整合时采用统一的接口调用，使得各个模块之间更为灵活地协同工作，降低了系统的耦合度。最重要的是，这种创新模式强调市场和企业激励的相结合，摆脱了传统的产权激励机制，鼓励合作与协同，促使信息的分享和交流，有助于构建更为开放、灵活的创新生态。这样的创新方式为形成更强大、稳定的创新生态系统提供了助力。这种新型的激励机制激发了多元的创意，各创新主体相互之间形成一种协同的约束关系，降低了单位任务量和总体创新难度，进一步缩短了研发周期，有助于在更短的时间内推动创新成果的涌现，使创新过程更为高效和灵活。

四是研发过程智能化。智能化在研发环节的主要体现包括建模、仿真和数字孪生技术的应用。通过这些智能化工具，企业能够更加精准地进行产品设计和创新实验，通过不断的试错过程，显著提高了创新的效率和成功率，同时减少了在创新过程中不必要的时间耗费。在建模方面，数字经济时代的企业可以利用先进的数学模型和计算机算力，更全面地理解产品或方案的性能、特性以及各种因素之间的复杂关系。这种建模能力使企业在研发初期就能够进行全面而深入的分析，为后续创新提供有力支持。仿真技术则允许企业通过虚拟环境进行实验和测试，而无须实际制造原型。这种虚拟的试验环境不仅节省了物质资源，还大大加速了创新的迭代过程，使企业能够更快地了解不同设计选择的效果，提高决策的科学性。数字孪生技术更是将数字和物理世界相连接，通过实时数据反馈和模型匹配，使企业能够实现对真实产品或系统的精准监测和控制。这种技术的应用使研发过程更具智能性，企业能够随时了解产品性能的变化，并及时作出相应调整，从而提高创新的成功率。总体而言，数字经济推动了研发过程的智能化，为企业提供了更为精确和高效的工具，有助于加速创新周期，降低研发成本，提高创新的质量和速度。

第三节　数字经济背景下资源要素的结构特征

正如波特在钻石模型中所指出的，生产要素在全球市场中起着至关重要的作用，分为初级和高级两类。初级生产要素主要涵盖了自然资源、土地、非技术工人和资金等，而高级生产要素则包括了信息通信技术、现代基础设施以及受过高等教育的人力资源等（周霞，2015）。波特认为，初级生产要素相对容易通过全球市场网络从能源丰富和劳动力廉价的地区获取，而获取高级生产要素则更为困难，需要企业在人力和资本上进行长期的投资以创造。数字经济的崛起正在改变传统制造业的生产要素格局，并引入了新的生产要素——数据。数据作为一种全新的资源和生产要素，具有巨大的潜力影响制造业的转型和升级。

在数字经济背景下，制造业的生产要素格局发生了显著变化。初级生产要素，如非技术劳动力、设备厂房和能源等，虽然仍然是制造企业运营的基础环境，但其比例逐渐缩小。与此同时，高级生产要素，包括数据知识、先进技术、数字基础设施和高技能人才等，成为制造业向数智化、高附加值和高技术含量发展的重要支撑。初级生产要素正在向高级生产要素转化，带动了制造业的边际效用和边际产量递增，边际成本递减（王姝楠，2020）。

一、数字经济背景下的资源要素结构

新时代下，制造业正经历着资源要素结构的深刻变革。这一变革的推动力量主要来自两个方面的因素。首先，随着人们生活水平的不断提高，制造企业面临劳动力和原材料成本上升的挑战，迫切需要寻找更为经济高效的生产方式。其次，范式变革的影响正在逐渐显现，企业正经历一场重新洗牌的过程。那些无法适应新技术、互联网和大数据浪潮的制造企业将面临被淘汰的风险。在这一变革的背景下，制造业中的资源要素呈现出新的特征。传统的非技术劳动力、设备厂房以及能源等初级生产要素所占比重逐渐减小，而大数据、先进技术、人力资源等高级生产要素的质量和规模却在不断提升。制造企业迫切需要调整其生产模式，注重引入数字化和智能化技术，以提高生产效率、降低成本。同时，人力资源的优化和高效利用也成为制造业发展的重要策略之一。

（一）初级生产要素的比例逐渐缩小

在劳动力方面，工业经济时代见证了从手工劳动向自动化生产的转变，这导致了劳动与资本关系从形式隶属向实质隶属的演变。然而，在数字经济的新时代，这种关系正面临再次变革。随着具有自学习和自感知能力的机器人的普及，大量基础性工作和部分模糊决策工作将被机器人所替代。这一变革预示着劳动与资本关系将从实质隶属逐步转向机器人替代。随着未来人口红利逐渐消退，制造业的人才结构将发生深刻调整。那些从事简单重复、体力耗费大的非技术工人可能会逐渐被工业机器人所替代。与此同时，那些具备复杂脑力劳动能力，能够胜任研发、设计以及操控高档数控装备的高技术、复合型人才将成为市场的稀缺资源。这种劳动力需求的转变，不仅给教育体系带来了挑战，也为制造业的转型升级提供了契机。人才红利将成为推动制造业转型的关键力量。为了适应这一趋势，我们需要培养更多适应数字经济时代的高素质人才，注重创新和复合型技能的培养，以助力制造业在新的劳动力格局下保持竞争力，实现更为可持续的发展。

设备厂房作为制造业的基石，在传统生产模式中占据核心地位，其投入与运营对制造业的发展具有决定性影响。设备厂房不仅为生产提供必要的场地和工具，更是衡量工业固定资产投资强度的重要指标。在工业经济时代，通过追加对厂房、设备、劳动力等要素的投入，制造业得以实现规模经济效应，进而提升产出和效益。然而，随着数字经济时代的到来，设备厂房的传统地位正面临挑战。受摩尔定律影响，设备的技术更新速度不断加快，无形磨损加剧，生命周期缩短，这使得传统设备厂房在生产要素中的占比逐渐缩减。企业为了应对这一变化，纷纷将生产经营和监管销售活动迁移到在线平台，通过租用网络平台服务的方式，降低库存占用和资金消耗，实现轻资产运营。与此同时，工业互联网、工业云平台等数字基础设施正成为制造业发展的新引擎。这些数字技术的广泛应用，使制造业能够实现生产过程的智能化、柔性化和高效化，从而提高生产效率、降低成本，更好地满足市场需求。因此，在数字经济时代，制造业需要更加注重数字技术的应用和创新，优化设备厂房等传统生产要素的配置，实现数字化转型和升级，更好地满足日益复杂和多样化的市场需求。

在传统工业经济时代，制造业对煤炭、石油、天然气等不可再生能源的依赖导致了巨大的资源消耗和环境污染。然而，随着数字经济时代的到来，能源结构正在发生深刻变革，绿色化发展成为制造业转型升级的重要方向。首先，信息技术的崛起使得数据和可再生绿色新能源如风能、太阳能等逐渐替代传统能源，成为制造业的能源基础。这一转变不仅减少了对有限资源的依赖，也降低了环境污染。例如，通过应用物联网和大数据技术，制造业能够实现对能源使用情况的实时监控和智能管理，提高能源利用效率，降低能耗成本。其次，新型生产方式和技术的出现进一步推动了能源结构的转变。例如，3D打印技术使制造企业能够更加灵活地生产复杂结构的零部件，减少材料浪费，实现绿色生产。同时，新能源汽车技术的快速发展也促进了制造业对新能源的利用，推动了汽车产业的绿色化转型。虽然新能源、新技术和新材料的初期投入成本可能较高，但随着技术的不断进步和市场规模的扩大，其边际成本和单位成本逐渐下降，而产量和利润增量不断上升。这使制造企业在长期内能够实现经济效益和环境效益的双赢。因此，制造业应抓住数字经济时代的机遇，积极推动能源结构的转变和绿色化发展。通过加大研发投入，推广新型生产方式和技术，培养绿色化发展的意识和能力，制造业将能够实现更加可持续和环保的发展，为全球经济社会的繁荣作出更大贡献。

（二）高级生产要素的质量不断提升

在数字经济的推动下，要素结构发生了显著变化，初级生产要素以有形模式为主，而高级生产要素则更多地呈现出无形模式。这一变革在一定程度上缓解了传统资源要素紧张的问题，转向了更为灵活、智能的生产方式。根据技术—经济范式理论，数字经济时代下，制造业最主要的高级生产要素主要包括数据、高技能人才和信息通信技术等（王姝楠，2020）。

首先，是数据要素。数据要素的主要产生源于网络空间对现实空间内各种关系的映射。这意味着我们通过数字化的方式记录和表达了现实世界中的各种事物、关系和活动。这些数据不仅包括结构性数据，如交易记录、传感器输出，还包括非结构性数据，如文本、图像和音频等。这一映射过程使我们能够以数字形式捕捉和保存丰富的信息，为各种行业和领域提供了宝贵的素材。随着数据逐渐成为独立的投入产出要素，其在运营和决策中的价值逐渐凸显。数据不再仅仅是附属于其他生产因素的辅助工具，而是一种独立且具有战略价值的资源。企业和组织通过分析大量的数据，可以获取深刻的洞察，预测趋势，优化决策，并制订更为精准的战略规划，使得数据成为各行各业推动创新、提高效率、优化资源配置的核心驱动力。

从不同角度出发，数据要素在多个方面发挥着关键作用。在经济层面，数据作为基础性战略资源对企业的竞争力产生深远的影响。企业能够通过对大数据的采集、分析和应用，更好地了解市场趋势、消费者需求和竞争对手动态。这种深入洞察使企业能够制定更为精准的市场战略、优化产品和服务，提高效率，降低成本。数据还能够支持企业进行风险管理和预测，使其更具应对市场波动的能力，从而增强企业的稳健性和适应性。在社会层面，数据的共享和分析促进了信息的流通和知识的传播，有助于推动社会进步和发展。通过开放数据、信息共享平台，社会各界可以更好地协同合作，推动科研、医疗、教育等领域的创新。数据的开放还有助于加强公共决策的科学性，提高政府治理效能，促进社会公平和可持续发展。数据的广泛应用也使得公众更容易获取各种信息，提高了社会的信息素养和参与度。在科技层面，数据驱动着创新，促使新技术的涌现，推动着人类社会的不断演进。大数据、人工智能、物联网等先进技术的发展依赖于大规模的数据支持。这些技术的应用不仅改变了工业生产、商业模式，还影响了人们的日常生活。例如，智能家居、自动驾驶汽车、医疗健康监测等技术都是基于大量数据的收集、分析和应用而实现的。数据的创新性应用推动了科技的不断进步，为社会带来了更多便利和可能性。

其次，是人力资源。在数字经济蓬勃发展的背景下，人力资本的关键性日益凸显，推动着经济增长模式向创新驱动转变。数字技术的飞速发展导致企业对具备创新能力和数字技术技能的人才急剧增加。适应数字化工作环境和不断变革的创新需求成为当今人才市场的核心要求。为适应这一新趋势，各行业纷纷加大对教育、培训和职业发展的投资，以培养具备数字技能和创新意识的人才。同时，职业发展机会的变革和全球竞争的加剧也推动着企业不断优化人才招聘和留用策略。综合而言，数字经济时代人力资本的崭新地位需要各方共同努力，通过提高培训质量、拓展创新导向的职业路径，确保高素质人才的稳健供给，为经济的可持续繁荣注入源源不断的活力。

随着数字经济范式的广泛传播，信息通信技术已成为企业投资与发展的重要焦点。那些未能及时适应这一技术发展趋势的企业，可能面临市场淘汰的风险。信息通信技术，作为一项通用技术，具备与先进制造技术、物理技术、生物技术等深度融合的潜力，能够催生出新的生产力，显著提升企业的生产率和组织管理效率。在制造业中，信息通信技术的广泛应用推动了智能制造的实现。通过自动化生产线、物联网设备和大数据分析的协同作用，企业的生产过程变得更加灵活、高效，产品质量也得到了显著提升。同时，信息通信技术还帮助企业降低了生产成本，提高了市场竞争力。在与物理技术的融合中，信息通信技术发挥了至关重要的作用。通过实现物体的实时互联和数据交换，信息通信技术极大地提升了设备的运行效率，降低了能源消耗，并优化了供应链的可见性。这使企业能够更好地管理设备资源，优化生产流程，提高整体运营效率。此外，信息通信技术与生物技术的结合也带来了许多创新应用。在医疗领域，通过生物传感器和远程医疗监测等技术，医生可以实时追踪和分析患者的健康数据，为患者提供更加精准、高效的医疗服务。在农业领域，信息通信技术则帮助农民实现了对农作物的精准种植和管理，提高了农作物的产量和质量。综上所述，信息通信技术是推动制造业数字化转型的关键动力。通过与先进制造技术、物理技术、生物技术等领域的深度融合，信息通信技术不仅为企业带来了更智能、高效、创新的生产方式，也进一步推动了整个产业的数字化转型进程。在未来的发展中，企业应继续加大对信息通信技术的投入与研发力度，以充分利用这一关键技术的优势，推动企业实现更加可持续、高效的发展。

二、数字经济背景下的资源要素特征

在数字经济的背景下，资源要素结构正在经历一场深刻的变革，从初级生产要素占主导地位逐渐向高级生产要素占优势、从物质资源投入向数字资源投入的趋势转变。这一变化不仅影响了企业和产业的运营方式，也导致了对传统经济规律的重新审视。

（一）资源要素带来的边际效用递增

随着数字经济的崛起，数据等要素的重要性在经济活动中不断提升，其作用逐渐超越了传统的生产要素。数据的广泛应用、信息通信技术的高效运用以及人力资本的数字素养都成为企业竞争的关键因素。在这种新的经济环境下，每增加一单位关键要素的使用都带来更多的附加价值，使得边际效用递增成为数字经济时代的特征之一。一方面，随着数据的积累和应用，企业能够更准确地了解市场趋势、消费者需求和业务模式，从而更精确地制定战略决策和创新产品。透过数据的多维度分析，企业能够挖掘隐藏在庞大数据背后的深层次见解，为业务发展提供更全面的指导。这种递增的信息价值不仅带动了企业内部的决策效率，也为创新和市场竞争提供了强大的支持，推动了数字经济中边际效用的递增趋势。另一方面，随着用户数量的不断增加，企业能够通过数据的集聚和分析获得更多的洞察力，提升产品和服务的质量，满足用户不断变化的需求。同时，用户之间的相互连接也促使产品和服务的改进，形成了良性的反馈循环。这种网络正外部性的存在使得企业在数字经济时代更容易实现规模效应，扩大市场份额，同时带动超额利润的增长。因此，数字经济中的制造企业通过利用数据等关键要素，充分发挥网络效应，更好地满足市场需求，实现了在竞争中赢得超额利润的策略。这种网络效应的存在使得数字经济中的关键资源要素更具吸引力，也进一步推动了数字经济的快速发展。

（二）资源要素带来的边际产量递增

数据、人力资源（知识）、信息通信技术等关键资源要素在数字经济中具有可复制性和不受无形磨损的特点。每增加一单位的数据、技术或人力资本投入，都能为企业的产品研发、数据分析和产品建模等方面带来更高的效率（王姝楠，2020）。这种投入的递增效果直接反映在企业生产的数量和质量上，从而实现了边际产量的持续递增。首先，这些资源要素的可复制性使得企业可以灵活地扩大其数据储备、知识体系和技术基础。不同于传统生产要素，数据、知识和技术可以在不受损耗的情况下进行复制和传播，为企业提供了更大的生产潜力。其次，这些要素不受无形磨损的影响，意味着它们在使用过程中不会减少质量或价值。相反，随着投入的增加，企业能够不断积累更多的信息、知识和技术，从而提高产品的研发水平、数据分析的深度，以及产品建模的准确性。因此，每一单位的数据、技术或人力资本的引入都相当于为企业注入可持续的生产动力，推动了生产效率的不断提升。这种效果在数字经济中显得尤为明显，为企业创新和发展提供了强大的支持，使其能够适应快速变化的市场需求，实现更为可持续和高效的生产模式。

（三）资源要素带来的边际成本递减

在数字经济的背景下，资源要素通常表现出边际成本递减的特征，这主要得益于数字化技术和信息通信技术的迅猛发展。数字化技术的广泛应用使得许多资源要素能够以数字形式存在和传递，从而显著提高了生产和交流的效率。数据作为最为重要的流动要素，在数字经济中发挥着关键作用。在数字经济中，数据的增加能够激发固定要素更强的生产潜力。一旦建立起相应的基础设施，每增加一单位的资源要素投入，其边际成本相对较低，因为数字化能力使得资源要素可以更容易地被复制、传递和利用，数据的投入在一定程度上能够释放固定要素的更大生产潜力，推动企业的创新和生产效率的提升。此外，资源要素在数字经济中常常具备网络效应，即随着使用者数量的增加，每个用户能够从资源要素中获得的附加价值逐渐上升，导致了边际成本的递减趋势。技术创新的不断涌现以及数字经济中众多资源要素的无形化，例如，知识、软件和数据等，也为企业提供了更高效的生产方式，降低了资源要素的边际成本。这一趋势不仅赋予企业更大的灵活性和创新能力，同时也推动了数字经济的迅速发展。综合而言，数据要素的增加既能够释放生产潜力，又在成本结构上带来优势，这也突出了在数字经济时代，数据作为关键资源要素的战略价值和重要性。

第四节　数字经济背景下市场需求的结构特征

市场结构指的是在特定产业内企业的数量和分布状况，它反映了市场供给者之间、市场需求者之间以及供给者和需求者之间的复杂关系。产业组织理论通常关注某一行业的市场主体数量、商品差异度以及进入与退出壁垒这3个关键方面。市场结构可根据竞争程度从强到弱划分为完全竞争、垄断竞争、寡头垄断和完全垄断4类。不同市场结构对需求特征有显著影响，例如在完全竞争市场，价格更容易受市场供求影响，而在垄断市场，企业更有能力通过定价来影响市场。了解市场结构有助于深入理解特定行业的运作方式，为市场参与者提供战略指导。

数字经济的崛起彻底改变了商业模式，为制造企业带来了个性化定制、网络化协同和服务型制造等全新的商业范式。这一变革深化了制造企业在市场中的联系，促使形成共同利益主体。与此同时，市场结构和需求特征也经历了显著的演变（王姝楠，2020）。首先，个性化定制的兴起使企业能够根据客户的独特需求调整生产，提供定制化的产品和服务，从而提高用户满意度和忠诚度。其次，网络化协同成为一种重要的商业合作方式，数字技术使企业能够实现更加紧密的协同工作，推动供应链高效协同和与其他企业的创新合作。最后，服务型制造的兴起意味着企业不再仅仅提供产品，而是通过增值服务提升产品附加价值，满足用户对全方位体验的需求。在市场竞争机制的推动下，各企业通过既合作又差异化的产品策略争夺用户黏性，不仅加强了资源整合和协同效率，还提高了市场竞争力。这一系列变革推动了制造业的转型升级，使其更好地适应数字化时代的需求，为整个产业链带来更广泛的发展空间。

一、数字经济背景下的市场结构变化

在数字经济背景下，政、企、学、研这4类市场主体更紧密地结合于一个网络平台或制造生态系统中，资源整合、合作共生，与其他主体一起，形成了平台垄断的网状结构，如图6-1所示。

在平台经济中，各主体的地位不同，对市场产生的影响也有大小之分。大、中、小型制造企业通过网络平台实现了产业链的串联和跨区域的合作，形成了平台垄断结构的核心层。在这个结构中，大型制造企业通常占据核心地位，通过网络平台实现了广泛的供应链整合和资源整合。它们

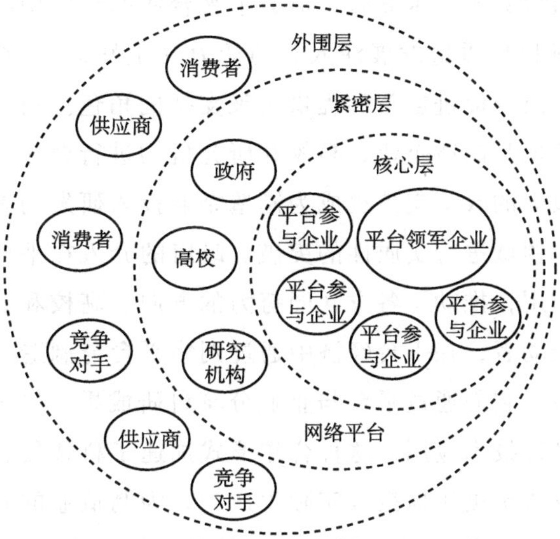

图 6-1　数字经济背景下制造业平台垄断结构

在平台上拥有更大的曝光度和市场份额，能够通过规模效应实现更高的生产效率和成本控制。这些大型企业往往能够通过平台更有效地连接各个环节，包括原材料供应、生产制造、物流配送以及最终消费者。它们对平台的依赖和影响力较大，也更容易在竞争中获得优势地位。中型制造企业在平台经济中扮演着连接大型企业和小型企业的角色。它们可能是大型企业供应链中的一部分，也可能是小型企业的重要客户。通过平台，中型制造企业能够更灵活地适应市场需求，同时通过与大型企业的合作实现资源的共享和优势互补。这使得它们在平台垄断结构中具有一定的灵活性和竞争力。小型制造企业在平台经济中也发挥着重要作用，尤其是在创新和差异化领域。虽然规模较小，但通过平台，它们能够获得更广泛的市场机会，实现更低成本的推广和销售。平台为小型制造企业提供了与大型企业竞争的机会，同时也促使它们更加注重产品的创新和品质，以获得市场认可。总体而言，在平台经济中，大、中、小型制造企业之间形成了一种相互依存和合作的关系。这种垄断结构既有利于提高整个产业链的效率，也为各类制造企业提供了更广泛的发展机会。然而，也需要关注潜在的不平等问题，确保平台经济的发展是包容的、可持续的。

政府、高校和研究机构通过网络平台与制造企业合作，借助政策和技术支持，共同追求关键技术突破，形成了平台垄断结构中的紧密层，为制造业的科技创新和高质量发展注入新的活力（王姝楠，2020）。在这一紧密层中，政府扮演着促进创新和提供政策支持的角色。通过网络平台，政府能够更加灵活地与制造企业、高校和研究机构进行合作，推动科技创新项目的实施。政府的政策支持也成为制造企业投入研发的重要动力，鼓励它们在关键技术领域进行实质性的突破。政府的介入在平台经济中起到了组织和引导的作用，推动了各方共同努力的方向。高校和研究机构作为科技创新的主要推动者，在平台经济中通过网络平台与制造企业建立了更加紧密的合作关系。它们通过平台与企业分享科研成果、提供技术支持，并在实际生产中进行技术应用。这种合作形式加速了科技创新成果的转化和应用，使得研发成果更快地投入实际生产中，为制造业的升级提供了有力支持。这种紧密的合作关系在平台垄断结构中形成了一种协同发展的模式。政府、高校和研究机构通过平台促进了资源和信息的共享，形成了一个更为开放、高效的创新生态系统。这有助于制造业实现科技创新和高质量发展，提升整个产业链的竞争力，推动制造业向数字化、智能化转型。

消费者、供应商和同行业其他制造商在制造业平台垄断结构中扮演着外围层的角色，对核心层企业的发展起到支持或竞争的作用。消费者作为外围层的一部分，通过平台与核心层企业连接，形成了更紧密的市场关系。在平台经济中，消费者更容易获取丰富的产品信息、实现个性化需求，并与制造企业进行直接的互动。消费者的反馈和需求通过网络平台能够更快速地传达到核心层企业，促使它们更灵活地调整产品设计和服务，提升产品质量和用户体验。同时，消费者的选择行为也直接影响了核心层企业在市场中的地位和竞争力。供应商是制造业平台垄断结构中另一个重要的外围层参与者。通过网络平台，供应商能够更高效地连接到核心层企业，实现信息的实时共享和协同合作。这有助于提高供应链的透明度和灵活性，使得核心层企业更好地应对市场变化，降低生产成本，提高生产效率。供应商的表现和创新也对核心层企业的整体竞争力产生直接影响。同行业其他制造商在平台垄断结构中扮演着潜在的竞争者或合作伙伴的角色。通过平台，它们能够更容易地获取市场信息、进行技术交流，并在一定程度上实现资源共享。在竞争中，同行业制造商可能成为核心层企业的竞争对手，通过不断创新和提升自身竞争力，与核心层企业展开激烈的市场竞争。同时，在某些领域，它们也可能成为核心层企业的合作伙伴，共同推动行业的技术进步和升级。这些外围层的参与者共同构成了制造业平台垄断结构的多元生态系统。在这个生态系统中，核心层企业与外围层的互动促使整个产业链更好地适应市场需求，推动了制造业的创新和升级。这种互动关系体现了平台经济中多元参与者之间的复杂性和相互依存性。平台垄断结构中不同层次的市场主体的作用（见表6－1）。

表6－1　　平台垄断结构中不同层次市场主体的作用

层次	核心层	紧密层	外围层
市场主体	平台领军企业及参与企业	政府、高校、科研机构	消费者、供应商、竞争对手等
参与者数量	较多	较少	多
市场进入壁垒	高	较高	低
市场退出壁垒	低	较低	低
产品差异化程度	高	较低	低

二、数字经济背景下的市场需求特征

平台垄断竞争这一新的市场结构的涌现为制造业市场需求带来了个性化、多样化和动态化的全新特征。这种变革性的市场格局使得消费者、企业和市场参与者之间的互动方式发生了深刻的变化，呈现出以下重要特点：

（一）需求个性化

平台垄断竞争模式的崛起将消费者、供应商、平台领导企业和平台参与企业聚合于一个网络平台，实现了信息、生产要素和资金的自由流动。这种高效连接促使了信息的即时传递，使消费者更轻松获取产品信息，制造企业能够更灵活地了解市场需求，而供应商通过平台与制造企业实现了更紧密的协作。这一新型市场结构下，柔性化生产和大规模定制成为显著特征，平台领导企业通过整合各方资源和数据，实现了生产流程的柔性化调整，满足多元化的市场需求。制造企业在平台上能够灵活调整生产线，根据消费者的个性化需求进行定制生产，提高产品的差异化水平。需求的个性化得到更充分的发展，平台领导企业通过数据分析了解消费者需求，为制造企业提供有针对性的市场信息，使消费者更直接地表达自己的需求，实现了便捷的定制化产品获取。这一平台垄断竞争的环境激发了需求的个性化，推动了整个制造业向更灵活、多样化的方向发展。

（二）需求多样化

随着消费者个人收入水平的提升，他们对产品和服务的个性化需求也不断增加。开放式创新和分布式创新等新兴技术模式的兴起，使得创新更为广泛、多元，从而推动了高级生产要素在制造业中的占比提升（王姝楠，2020）。与此同时，平台垄断组织的形成为各方参与者提供了更便捷的合作方式，促成了生产要素更加自由流动。这些趋势导致消费者需求的多样化日益凸显。不同个体对产品特性、品质和服务的要求差异明显，需求之间的相似性降低。订单分离点逐渐向上游移动，即在生产价值链的早期阶段，不同的需求就已经分化，从而为制造企业提供了更大的挑战和机遇。制造业需要更灵活、定制化的生产能力，以适应不断变化的市场需求。这一发展趋势也催生了供应链和生产模式的调整。制造企业需要更加敏捷地响应市场变化，采用更灵活的供应链管理和生产组织架构，以确保能够在个性化需求的市场中保持竞争力。同时，技术创新和数字化手段的应用将成为满足多样化需求的重要工具，为制造业在这个新时代中不断演进提供支持。

（三）需求动态化

市场需求是受多种因素影响的动态因素，其中包括经济水平、居民收入和消费观念的变化。在数字经济的背景下，市场需求呈现出以下两个显著的变化趋势：（1）随着市场产品功能的日益个性化和多样化，消费者的需求亦呈现出更为丰富和复杂的态势。这种趋势不仅唤醒了人们对更多功能的渴望，而且深刻地改变了其消费习惯。由此，市场上对独特奢侈制造品的需求日益旺盛，推动了消费结构的动态升级。消费者对产品个性化和差异化的追求，进一步加剧了市场对特色产品的需求升级，促使市场格局朝着更加多元化和创新性的方向发展。(2) 网络平台的崛起为消费者与厂商之间的交互提供了前所未有的便利。借助这些平台，消费者能够实时、动态地表达自己的需求变化，与厂商进行深入地沟通和反馈。在购买过程中，消费者可能会因为对产品特征了解不足，或在使用过程中发现设计与需求之间存在不匹配的情况，从而需要对产品进行调整。这种实时的反馈机制为厂商提供了宝贵的市场信息，使其能够更迅速、更灵活地调整产品设计，以满足消费者的个性化需求。值得注意的是，消费者对于最终产品是否能够满足其实际需求给予了高度的关注，而对于因设计调整所带来的费用增加则相对缺乏敏感性。这一特点表明，在追求个性化与差异化的消费时代，消费者更看重产品的实用性和功能性，而非单纯的成本因素。因此，厂商在产品设计和调整过程中，应更加注重产品的实用性和用户体验，以赢得消费者的青睐和市场的认可。

在数字经济背景下，制造业生产环境正在经历深刻的变革，率先采用先进制造技术并融入数字平台组织的企业将能够占领更大的市场份额，拥有更多话语权，并获得更为丰厚的超额利润。先进技术的运用，如数字化技术、物联网和大数据分析，提高了生产效率和产品质量，使企业更具竞争力。加入数字平台组织使企业能够更好地融入数字化生态系统，实现资源共享和协同创新，提高了在市场上的竞争力。然而，这一机遇也伴随激烈的市场竞争，数字化技术的广泛应用促成了更多竞争者的涌现，形成了优胜劣汰的竞争机制。这种市场竞争机制将推动制造业智能生态的逐步迭代，推动整个行业向更加智能和高效的方向发展。

第五节　数字经济背景下制造业催生的新模式

数字经济在向中国制造业渗透的过程中，催生出了个性化定制、网络化协同、智能化生产和服务型制造这 4 大新商业模式，为中国制造业的“数智化”转型、价值链升级和产业结构升级提供了现实载体（王姝楠，2020）。

一、个性化定制

个性化定制是一种商业模式，其核心理念是根据客户的个体需求和喜好，提供定制化的产品或服务。这种商业模式允许消费者在产品设计、功能配置或服务选择方面享有更大的自主权，以满足其独特的需求和偏好。数字经济时代的技术发展，尤其是数字化设计、生产工艺和大数据分析的应用，为个性化定制提供了更广阔的发展空间。在个性化定制中，制造企业通过数字技术，如计算机辅助设计（CAD）、计算机数控加工（CNC）、3D 打印等，能够更灵活地满足消费者的独特需求。这种定制化不仅局限于产品的外观和功能，还可以涉及材料的选择、尺寸的调整，甚至包括个性化的包装和配送方式。

在个性化定制中，消费者通过在线平台选择生产资料，自主设定产品配置，积极参与个性化定制的决策过程。与此同时，制造商通过数据分析、模型计算、自动排产和模块组装等技术手段实现了大规模的个性化定制。这一制造方式具有以下 3 个显著特点：

第一，大规模个性化定制采用以销定产的方式，显著减少了库存积压的问题。相较于传统的批量生产模式，这种定制模式下的产品生产是根据实际订单需求进行的，而非提前大规模生产。这有效规避了过多的库存积压，降低了企业因库存而带来的存储、管理和陈旧化损失的成本。企业能够更加精确地匹配市场需求，避免废弃物和滞销产品，实现库存的精细管理。这种以销定产的模式还具有响应灵活性强的优势。企业无须预测未来市场需求，而是根据实际订单情况进行生产，使其能够更迅速地调整生产规模，适应市场波动，提高了生产计划的灵活性和敏捷性。

第二，大规模个性化定制在迎合消费者偏好方面发挥了关键作用，通过精准满足不同消费者的个性需求，激发了市场需求的多样化。这一模式允许消费者在产品设计和配置方面拥有更大的参与权，使产品更加符合其个性化的喜好和需求。通过对消费者个性化需求的精准满足，企业能够建立更加紧密的消费者关系。消费者感受到企业对其独特需求的关注和尊重，从而培养了对品牌的信任和忠诚度。这种亲密的关系不仅带来了重复购买的机会，还有助于口碑传播和品牌形象的提升。同时，大规模个性化定制也推动了市场需求的多样化。随着消费者对个性化产品的追求，市场上涌现出更多样、更具创新性的产品，拓展了产品种类和市场规模。这种多样化的市场需求促使企业更加注重创新和差异化，从而推动整个市场朝着更加丰富和多元的方向发展。

第三，大规模个性化定制推动了制造业的价值链升级。这一模式的实施通过整合数字技术，为制造商提供了更灵活、精准的生产方式，从而满足市场不断变化的需求。通过数字技术的整合，制造商能够更加灵活地调整生产流程，快速响应市场的变化。数字技术的运用包括但不限于数据分析、模型计算、自动排产等，使企业能够更有效地管理供应链、生产过程和产品质量。这种数字化转型不仅提高了生产效率，还降低了生产成本，为企业创造了更广泛的利润空间。大规模个性化定制也拓展了企业在成本和收入两个方面的利润空间。通过满足消费者对个性化产品的需求，企业能够实现更高的产品定价，提高产品附加值，从而提升利润水平。同时，通过避免库存积压和废弃物浪费，降低了运营成本，为企业创造了更为稳健的盈利模式。这种模式的实施不仅为企业带来了短期的经济效益，也推动了整个制造业的升级和创新。数字技术的广泛应用促使制造业更加智能化，提高了整体产业水平。同时，市场上涌现出更多创新的、个性化的产品，推动了制造业从传统的大规模生产向更灵活、差异化的方向发展，实现了价值链的升级。

总体而言，个性化定制模式的大规模实现为数字经济时代的制造业注入新的活力。通过满足不断变化的市场需求，促使企业更加注重创新、灵活性和客户满意度，推动整个制造业向着更加高效、创新和客户导向的方向不断演进。这一发展趋势不仅提升了企业的竞争力，也为消费者提供了更加丰富多样的产品选择，共同推动了数字经济时代制造业的繁荣发展。

二、网络化协同

网络化协同是一种商业模式，其核心概念是通过互联网和数字技术，实现各方参与者之间的紧密合作和协同工作。这种模式促使企业、供应商、合作伙伴以及其他利益相关方能够更加高效地共享信息、资源和能力，从而推动整个价值链的协同发展。在网络化协同中，企业利用互联网技术建立起开放式的合作平台，使各方能够在共享的数字环境中实现即时的沟通、协同设计和生产流程的优化。这种模式打破了传统企业之间的边界，实现了全球范围内的合作。供应链、生产过程和市场营销等方面的各个环节都可以通过网络化协同得到优化，从而提高效率、降低成本，实现资源的共享与最优配置。

网络和平台的兴起确实打破了资源流动的物理瓶颈，为各类生产要素提供了更为高效的整合和共享机制。这一变革使不同地域、组织和个体之间能够更快速、更便捷地进行合作与交流，有效地克服了传统制约生产要素流动的地理限制。随着互联网技术的飞速发展，网络和平台成为经济主体之间连接的桥梁，使得资源可以在更广泛的范围内进行流通。企业、供应商、合作伙伴和消费者之间可以通过网络平台进行实时的信息传递和合作协调，无论彼此之间的地理距离有多远。这种高效的整合和共享机制使得生产要素可以更加灵活地配置和利用，从而提高了整体生产效率。这种变革还为全球产业链的构建提供了新的可能性。由于网络和平台的存在，跨国公司能够更便捷地管理全球范围内的生产和供应链，实现全球资源的高效整合。同时，小型企业也能够通过网络平台接入全球市场，与来自世界各地的合作伙伴进行协同创新。这种全球化的合作和整合机制有助于克服传统地理限制，推动生产要素的自由流动，促进了全球经济的互联互通。

与此同时，新一代信息技术的应用将知识和经验以标准化的形式沉淀在软件中，形成了行业解决方案。这种标准化的解决方案为制造业提供了一种可供后续创新借鉴的基础。通过将经验和知识进行系统化整理，形成可以共享的软件工具或平台，制造企业得以更迅速地吸收先进的工作流程、技术和管理经验，推动了产业技术创新的步伐。这种标准化的行业解决方案在数字经济时代具有重要的意义。首先，它降低了制造企业获取先进知识和经验的门槛。由于这些知识和经验以标准化形式存在于软件中，企业无须从零开始建立自己的工作流程或管理模型，而是可以直接在已有的解决方案基础上进行定制和应用。这为中小型企业提供了更为便捷的途径，使其能够更快速地引入先进的生产方式和管理理念。其次，标准化的行业解决方案促进了产业技术创新的协同合作。不同企业可以基于共享的平台进行合作，共同完善和优化行业解决方案。这种协同合作推动了技术创新的共同进步，使得整个行业的水平得以提高，同时也加速了新技术、新工艺的应用和传播，推动了制造业的数字化和智能化升级。

在网络化协同的推动下，制造业技术创新呈现更加开放的态势。大型平台和云服务的兴起为企业提供了更广阔的技术资源和创新环境。此外，组织形式也呈现出“大平台＋小企业”的演变趋势，即大型平台公司为小型企业提供市场、资源和合作机会，形成了一种共赢的生态系统。这种组织形式的变迁有效地促进了技术创新的协同合作，推动了整个制造业朝着更加开放、灵活和创新的方向发展。在这一趋势下，制造业的研发活动更加开放和灵活，形成了广泛的合作生态系统。大型平台公司为小企业提供了更广阔的市场和更便捷的资源接入途径，小企业则通过参与大平台的生态系统，获取更多的机会和资源。这种组织形式的变革有效提高了研发效率，降低了经营成本，并且通过集体智慧的积累，加速了技术创新的推进。

综合而言，网络化协同对制造业带来深远影响，推动了技术创新更加开放、灵活的发展方向，助力了产业升级。这一协同模式构建了全球范围内的紧密合作网络，实现了资源的高效整合和共享。同时，网络化协同加速了知识和经验的传播，不同企业和研究机构通过共享平台展开更紧密合作，推动技术的迅速传播和采纳。这种知识的共享促进了创新的快速推进，为整个产业链的升级奠定了基础，助推了产业升级，为数字经济时代的制造业发展注入新的动力。

三、智能化生产

智能化生产是一种基于先进技术的生产方式，其核心思想是通过应用人工智能、物联网、大数据分析等先进技术，使生产过程更加自动化、智能化和高效化。这一模式的实施旨在提高生产效率、降低成本，并促使制造业更灵活地适应市场变化。在智能化生产中，制造企业利用先进的传感器和设备，将生产环境中的各个节点实现互联，形成一个智能化的生产系统。这样的系统能够实时收集和分析生产过程中的数据，为决策提供有力支持。人工智能技术的应用使生产设备能够更好地适应不同的工况，自主地进行优化和调整。

智能化生产具有多方面的优势，包括节约时间、土地和劳动力成本、降低能耗等特点。通过智能化技术的应用，生产过程变得更为高效，实现了时间和劳动力的有效节约，同时降低了对土地资源的需求。这种高效性不仅提升了生产效率，也在一定程度上缓解了资源短缺的压力。另外，智能化生产还有助于降低能耗。通过智能化系统的优化和智能控制，生产流程得以精细化管理，资源的利用效率得到提高，从而降低了整体的能耗水平。这不仅符合环保理念，也满足了社会对可持续生产的需求，为企业实现绿色制造提供了有力支持。

另外，智能化生产在提高产品的数量、质量和技术含量方面发挥着关键作用。通过自动化和智能化的生产方式，能够确保产品的一致性和稳定性，有效提高产品的制造效率和生产能力。自动化系统可以实现高度的精准控制，降低生产过程中的变异性，从而保证了产品的质量和稳定性。引入先进的制造技术和智能控制系统也是智能化生产提升产品质量的关键因素。这些技术的运用不仅可以提高生产效率，还能够在制造过程中及时发现和纠正潜在的问题，从而减少产品的缺陷率。这对满足消费者对高质量产品的需求至关重要，有助于提升品牌声誉和市场竞争力。

此外，智能化生产的推动也催生了产业链上游的技术创新和发展。随着企业在生产过程中不断引入先进技术，提高产品的技术含量，整个产业链逐渐向更高端、更创新的方向迈进。这种技术升级不仅为产品赋予更多附加值，提升了市场竞争力，同时也为整个行业注入新的生机。通过不断追求技术创新，企业能够在市场上脱颖而出，赢得更多消费者的青睐。高技术含量的产品不仅能够满足消费者对创新性和先进性的追求，还能够带动整个产业链的发展。这种技术升级的过程也促进了企业之间的竞争，推动它们不断寻求更加先进和创新的解决方案，形成了一个良性的竞争格局。

然而，尽管智能化生产在提高效益、降低成本、提升质量和技术含量等方面取得显著进展，但由于现阶段的制造业进化水平和新一代信息技术的发展水平，实现“自学习、自决策、自执行、自感知”的完全智能化生产仍然尚未完全实现。随着技术的不断演进和创新，智能制造将逐步迈向更高的水平。目前的智能化生产虽然能够实现自动接单、机器学习、智能决策、智能排产、流程监控等一系列智能化功能，但要实现完全自主、自适应的智能生产系统，仍需克服许多技术和工程上的挑战。因此，智能制造仍然是未来制造业发展的主要方向，制造业将继续致力于推动智能制造的发展，以满足未来市场对高效、智能、可持续生产的需求。

四、服务型制造

服务型制造是一种将服务要素纳入企业经营投入和产出中的模式，旨在提高服务在整个业务过程中的比重。在投入端，这一模式通过增加研发、物流等服务环节的投入，强化企业的服务体系。而在产出端，服务型制造通过将产品联网、采集运行数据，并利用大数据分析技术，为客户提供多样化的售后服务，从而实现由出售产品向出售“产品 + 服务包”转变。这一转变不仅延伸了企业的产业链，提高了利润空间，还增强了企业的综合竞争力。

服务型制造这一概念，可追溯至 20 世纪 70 年代，其萌芽源于生产自动化的崛起。生产自动化的出现，显著地提升了生产效率，同时也催生了人们对研发、设计、维护、物流等服务环节的需求增长。随着 5G 技术、人工智能和大数据分析技术等新一代信息技术的突破性进展，以及数字经济基础产业的蓬勃发展，服务业与制造业之间的界限逐渐模糊，两者实现了深度的融合。这种融合不仅推动了服务型制造模式的创新与发展，也为制造业的转型升级提供了强大的动力。服务型制造的核心理念是通过提供定制化、智能化的服务，以满足客户个性化的需求，从而使产品更具附加值。在这一模式下，企业不再仅仅是产品的制造者，更成为提供全方位服务的合作伙伴。服务型制造不仅注重产品本身的质量和功能，更关注与产品相关的服务体验。通过服务型制造，企业能够更灵活地满足客户特定的需求，为客户提供个性化的解决方案。这种定制化的服务不仅能够提高客户满意度，还可以为企业创造更为稳定和可持续的收入来源。同时，通过建立长期的客户关系，企业可以更好地理解客户需求，为产品的持续改进和创新提供有力支持。

服务型制造模式的兴起，通过实施差异化竞争策略，极大地拓宽了市场需求，有效地推动了制造业价值链的升级与重构。具体而言，这种以消费者需求为核心的服务型制造，通过提供全方位、个性化的服务，不仅增强了消费者的黏性，还进一步拓展了市场空间，为制造业企业带来了更为稳定和显著的利润增长。一方面，服务型制造注重与消费者的深度互动，通过精准把握消费者需求，提供定制化、差异化的产品和服务，从而满足了消费者日益增长的个性化需求。这种以消费者为中心的服务模式，有效提升了消费者的满意度和忠诚度，为企业赢得了良好的口碑和市场声誉。服务型制造的核心是在产品提供的基础上，通过提供个性化、差异化的服务，满足消费者多样化的需求。这种服务不仅包括售前、售中的服务，更注重售后的全方位支持。通过建立强大的售后服务体系，企业可以更好地与消费者互动，了解他们的需求，并提供更贴心、更个性化的解决方案。这种差异化的服务不仅能够提高企业的市场竞争力，还为制造业的可持续发展注入新的活力。另一方面，服务型制造的兴起不仅满足了市场的多元化需求，更对企业形成了有力的倒逼机制，促使其挖掘并发挥自身潜力，不断寻求创新突破。在这一过程中，企业通过采用异质化的“产品 + 服务”模式，成功实现了价值的增值。具体而言，服务型制造要求企业在提供高质量产品的同时，还需围绕产品生命周期提供全方位的服务。这种模式的转变迫使企业不得不重新审视自身的能力和资源，进而通过技术创新、流程优化等方式提升服务品质，以满足市场的差异化需求。为了提供更优质的服务，企业需要不断改进和创新自己的产品和服务。这种创新驱动了企业内部的技术、管理和流程的优化，推动了制造业从产品导向向服务导向的全面转变。

成功实施服务型制造需要企业在技术、人才和管理等方面具备一定的实力。企业应该充分利用先进技术，例如物联网和大数据分析，以提升服务的智能水平。同时，建设专业的售后服务团队并加强与客户的沟通和互动，这有助于确保服务的质量和时效性。通过不断优化服务链条，服务型制造有望成为未来制造业的重要发展方向，带领企业实现更高水平的创新和竞争力。这一战略性的转变有助于企业适应市场的不断变化，同时满足客户对个性化、高质量服务的不断增长的需求。服务型制造的成功实施将使企业更加灵活和敏捷，从而在激烈的市场竞争中脱颖而出。

第七章　数据要素赋能制造业高质量发展的影响机制

第一节　数据要素赋能制造业高质量发展的理论基础

基于制造业高质量发展的概念与内涵可以看出，制造业高质量发展是集绿色、创新、协调、高端、公平、优质、稳定于一体的全面发展，蕴含了可持续发展理论、产业结构优化理论及创新发展理论。

一、可持续发展理论

可持续发展理论是建立在遵循自然发展规律、保护生态环境基本原则的长远、持久发展观的基础上。该理论的提出主要源于全球经济迅速发展过程中所引发的严重资源浪费和环境污染问题。在这一背景下，制造业的快速发展导致了各种不可持续的后果，迫使人们开始思考高质量发展的必要性。制造业从高速增长转向高质量发展，成为应对可持续发展理论提出的挑战的关键一步。这种转型旨在解决资源浪费和环境问题，确保制造业能够长期健康发展。高质量发展被认为是实现可持续发展的基石，通过协调经济增长与环境保护，为未来创造更加可持续的社会和经济体系。在这一融合的理念中，高质量发展与可持续发展相辅相成，为制造业提供了更为全面的指导原则。可持续发展理论在这个过程中发挥着关键作用，为制造业提供理论支持，深入研究与探讨相关问题。这一全面的观点有助于推动制造业在全球范围内实现更加可持续和高质量的发展，为未来社会的发展注入更多持久性和稳健性。

可持续发展理论最初奠基于公平性、持续性及共同性原则，随着学者们深入研究逐渐演变为6大基本原则，并引入了时序性、发展性及质量性原则。公平性、持续性和共同性原则强调了可持续发展的基石。公平性原则强调代内与代际之间应享有同等公平待遇，实现共同分享人类发展成果的目标；持续性原则强调人与自然的协调共生，确保人类活动在自然资源与生态环境的承受范围内，符合自然发展的持续性；共同性原则认为可持续发展需要全球人民共同遵守，通过联合行动实现共生共存的愿景。时序性原则强调不同时期、阶段、国家或地区的可持续发展目标有所差异，应遵循时序原则，促使人们在不同时间段内承担相应的责任与义务。发展性原则认为人类经济社会活动应以可持续发展为目标，同时在遵循可持续发展原则的基础上不断促进和大力发展生产力。质量性原则主张经济社会的发展需充分关注质量提升问题，只有通过高质量标准促进各个领域的发展，才能更有效地实现可持续发展的目标。这一系列原则共同构筑了一个全面而均衡的框架，为实现可持续发展的愿景提供了重要的指导和支持。

通过以上对可持续发展理论的分析，可以明确可持续发展与高质量发展之间存在相辅相成的关系，共享相似的属性和特征。这两者所追求的目标都集中于提升经济社会的可持续性和公平性。高质量发展被视为一种倡导更公平、更高端、更协调的发展方式，同时也被认为是保持可持续发展的根本途径。然而，高质量发展同样需要长远的可持续发展理念的支持，才能真正实现经济社会甚至产业的高质量发展。制造业高质量发展在其进程中应始终秉持可持续发展的思维，不断推动制造业向更高质量等级迈进。因此，可持续发展理论为研究制造业高质量发展问题提供了理论基础。在可持续发展战略提出后，政府通过环境调控政策优化产业发展模式，优化产业结构，促进产业转型升级。要实现制造业的高质量发展，必须遵循可持续发展的基本原则。如果制造业不能满足可持续发展的要求，那么高质量发展的目标将难以实现。深入了解我国制造业的发展现状，促进制造业高质量发展，符合我国产业可持续发展战略，能够更迅速地推进可持续发展的步伐。

二、产业结构优化理论

对于产业发展而言，实现高质量发展需要同时满足产业布局合理、产业结构优化、产业转型升级和产业效率提升的条件。只有在这些方面取得良好的成果，产业才能真正实现高质量的发展。在不断调整和优化产业结构的过程中，关键在于促进产业的协调、高端和创新，最终达到实现高质量发展的目标。因此，深入研究产业结构优化理论对于理解制造业高质量发展至关重要，因为它为分析和推动制造业的高质量发展提供了重要的理论基础。

随着对产业结构理论的深入研究，产业结构调整与产业结构优化逐渐形成并不断成熟。产业结构优化作为产业结构理论的重要组成部分，对于推动产业向合理化和高级化发展发挥着关键作用。在实现产业结构的合理化方面，协调被认为是至关重要的模式。通过在多区域、多行业、多部门之间形成互补互促的协调发展局面，能够激发各行业间的关联效应，从而改变制造业低端发展的困境。这种协调机制有助于确保不同产业之间的协同发展，避免过度竞争和资源浪费，提高整体效益。协调发展也促进了不同产业之间的技术交叉和经验共享，为整体产业结构提供更加均衡和健康的基础。而在实现产业结构的高级化方面，创新被认为是至关重要的推动力量。通过创新，可以推动低附加值产业向高附加值演进，实现产业价值链的提升。技术创新、产品创新和管理创新等方面的不断进步，有助于产业更好地适应市场需求，提高生产效率，加强竞争力。创新也是产业走向更高层次和更高质量的关键路径，推动整个产业体系向更具竞争力和可持续性的方向发展。

从制造业的角度来看，制造业通过持续的调整、升级和内部结构的优化，实现了不同区域和不同行业的全面协调发展。这意味着制造业在地域和产业之间建立了更加紧密的联系，以适应社会不断增长的需求，这种协调发展有助于推动制造业供给与需求的均衡发展，确保产品和服务能够在不同地区和行业之间得到有效分配，从而提高整体效益。与此同时，产业结构的优化也在制造业中发挥了关键作用，优化过程使得制造业各部门之间能够发挥更强的关联效应，不仅有助于提高产业的适应性和灵活性，还有助于推动制造业朝着更加现代、创新和高端的方向发展。因此，可以说产业结构优化与制造业的高质量发展之间存在相辅相成、相互促进的关系。产业结构优化是实现制造业高质量发展的重要途径，而制造业的高质量发展则是产业结构优化的具体表现，并推动产业结构进一步优化。

三、创新发展理论

创新发展作为产业发展的主要驱动力，在产业转型升级中发挥着关键作用。“创新”一词源远流长，最早由美籍奥地利经济学家熊彼特提出，他认为创新是一个过程性概念，代表着生产函数的转移，是变革和发展的原动力。随后熊彼特正式提出创新理论，并构建了一套系统性的理论体系。随着现代技术的成熟，创新逐渐成为生产力发展和经济增长的主要推动力。此外，创新也成为经济、管理和社会等多个学科领域学者研究的焦点。学者们的研究逐渐丰富了“创新”这一概念的内涵和外延，不仅包括技术创新和制度创新，还涵盖了理论创新、文化创新等多个方面。创新的主体也从国家和区域扩展到城市、产业和企业等多个层面。创新活动也从小规模零散式的创新演变为更大范围、系统性的创新。在创新的不断演化中，创新理论不断丰富和成熟。这表明创新不仅是技术上的突破，还包括对制度、文化等多方面的变革。创新的广泛影响使得其在不同层面、领域和尺度上都得到了深入研究和应用。这些理论的发展为我们更好地理解和引导创新活动提供了坚实的理论基础。

“发展”一词的含义在历史上经历了演变，从古希腊时期的雏形逐渐扩展至20世纪，其含义变得愈加广泛。在哲学上，发展主要指事物由低级向高级、由简单向复杂的前进式、上升式的运动状态。发展可以看作是经历了量的扩张后，催化新的质的形成的过程。在经济社会演变中，发展最初代表着经济增长，随后转变为经济增长与社会变革的双重发展。然而，随着环境压力的增加，发展的追求也必须考虑到可持续性。如今，发展更强调以人为中心的综合发展。在当前的新发展条件下，许多学者将创新视为实现发展的重要手段，甚至将发展本身定义为创新。这表明，在现代社会中，创新不仅是促进经济增长的手段，更是推动社会、环境和人类全面发展的动力。发展的概念不断演变，紧跟时代的脚步，反映了社会对全面、可持续发展的追求。

创新发展理论的形成是对熊彼特提出的创新理论的进一步演化，它整合了创新和发展两个方面的内涵，被视为具有创造性价值的新理论。该理论是在创新实践活动中推动经济社会不断向前发展过程中产生的核心概念。创新发展理论不仅关注创新问题，同时也关注发展问题，将创新与发展紧密结合，使得这一理论更具综合性和实践指导意义。在这一理论框架下，创新被认为是推动发展的重要力量，同时发展也为创新提供了更广阔的舞台。这种整合性的理论有助于更全面、系统地理解和引导经济社会的发展过程。

创新发展理论对制造业高质量发展提供了重要的理论支持，实际上，创新理论一直在引导和激励着制造业朝着高质量方向不断发展。在这个过程中，制造业应当巧妙地将创新理论中的技术创新、制度创新等内容有机结合，通过多维度的创新发展推动产业全面实现高质量。可以明显地看出，创新发展理论在国内外各个领域引起了广泛的关注，逐渐渗透到产业发展研究中。制造业若能深入贯彻创新发展的思想，将其应用到实际操作中，将更快地实现高质量发展的目标。因此，本研究高度重视制造业创新能力的发展状况，并采用多项指标对制造业的科技创新能力进行评估，旨在更全面地了解制造业的创新情况。制造业通过创新发展理论的引导，不仅能够在技术层面实现创新，还可以在管理体制、制度建设等方面进行创新，从而促使产业实现全方位的高质量发展。这种理论的贯彻实施有望加速制造业朝着更高水平的发展迈进，取得更为显著的成果。

第二节　数据要素赋能制造业高质量发展的动力机制

制造业高质量发展的动力机制是指推动制造业向更高质量发展的内外因素及其相互关系。当前，我国制造业正面临稳增长和调结构的双重压力，与此同时，互联网的迅猛发展对传统制造业造成了严重的冲击，导致实体经济呈现出“脱实向虚”的趋势。尽管面临这些挑战，以制造业为核心的实体经济依然是社会经济发展的支柱。

一、数据要素赋能制造业高质量发展的“综合效应”

孙新波和苏钟海（2018）率先提出数据赋能的概念，指出数据赋能就是数据在应用过程中为企业创造价值的同时实现数据自身的价值。数据要素赋能的“综合效应”集中体现在促进制造业交易额的提升上，大数据基于连接能力、智能能力以及分析能力 3 个维度赋能制造业发展（Lenka S、Parida V et al.，2017）。

（一）数据要素赋能制造业连接能力提升

连接能力是指通过信息技术将数字化产品进行互联的能力，在网络化的环境中，体现在“人与人、人与物、人与信息、信息与信息”之间的无缝互通。这种能力的提升在当今社会中具有重要的意义，特别是在制造业，它不仅促进了生产效率的提高，还推动了产业的数字化转型和创新的发展。首先，人与人之间的连接能力是通过信息技术实现即时沟通和交流，无论地理位置如何。团队成员、业务伙伴和客户能够更加方便地协同工作、分享信息，无须受制于地理距离。这种连接能力在全球范围内促进了团队协作，加速了决策过程，提高了工作效率。团队成员可以通过在线平台实时分享想法、讨论项目进展，从而更迅速地作出决策，推动业务的快速发展。其次，人与物之间的连接能力主要依赖于物联网技术的应用。通过传感器和智能设备，人们能够远程监测和控制生产设备、智能家居等。在制造业中，这种连接能力可以实现对生产设备的远程监控，及时发现和解决问题，提高生产效率。同时，智能工厂的建设也依赖于这种连接能力，使生产线上的各个环节实现高度协同和智能化。再次，人与信息之间的连接能力在互联网时代变得尤为显著。信息技术的发展使人们能够更加便捷地获取和分享信息。通过互联网，人们可以随时随地获取各种信息，包括新闻、学术资料、市场数据等。在制造业中，这种连接能力促使企业更及时地获取市场信息、竞争对手动态和技术发展趋势，为企业战略决策提供重要支持。最后，信息与信息之间的连接能力体现在各种信息资源的相互关联。在网络化环境中，数据要素的赋能支持信息的集成和分析，使不同来源的信息能够相互关联。这种连接能力有助于形成更全面、综合的信息体系，为企业提供更准确、全面的数据支持。在制造业中，通过对生产数据、市场数据和供应链数据等的集成分析，企业可以更好地了解整个产业链的运作，有助于制订更科学的生产计划和市场策略。总体而言，连接能力的提升对制造业的发展产生了深远的影响。它不仅推动了生产过程的智能化、高效化，还促进了产业结构的升级和创新能力的提升。随着信息技术的不断发展，连接能力将继续成为推动制造业向更高水平发展的重要引擎。

（二）数据要素赋能制造业智能能力提升

智能能力，是指在较低人为干预的情况下，信息技术能够全面感知信息资源、进行动态资源分配，并提供灵活分级服务的一种能力。这一能力的显著特点在于其对环境变化和用户需求的敏感性，以及在复杂多变的情境下实现高效决策和资源利用的能力。首先，智能能力的核心之一是数据全面感知。通过先进的传感技术和数据采集手段，系统能够实时获取大量多样的数据，包括环境数据、用户行为数据等。这使系统能够更全面地了解当前环境和用户需求，为后续的智能决策提供充分的信息支持。数据全面感知不仅有助于系统更准确地把握外部情况，也为对复杂问题的深度分析提供了基础。其次，智能能力体现在动态资源分配方面。这意味着系统能够在不断变化的环境下进行实时监测和调整计算资源、存储资源、网络带宽等各种资源。动态资源分配使系统能够高效利用有限资源，根据需求进行灵活分配，提高整体性能和响应速度。这对于适应复杂多变的工作环境、提高系统的适应性和韧性具有关键作用。最后，智能能力的表现之一是灵活分级服务。系统能够根据用户需求、环境状况等因素，动态调整服务的级别和内容，实现个性化和差异化的服务。这种灵活分级服务不仅提高了用户体验，也使系统能够更好地适应不同场景和应用需求，具备更高的可定制性。这对于各类服务系统，尤其是在互联网、物联网等领域，能够更好地满足不同用户群体的需求，提供更具体、更有针对性的服务。智能能力在人工智能、物联网、大数据等领域的应用愈发广泛。例如，在智能家居系统中，系统能够感知家庭成员的习惯，根据实时需求自动调节温度、照明等设备，提升家居生活的舒适度。在制造业中，智能能力可应用于生产线的自动化调度，根据实时生产数据动态分配资源，提高生产效率。综合而言，智能能力的不断提升将推动信息技术在各个领域更加智能、敏捷地应对复杂多变的需求。这一能力的发展将为社会、产业和个人带来更智能化、便捷化的服务和应用，为未来科技发展开创更为广阔的前景。

（三）数据要素赋能制造业分析能力提升

数据的分析能力指的是从信息技术平台产生的海量数据结果中提取有价值的信息，其具体表现主要包括信息交换、信息处理和信息共享（Guojie L 、Xueqi C，2019）。这一能力在当今数字化时代具有关键作用，为企业、组织和个人提供了深入了解和利用数据的手段。首先，信息交换是数据分析能力的重要方面之一。通过信息技术平台，不同部门、系统或者合作伙伴之间能够实现大规模的信息交换。这包括从不同来源采集的原始数据、处理后的分析结果以及相关的业务信息。信息交换使各方能够实时共享数据，促进了更加紧密和高效的协作，有助于提升整体工作效率。其次，数据的分析能力体现在信息处理的过程中。这涵盖了对海量数据进行提取、清洗、转换和加载的过程，以及运用各种分析方法、算法和工具进行深度挖掘和解释的过程。通过有效的信息处理，企业和组织能够从原始数据中获取洞见，识别潜在的趋势和模式，从而支持决策制定和业务优化。最后，信息共享是数据分析能力的关键目标。共享分析结果、洞见和业务见解，使各级管理层和团队成员能够更全面地了解业务状况，并根据数据驱动的见解作出明智的决策。信息共享也有助于推动创新，促使不同部门之间的协同工作，实现更高水平的业务协同和跨部门合作。总体而言，数据的分析能力对于组织而言是一项战略性的能力。它不仅提供了深入了解业务运作的途径，还为未来的规划和发展提供了可靠的依据。在信息技术平台的支持下，数据的分析能力有助于挖掘数据的潜在价值，推动创新和效率提升。这对于在竞争激烈的市场中取得优势，实现可持续发展具有重要意义。

二、数据要素赋能制造业高质量发展的“结构效应”

数据要素赋能的“结构效应”集中体现在制造业产业结构转型升级上，大数据在经济结构、业态结构和市场结构3个方面发挥作用，推动制造业朝着高质量发展的方向迈进（丁亚理，2021）。这种趋势引领着制造业结构的优化和调整，同时释放着经济的潜在红利。

（一）数据要素赋能制造业从产业化向服务化转型

服务化确实不仅是指产业链向服务业的单纯演变，它更多地体现了经济增长方式和经济结构的优化调整。在工业经济时代，制造业的发展确实主要依赖于资本和劳动等要素的投入，以规模化大生产为主导，竞争方式也主要聚焦在降低产品价格上。然而，随着科技的进步和全球市场的不断变化，这种传统的制造业发展模式已经难以满足现代社会的需求。数字化经济时代，数据要素的引入对制造业产生深远影响，不仅在产业结构上带来优化，同时推动着制造业从传统的产业化模式向更为灵活、智能、服务化的转型过程中发挥关键作用。通过智能生产和制造优化，制造企业能够实现实时监测生产过程、预测设备故障，提高效率和质量。此外，定制化生产和个性化服务使制造业能够更好地满足客户需求，而增值服务和解决方案提供则将企业角色由产品提供者拓展为服务提供者。数字化供应链的建立促进产业链更加协同和智能，而物联网技术的应用使制造业能够实现设备的远程监控和维护，推动远程服务模式的发展。综合而言，数据赋能制造业，意味着制造业正在摒弃大规模低成本生产的产业化发展模式，迈向差异化、智能化和服务化的生产模式，以满足多样化的需求（惠宁，2022）。

（二）数据要素赋能制造业产生新业态结构

数据要素的赋能对制造业产生了新的业态结构。随着信息技术的发展，数据逐渐成为制造业的核心要素之一，引领着制造业进入了数字化、智能化的新时代。首先，数据驱动的制造业在解决多样性价值和复杂性成本的矛盾方面取得了显著的成就。通过充分利用大数据分析和先进技术，制造业能够更精准地了解市场需求的多样性，以满足消费者不断变化的偏好。这种个性化和差异化的生产模式不仅提高了产品的市场竞争力，还加强了企业与客户之间的紧密联系。同时，数据驱动的制造业在处理复杂性成本方面展现出卓越的能力。通过实时监测和分析生产过程中的数据，企业能够更有效地优化资源配置、提高生产效率，并减少浪费。这种精益生产的方法有助于降低生产成本，提高利润率，从而增强了制造业的可持续竞争力。其次，推动大数据与制造业的融合发展有助于中国制造业实现从“制造”到“智造”的跨越。数据要素的广泛应用使制造业能够实现生产过程的实时监控和优化。通过数据分析，企业能够更准确地了解生产环节，及时发现问题并迅速调整，提高生产效率和质量。同时，数据要素与制造业的融合为智能制造提供了强大支持。通过引入人工智能和机器学习技术，制造业可以实现设备智能化、生产自动化，从而更好地适应市场需求的快速变化，实现定制化生产。此外，数据要素的运用使制造业能够建立更为智能的供应链系统。实时的数据流使企业能够更精准地预测需求、优化库存，提高供应链的灵活性和响应速度。综合而言，数据要素与制造业的融合为中国制造业带来了巨大的发展机遇。通过更加智能、灵活和服务化的发展路径，中国制造业将能够在全球市场上取得更为显著的竞争优势，实现由传统“制造”向“智造”的全面跃升。

（三）数据要素赋能制造业形成精准配置资源的市场结构

大数据和其他信息技术以一种不同于传统市场机制和政府机制的方式运作，通过网络扁平化地配置资源，改变着市场结构（丁亚理，2021）。首先，大数据技术允许企业以更低的成本实现个性化生产和创造性多样化。通过深入了解消费者需求并实时调整生产流程，制造业能够更灵活地满足市场的多样化和个性化需求。其次，大数据的应用使生产和销售环节更加紧密地相互关联。生产过程中产生的数据能够直接影响销售策略，而销售数据反过来也指导生产的调整，实现了生产和销售的高度协同和联动。同时，大数据技术提高了生产过程的效率，通过实时监控和优化，降低了资源浪费，同时也有助于提高产品质量。这使制造业能够在提高效率的同时保持高质量的产出。此外，数据信息的提高也对市场机制产生了影响。一方面，大数据的应用提高了市场的透明度，使信息更为公开和容易获取。这有助于降低行业的进入壁垒，加强市场竞争，促使企业更好地适应市场需求。另一方面，数据信息的公开和透明有助于建立更加公平、公正的市场机制。信息的平等获取使得各方更有机会参与市场竞争，促进了经济要素资源的自由流动。综上所述，在数字经济背景下，制造业市场机制的变革既体现了市场力量的更好发挥，又需要关注数据要素在资源配置中的主导作用，以确保市场的公平性和可持续性。

第三节　数据要素赋能制造业高质量发展的传导机制

数据要素对制造业高质量发展的推动作用明显，然而，不同区域所拥有的补偿性要素差异，可能导致数据要素的赋能效果存在差异。具体而言，研发投入、金融支持和制造业投资等补偿性要素在制造业高质量发展中起着举足轻重的作用，它们各自的影响和相互之间的差异可能导致在相同的数据发展水平下，制造业高质量发展的赋能效果存在显著差异。此外，数据规模的阈值特征可能使数据要素的赋能效果呈现非线性特征。在数据规模达到一定阈值后，数据要素对制造业高质量发展的提升效果可能会显著增强，产生指数型增长。这也意味着在数据规模较小的情况下，制造业高质量发展的推动效果可能相对有限，而随着数据规模的增加，推动效果呈现出逐渐增强的趋势。因此，要全面考虑不同区域的补偿性要素，深入理解数据要素对制造业高质量发展的传导机制，以更有效地利用数据要素推动制造业朝着高质量发展的方向迈进。

一、数据赋能制造业高质量发展的基本关联效益

基于产业链的角度，可以将整个制造业产业活动划分为研发设计和生

产制造两个部门。数据要素在制造业中充当着连接研发设计和生产制造两个部门的纽带，推动了整个产业链的协同发展（丁亚理，2021）。数据要素主要通过前向关联渗透效应、后向关联协同效应以及部门间的交互响应3条路径对制造业高质量发展产生深刻的影响。

（一）数据要素的前向关联渗透效应

数据要素的前向关联渗透效应主要体现在其对生产制造部门的渗透。这种渗透效应呈现出多方面的影响：首先，数据要素的渗透使得传统生产过程更加智能化。通过实时监测和分析生产线上的各项指标，企业可以更精准地预测生产状况，及时调整生产计划，提高生产效率。这种智能化的生产方式有助于降低生产过程中的人为错误，减少资源浪费，提高产品质量。其次，数据要素的渗透改变了传统的生产要素配置方式。以前依赖于经验和感觉的决策方式逐渐被基于数据分析的智能决策所取代。生产制造部门可以通过大数据分析来调整和优化生产要素的配置，包括人力、设备和原材料的合理搭配，从而实现更为高效的生产流程。同时，借助“摩尔定律”和大数据技术的进步，生产制造部门逐渐应用更先进的自动化和机器学习技术。这使得部分传统的人工操作可以被自动化替代，不仅提高了生产效率，还降低了人力成本。此外，数据要素带来的信息共享和透明度提高了各个环节生产要素之间的协同性。不同部门之间可以实现实时数据共享，加强沟通，减少信息不对称，这种协同性的提升有助于避免生产过程中的瓶颈和资源浪费，形成更为有机的生产体系。综合而言，数据要素向生产制造部门的渗透不仅实现了生产要素的整合，更借助技术进步对传统生产方式进行替代，推动了制造业的数字化、智能化发展，为企业提供了更为灵活、高效和可持续的生产模式。

（二）数据要素的后向关联协同效应

数据要素的后向关联协同效应主要在于大数据对研发设计部门的积极协同作用，这种效应呈现出双重影响。首先，数据技术通过全面、深度的消费者数据分析，为研发设计部门提供了更加客观、全面的市场洞察。通过了解消费者的偏好、需求和行为，研发设计团队可以更准确地把握市场趋势，为产品设计和研发提供有力的指导。这种前瞻性的洞察降低了研发设计部门在产品开发过程中的不确定性，减少了失败的可能性，从而提高了创新的成功率。其次，为了向生产制造部门提供更为精准和高效的大数据服务，研发设计部门必须自身具备较高水平的大数据应用能力。这种需求推动了研发设计团队对大数据技术的学习和应用，促使其建设更为智能化的数据分析和预测系统。通过提升自身的大数据应用水平，研发设计部门能够更好地满足整个制造业的信息需求，实现与生产制造部门的无缝协同。综合而言，这种后向关联协同效应使得大数据在整个价值链中发挥更为全面和深刻的作用，促使企业在研发和设计领域更具前瞻性和竞争力。

（三）数据要素的部门间交互效应

数据要素在赋能研发设计部门和生产制造部门的过程中，呈现出反馈效应和循环累计效应，这两种效应共同推动制造业向高质量发展的方向迈进（丁亚理，2021）。首先，反馈效应主要体现在生产制造部门的大数据应用效果对研发设计部门的应用逻辑产生影响，反之亦然。生产制造部门通过大数据的应用能够实现生产过程的优化和效率提升，从而提供更准确的数据支持给研发设计部门。这种信息的反馈影响研发设计的决策和创新方向，使其更符合实际生产的需求。同时，研发设计部门的创新和改进也为生产制造部门提供了更先进的生产工艺和技术，形成了一种相互促进的反馈机制。其次，循环累计效应则表现为大数据在两部门中的应用不仅推动了制造业的高质量发展，同时也驱动着大数据技术本身的不断发展。随着生产制造部门和研发设计部门对大数据技术的广泛应用，对技术优化和创新的需求逐渐增加，推动了大数据技术本身的不断进步。这种循环累计效应使得大数据技术在制造业中的应用水平得以提升，同时也为未来的技术创新提供了更多的可能性。综合而言，这两种效应相辅相成，共同推动着制造业的数字化和智能化发展。通过反馈效应，生产制造部门和研发设计部门之间形成了更加紧密的协同关系，优化了整个生产链的效率。而循环累计效应则使得大数据技术不断迭代和创新，为制造业提供了持续的动力，推动其朝着高质量、高效率的方向不断迈进。

二、数据要素赋能制造业高质量发展的非线性传导机制

数据要素通过连接个人、企业和市场，以开放和流通的方式对经济社会发展施加了巨大的杠杆效应（丁亚理，2021）。数据赋能的效果在很大程度上受到企业内数据资产的累积和管理水平的影响。企业需要投资建设信息平台，以确保大规模数据的存储、管理和分析。此外，大数据挖掘和分析方法的构建也是关键的一环，需要企业具备一定的技术实力和专业人才。除此之外，数据的真正价值不仅取决于数据的体量，更关键的是对一定规模数据的筛选、分类和整理。这种数据的精准处理才能确保企业从复杂而庞大的数据中提炼出有意义的信息，为决策提供可靠的支持。与过去关注数据规模的增大不同，现在更加注重如何充分挖掘数据的深度和质量，实现数据应用的真正价值。这种转变表明数据赋能不仅是技术上的拓展，更是一种从数据“厚度”到“薄度”转变的战略调整，其非线性传导机制在于技术水平的逐渐提高和应用效益的逐步增强。因此，数据要素对制造业高质量发展的赋能并不是简单的线性推动作用，也可能存在计量经济上的门槛效应。

（一）数据要素前向关联渗透的非线性传导机制

数据要素前向关联渗透的非线性传导机制体现在信息的非线性扩散和技术效益的逐步增强。在前向关联渗透中，数据要素作为驱动力对生产制造部门渗透的过程并非简单的线性推动，而是通过逐步的非线性传导实现。首先，数据要素通过前向关联渗透，将信息从生产制造部门中传递到其他关联部门。这种信息的传递并非简单的一对一关系，而是通过多方面的相互关联，形成网络化的信息传播。这样的非线性传导机制使信息能够更广泛地渗透到整个生产制造体系中，促进各环节的协同作业。其次，随着信息的传递，技术水平逐步提高。生产制造部门对数据要素的应用不断演进，逐渐超越了最初的技术门槛。这种非线性的技术提升不仅体现在单一部门内，还通过信息共享和技术协同作用于整个产业链。技术的逐步升级和演变，产生了非线性的效益增益，推动了制造业的数

字化和智能化发展。综合而言，数据要素前向关联渗透的非线性传导机制通过多层次、多方面的信息传递和技术提升，实现了数据要素在整个制造业中的深度渗透和价值释放。这种非线性的传导机制使得数据要素的影响不仅限于单一部门，而是在整个产业链中产生了复杂而有力的效应。

（二）数据要素后向关联协同的非线性传导机制

数据要素后向关联协同的非线性传导机制体现在研发设计部门和生产制造部门之间的相互作用和效益逐步增强的过程中。首先，数据要素通过后向关联协同，使研发设计部门能够更好地捕捉消费者需求，引导前瞻性的产品研发。这种信息的传递并非简单的线性关系，而是通过数据要素的带动，促使研发设计部门在产品创新和设计方面具备更为前瞻性和敏锐的洞察力，降低了信息不对称带来的风险。其次，为了向生产制造部门提供更为精准和高效的大数据服务，研发设计部门必须自身提升大数据应用水平。这种自我提升是一个非线性过程，通过逐步深化对大数据技术的学习和应用，研发设计部门能够更好地满足整个制造业的信息需求，推动产业链上下游的紧密协同。这种非线性传导机制使得数据要素的影响在协同作用下逐渐放大，产生了持续增益的效应。数据要素通过后向关联协同不仅推动了研发设计部门的创新和提升，也为整个生产制造部门提供了更为智能和高效的数据支持，从而实现了制造业的高质量发展。

（三）数据要素部门间交互作用的非线性传导机制

数据要素部门间的交互作用呈现出一种非线性传导机制，主要体现在信息传递、技术协同和效益逐步增强的过程中。首先，数据要素在不同部门之间实现信息的传递。这并不是简单的线性信息传递，而是通过数据要素的引导，促使各个部门之间形成网络化的信息交流。这种非线性的信息传导使部门之间能够更广泛地共享知识、洞察市场需求，并迅速响应变化。其次，技术协同作为非线性传导机制的一部分，通过数据要素的作用逐步加强。各个部门在数据要素的引导下，不仅提升了对先进技术的应用水平，还在协同作用中实现了技术水平的非线性增益。这使整个组织体系能够更灵活地应对技术挑战，推动了创新和效率的提升。最后，效益的逐步增强也是非线性传导机制的表现。数据要素引导了各部门之间的协同作用，促进了信息和技术的传递，最终导致了整体效益的非线性增长。这种非线性效应使得数据要素的影响不仅仅是线性叠加，而是在多个方面产生了相互促进的效果。综合而言，数据要素部门间交互作用的非线性传导机制通过信息传递、技术协同和效益增强，实现了在组织体系中的深度渗透和价值释放。这种非线性的传导机制使得数据要素的影响在部门间产生了复杂而强大的效应，为组织的数字化转型和高效协同提供了有力支持。

三、数据要素赋能制造业高质量发展的间接传导机制

数据要素的有效应用确实需要相匹配的补偿性投入，包括研发、金融支持和制造业投资等。这些投入的差异可能导致相同水平的数据要素对于制造业高质量发展的赋能效果存在显著差异（丁亚理，2021）。首先，研发方面的投入是确保数据要素有效应用的重要环节。充足的研发投入可以帮助企业更好地理解和利用数据，推动技术创新和产品优化。不同企业在研发方面的差异可能导致其在数据要素应用上的能力不同，从而影响制造业的高质量发展。其次，金融支持在数据要素应用中扮演着关键的角色。资金的充足与否直接关系到企业能否进行必要的技术投资和人才培养。缺乏金融支持可能会限制企业对数据要素的有效利用，影响其在制造业中的竞争力。最后，制造业投资的水平也会影响数据要素的赋能效果。高水平的制造业投资可以带来先进的生产设备和技术，进而提高数据要素在制造过程中的应用效果。相反，低水平的制造业投资可能限制了数据要素的充分发挥，制约了制造业的高质量发展。因此，尽管数据要素在理论上有助于制造业的高质量发展，但实际效果取决于企业对研发、金融支持和制造业投资等方面的整体投入水平。相匹配的投入将更好地释放数据要素的潜力，推动制造业实现高质量发展。

第四节　数据要素赋能制造业高质量发展的演进阶段

数据要素作为制造业数字化转型和高质量发展的关键推动力，通过连接、智能和分析的赋能，推动了全要素和全价值链的协同创新，激发了新的模式、新的业态和新的产业。数据赋能制造业高质量发展是一个逐步进阶的过程，具体演进路径可以分为 4 个阶段。

一、以成本为导向的生产制造互联

在数据要素赋能的第一阶段，主要体现在生产制造业务流程的互联，涉及设备、车间和工厂 3 个层次（Jiang P、Ding K et al.，2016）。这一阶段的特征包括：

（一）设备层

在制造业的初级阶段，设备被视为最基本的制造单元，而数据要素在此层面发挥了至关重要的作用。借助大数据技术通过实时监测和感知设备的运行状态，为制造企业提供了全面的设备运转数据，包括工作效率、能耗和产量等方面的详细信息。这使数据要素能够实时响应设备故障，通过持续的数据分析，系统可以及时检测并响应潜在的故障或异常情况，从而避免生产中断或设备损坏。同时，大数据技术也通过深度分析设备运行数据，优化生产流程，发现潜在瓶颈和低效环节，实现生产过程的智能化和高效化。这为制造企业提供了更精准的生产计划和资源配置，使得生产过程更加智能、高效，提升了整体生产效率。通过数据要素的挖掘应用，制造业实现了对生产过程的全面监控和智能化决策，为数字化转型的下一步提供了坚实基础。

（二）车间层

车间作为制造业的一个关键层面，在数据要素的驱动下实现了更为智能和高效的生产运营。拥有多台设备和较多员工的车间在大数据技术的支持下，实现了以下两个方面的优化：（1）数据要素实现了对车间运行状态的实时感知。通过持续监测和分析车间内设备的运行状况以及员工的工作情况，系统能够实时获取生产数据，使管理层能够随时随地了解车间的运行状态，包括生产进度、设备利用率等关键信息。（2）数据要素在车间层面能够实施预测性生产。通过对历史生产数据的深度分析，系统能够预测未来的生产趋势，提前识别潜在的生产瓶颈或资源短缺，从而使车间能够更灵活地调整生产计划，确保生产过程的顺畅进行。此外，数据要素在车间层面实现了资源的优化调整。通过对生产数据和员工工作效率的综合分析，系统能够优化资源配置，提高设备利用率，减少生产过程中的浪费，从而有效提升车间的整体生产效率。总体而言，数据要素在车间层面的实时感知、预测性生产和资源优化调整，为制造业创造了更为智能、灵活和高效的生产环境，为实现高质量发展奠定了坚实基础。

（三）工厂层

在制造业的工厂层面，拥有多个车间、流水线等关键资源，数据要素为整个工厂的运营效率提供了全面提升。首先，数据要素实现了对整个工厂运行状态的实时感知。通过监测和分析各个车间、流水线以及其他资源的运行状况，系统能够实时获取整个工厂的生产数据。这包括生产进度、资源利用率、设备状态等信息，为管理层提供全面的运营状况了解。其次，数据要素能够实现对资源的优化配置。通过深度分析各个车间和流水线的生产数据，系统可以优化资源分配，确保每个生产环节都在最佳状态下运行。这包括人力资源、设备利用率等方面的优化，以提高整个工厂的生产效率。另外，数据要素使工厂能够按照任务订单完成产品的加工制造。通过对订单和生产数据的实时分析，系统能够灵活调整生产计划，确保按照任务需求有序进行生产。这有助于应对市场变化，提高工厂的生产灵活性。综合而言，大数据技术在工厂层面的实时感知和资源优化配置，为制造业打造了一个更加智能、高效的综合运营环境。这有助于工厂更好地适应市场需求，提升整个制造业的高质量发展水平。

在这一阶段，数据要素的影响范围相对有限，主要集中在设备、车间和工厂 3 个层次的协同协作。其目标是实现生产业务流程内部人、机、物的连通，以降低成本为主要目的，通过生产制造业务流程的再造和优化，有效提升制造的可视化运营效率（丁亚理，2021）。这为生产过程的智能化奠定了基础，为后续阶段的数据赋能提供了有力支持。

二、以效率为导向的组织内部协同

数据赋能的第二阶段突破了单一层面的数据应用，将焦点放在组织内部的动态协同。通过设备、车间、工厂和公司 4 个层次的协同作用，数据赋能推动了生产流程的优化，提高了整体效能，为组织内部的数字化转型和高效运营奠定了基础。

在这一阶段，数据要素的关键特征是其渗透到制造业企业组织内部，带来了全面的规划和决策优化的能力。这一过程依赖于联网化平台的建设，使企业内部各个部门能够实现实时的数据交流和协同工作，从而消除了信息孤岛，进一步促使不同环节之间的协同效应更为显著。首先，设计研发、生产流程、存货管理和销售管理等各个方面的数据被成功整合。这意味着通过数据的联通，企业内部各个环节的数据不再是孤立存在，而是在联网平台的支持下形成了相互关联的整体。这种整合为企业决策提供了全面而准确的数据支持，使管理层能够更加深入地了解企业内部的运作状况。其次，联网化平台的建设使各个部门之间能够实现实时的数据交流和协同工作。这种实时性的数据交流加速了信息在企业内的传递速度，提高了决策的时效性。各个部门之间能够更紧密地合作，迅速响应市场变化，从而更灵活地调整生产计划和销售策略。

与此同时，数据驱动下的精准自动化决策逐渐取代了传统管理层的经验决策。大数据技术能够通过深度学习和分析，实现对海量数据的处理和挖掘，为企业提供更具洞察力的决策支持。这种精准的自动化决策不仅提高了组织内部的运营效率，还有助于更好地适应市场变化和制订长期战略规划。这一阶段的数据赋能使企业内部的协同和决策水平迈上了一个新的台阶，推动着制造业朝着高质量发展的目标不断迈进。

三、以用户为导向的组织外部联通

在数据赋能的第三阶段，制造业企业在数据要素的引领下，实现了与上下游产业链和销售链的组织外部联通，形成了智能制造联盟。这一阶段的核心特征在于大数据技术的广泛应用，将其渗透到与利益相关组织之间，通过网络平台实现了与外部消费者、供应商、经销商、第三方物流等各方的协同合作。数据要素的渗透为制造业企业打破了原有的内外隔阂，实现了与外部各利益相关方的无缝对接。这一阶段的关键环节是通过网络平台的支持，使企业能够实现与外部消费者、供应商、经销商以及第三方物流等多方的协同工作。这种协同合作不仅仅限于企业内部，更涉及整个产业链和销售链的外部合作伙伴。

通过智能制造联盟的建立，制造业企业基于大数据技术、平台化共享和智能化协作，成功实现了以用户为中心的设计、研发、生产、服务和消费在线的全面网络联通。这种联盟模式促进了产业的数字化转型，提高了整个价值链的协同效率，推动了制造业向更加灵活和智能的方向发展。整个产业链的各个环节都以网络平台为支撑，业务决策更加贴近用户需求，生产流程实现了灵活和柔性，产品和服务也更加能够满足消费者的个性化需求。这一模式推动了企业从技术驱动的生产模式向为需求拉动的模式的转变（忻榕、陈威如，2019）。在这一阶段，制造业企业利用大数据技术，实现了与外部各利益相关方的协同合作，形成了智能制造联盟。通过网络平台的支持，制造业企业实现了与外部的协同，包括与消费者、供应商、经销商以及第三方物流等的紧密合作。这使得整个产业链各环节实现了高度的网络联通，从而促进了全产业链的协同运作。

在这一智能制造联盟中，业务决策以用户需求为导向，通过大数据技术的支持，制造业企业能够更准确地了解市场需求，从而灵活调整生产流程，实现生产的灵活化和柔性化。此外，产品和服务也能够更好地满足消费者的个性化需求，从而提升了客户满意度和品牌忠诚度。总体而言，这一阶段的数据赋能使制造业企业由技术推动的生产模式向为需求拉动的模式转变。通过网络平台的支持，企业实现了与外部各方的高效合作，推动了整个产业链的高质量发展。这种组织外部联通的模式使得制造业在面对市场变化时更具灵活性和适应性，为实现高质量发展奠定了坚实基础。

四、以创新为导向的产业生态融合

在数据赋能的第四阶段，以制造业为中心的产业生态融合得以显现。这一阶段的关键特征在于，制造业内部形成了以信息技术平台为主导的企业群落，并且通过大数据技术的推动，制造业实现了与上下游产业链以及销售链的组织外部联通，形成了产业生态圈。一方面，在制造业内部，企业形成了以信息技术平台为主导的企业群落。这些平台扮演着关键的角色，成为数据和技术的集散中心，同时具有共享的特征。平台的出现将各种要素紧密捆绑在一起，形成了溢出红利的效应。这一发展趋势推动着企业群落内部突破了“信息孤岛”的束缚，进而在平台内建立了一种相互关联、相互促进的“共生”关系。这种内部平台的形成不仅意味着信息和技术的集中管理，更使得不同要素之间的合作更加密切，加速了信息的传递与共享。通过这种共生关系，企业内部的创新和效率得到了提升，使整个制造业内部能够更加灵活、高效地运作，有效地应对市场的变化和需求的多样化。另一方面，大数据的推动使得制造业与其他产业实现了深度融合，打破了“平台孤岛”的限制，构建了一个“信息互通、资源共享、能力协同、互联共赢，创新驱动”的产业生态圈（郭朝先，2019）。这种生态圈促使生态圈内的各个元素实现交互共创，激活了各要素的创新活力，最大化地释放了潜能，凝聚了各方力量，推动制造业朝着高质量发展的道路迈进。由此形成一种开放共享、生生不息的新商业生命体。

总体而言，第四阶段的数据赋能标志着制造业的发展不再局限于企业内部，而是演变为整个产业生态系统的深度融合。在这一阶段，制造业成为产业生态的核心，通过信息技术平台的主导，企业内部形成了密切协作的平台群落，实现了数据和技术的共享。同时，制造业与上下游产业链及销售链的协同合作构建了智能制造联盟，使整个产业生态系统实现了信息互通、资源共享、能力协同和互联共赢。这种全方位的融合不仅推动了制造业的创新与发展，也为高质量发展开创了全新的商业生态格局。

第八章　数据要素赋能制造业高质量发展的路径选择

第一节　完善数据要素基础制度，支撑数据要素优质供给

目前，尽管数据要素在赋能实体经济方面具有巨大潜力，但其真正的价值尚未得到充分释放，面临着来自多个方面的挑战和制约。为了解决这一重要问题，我们需要基于数据要素的特性和作用方式，结合当前的赋能状况和制约因素，建立一个整体的路径框架，以推动数据要素对实体经济的高质量发展。在这一过程中，首要的任务是完善数据要素的基础制度，从而支持数据要素的优质供给（夏杰长，2023）。这意味着需要建立健全的法规、政策和标准，确保数据要素的产生、管理和流通都在规范的框架内进行，从而保障数据的可靠性和安全性。

一、推动数据要素基础制度研究与实践

（一）建立数据产权保护制度

在大数据时代，数据已经贯穿生产、分配、流通、消费和社会服务管理的方方面面，成为国家治理现代化进程中数字化、网络化、智能化的关键支撑（臧超，2023）。尽管我国在数据规模和应用场景上具有显著优势，但数据作为新型生产要素却面临一系列制度性问题，其中包括数据确权漏洞、数据授权风险和数据使用保护难度等挑战。为有效解决这些问题，建立分类分级的数据产权制度是解决数据确权漏洞的重要一环。首先，通过

对数据进行分类分级，明确不同类型数据的产权归属和使用权限，可以有效降低数据交易中的不确定性，为数据提供者和使用者在权益划分上提供清晰的法律框架。其次，健全权属分置的产权运行机制是解决数据授权风险的重要措施。在这种机制下，数据的产权不仅集中在数据的原始创造者手中，还可以根据不同的情况进行分置，确保数据在流通和应用中能够得到充分的授权。此外，为了更好地实现这一制度改革，需要加强相关法规和政策的制定，明确不同数据产权的法律地位和相应的权益保护机制，并设立专门的机构或部门，负责监督和管理数据产权事务，协调各方利益，维护数据产权的有效运行。

（二）健全数据流通交易制度

1. 建立合规高效的数据流通制度

为解决我国现代流通体系不健全的问题，尤其是数据结构互不兼容、数据壁垒严重、数据孤岛难以打通等基础制度难题，有必要建立合规高效的数据流通制度。首先，明确法规和政策框架是建立合规数据流通的基础。通过制定明确的法规和政策，我们能够规范数据流通的各个环节，包括数据采集、存储、传输、处理和使用等。明确数据的所有权、隐私保护、安全标准等方面的规定，为数据流通提供明确的法律框架，降低法律风险。其次，建立通用的数据流通标准是提高数据流通效率和质量的关键。标准化有助于不同系统和实体之间的数据互操作，降低数据集成的成本，促进跨领域、跨机构的数据共享。通过制定和推广通用标准，可以加速数据流通的速度，提高数据的有效利用率。此外，在建立数据流通制度的同时，建立信任体系也是不可忽视的一环。通过发展可信的数据流通体系，包括建立数据信任标志、数据质量认证机制等，可以提高数据提供者和使用者之间的信任度，推动数据更广泛地流通。建立信任是保障数据流通的关键，有助于减少合作中的疑虑和阻力。

2. 健全规范公平的数据交易制度

为了推动数字经济的可持续发展，我们需要建立健全、规范且公平的数据交易制度。首先，制定明确的法规和政策框架，明确数据的法律地位和规范，包括数据所有权、隐私保护、公平竞争等方面。其次，建立标准化的数据合同和交易规则，明确数据流通的各个环节，以降低信息不对称，提高竞争的公平性。同时，积极推动数据估值方法的研究，考虑数据的实用性、稀缺性、质量等因素，确保数据交易的公平性和价值公正衡量。设立独立监管机构，监督和管理数据交易市场，保障市场的公平运行，监测违规行为，维护交易参与者的权益。促进信息透明，鼓励数据提供者主动公开相关信息，降低信息不对称的不确定性。建立高效的争端解决机制，快速解决可能出现的纠纷，提高市场的信誉度。确保公平准入机制，防止市场垄断，促进多元参与和创新。最后，鼓励社会参与和倡导，建立反馈机制，以维护更广泛的利益平衡。通过这些建设措施，逐步建立公平、透明、可持续的数据交易制度，为数字经济的繁荣发展提供坚实基础。

（三）完善数据收益分配制度

1. 完善数据要素收益的市场确定

作为第五类关键生产要素，数据要素的定价理论创新是其参与收入分配的重要前提，同时也是数字经济理念更新的必要措施（臧超，2023）。为了完善数据要素收益的市场确定，首先，需要确立明确的市场规则和定价机制，以保证数据要素的价值能够准确反映其实际贡献。市场化定价机制的强调旨在激发市场参与者的积极性，推动数据要素的有效评估和定价，实现更为公正和透明的市场。其次，有必要探索新型的市场交易范式，其中包括“原始数据不出域、数据可用不可见”的理念。这一范式强调原始数据在其生成域的保留，同时注重在数据使用过程中的透明性和隐私保护。通过这种方式，确保数据的本地化和隐私性，同时建立“可用不可见”的机制，有助于平衡数据共享和隐私保护之间的关系，推动更为可持续的数据交易。另外，对于数据的用途控制，可探索“可控可计量”的制度。这一制度通过引入技术手段和管理机制，确保数据使用的可控性和可度量性，以提高数据使用的透明度，减少滥用和风险。建立可控可计量的用途控制制度有助于建立数据提供者和使用者之间的信任，推动更为安全和可持续的数据要素市场。

2. 发挥政府引导分配的调节作用

完善数据要素收益分配离不开政府的引导调节。首先，政府应建立体现效率和促进公平的数据要素收益分配制度。明确定义数据要素的所有权、使用权和收益分配原则，充分考虑不同数据要素的贡献和价值，确保各方利益得到合理的平衡。其次，政府应充分发挥在数据收益分配中的引导调节作用，通过设定合理的价格管制和税收政策，引导市场在收益分配中更好地考虑社会公平和经济效率，确保数据要素的价值充分体现。最后，政府还应推动有为政府和有效市场更好结合，建立公平竞争的市场环境、鼓励创新和合作，以及制定相关政策来促进数据要素的公正分配，优先保护弱势群体的数据利益，确保数据利益更广泛地惠及社会各个层面。通过政府与市场的协同作用，可以创造一个既有利于创新和发展，又能够维护公平和社会正义的数据要素收益分配体系。

（四）强化数据安全治理制度

1. 加大执法司法力度

数据的安全治理离不开司法保护。一方面，为了更有效地应对数据安全威胁，需要强化执法机关的数据安全监管和调查能力，确保及时发现和打击数据安全违规行为。同时，建立与司法裁判相衔接的机制，使执法和司法在数据安全问题上能够协同合作，提高对违规行为的处置效率和公正性。另一方面，为了确保数据治理全过程的安全，不仅要依靠司法制度来确保合规和追究责任，还要充分利用技术手段来防范和检测潜在的风险。在数据治理中，科技创新和法律法规的同步发展至关重要，以应对不断演变的安全挑战。通过整合司法、执法和技术手段，可以更加全面地保护数据安全，维护个人隐私，防范数据泄露和滥用。这样的综合性策略有助于构建一个更加健康、安全和有序的数据治理体系，为数字社会的可持续发展提供坚实基础。

2. 强化行业协同监管

数据的安全治理需要强化行业协同监管。首先，应以总体国家安全观为指导，制定并完善与数据安全相关的法规和法律框架。通过制定明确的法规，为行业提供法理支撑，规范数据的收集、处理、传输和存储，确保合规性和安全性。其次，构建政府、企业和社会多方协同治理模式。通过政府牵头，各行业企业和社会组织共同参与，形成联防联控的机制。这有助于整合资源、共享信息，加强行业内外的合作与沟通。再次，强化分行业监管和跨行业协同。不同行业面临的数据安全问题可能存在差异。同时，数据的流通和共享通常跨越多个行业。协同监管有助于综合考虑各方面因素，更全面地解决数据安全问题。最后，压实企业的安全责任。建立健全的内部安全管理机制，投入足够的资源用于数据安全，以及定期进行安全审查和演练。通过强化行业协同监管，可以更有效地应对复杂多变的数据安全挑战，促进行业内部和跨行业之间的协作，从而建立一个更为稳健和可持续的数据安全治理框架。

二、培育多层次数据要素交易体系

（一）多维数据交易主体共建数据要素市场

多层次数据要素市场的建设主体涵盖中央和地方政府、行业协会以及大型互联网平台等（欧阳日辉，2022）。首先，政府的职责是鼓励和支持多层次数据要素市场的建设，充当一种“裁判员”的角色。通过设立相关政策，鼓励和规范数据要素的合法流通，为市场的健康发展提供指导。其次，行业协会作为代表特定行业利益的机构，应积极推动并组织行业内企业的参与数据要素交易市场。在数据要素市场建设中提供专业性的指导，促进同行业数据要素的合理交流与共享，推动行业内数据要素交易的规范化。此外，大型互联网平台通常拥有丰富的数据资源和强大的数据技术能力。它们可以参与建设数据要素市场，提供数据要素的流通平台，并促进不同主体之间的数据交易。综合来看，多层次数据要素交易体系的构建需要政府、行业协会和大型互联网平台等多方共同参与，同时注重建立规范的市场制度和信任机制，以促进数据要素的合理流通，推动数字经济的发展。

（二）中央与地方协调共管多层次数据要素市场

完善统一开放的数据要素市场治理体系，强化中央与地方统筹协调工作机制，建设“全国一盘棋”数据要素市场体系。首先，中央政府应牵头制定全国范围内的统一标准和规范，以确保数据要素在各地区之间能够基于共同的规范进行高效交易。为促进中央与地方的深度合作，可设专门的协调部门，负责推动多层次数据要素市场的协同发展。通过定期的会商、信息共享平台等方式，实现中央和地方在政策制定、市场监管等方面的密切协作，确保各级政府在数据要素市场建设中的共同目标和方向。其次，在整个协调共管过程中，建立统一的监管框架至关重要。中央政府应明确中央和地方监管部门的职责和权限，形成全国一体化的监管网络。此外，推动信息共享是协调共管的另一关键步骤。中央政府应鼓励各地方政府之间的数据信息共享，建立相应的数据标准和协议，确保数据可以在不同地区之间进行安全可控的共享。最后，为激励各地方积极参与多层次数据要素市场，中央政府可制定政策激励措施，包括提供财政资金支持、税收优惠等激励手段。这有助于建设一个全国性的数据要素市场，实现资源优化配置，推动经济的创新和增长。通过这些协同共管的措施，中央与地方可以形成紧密合作的关系，推动多层次数据要素市场在全国范围内协同发展，实现资源共享、优势互补，推动数字经济的全面发展。

（三）建设多层次数据要素市场的生态

为促进数据要素交易市场的繁荣，可通过构建多层次数据要素交易市场体系来提供中介服务。首先，建立数据交易所等中介服务机构，以提供数据要素定价、权利主体登记、双方匹配和数据应用咨询等服务，从而解决当前数据交易制度缺失的问题，推动市场的关键建设（夏杰长，2023）。其次，培育数据经纪人等数据商，作为个人用户与主流数据交易平台的桥梁，他们可以脱敏和整合个人数据进行要素交易，丰富整个交易体系。最后，规范场外交易。场外交易由于具有灵活性、多样性和交易双方直接性等特点，在满足多元化的交易需求方面发挥着重要作用。然而，正因为场外交易的这些特性，也带来了一系列的问题和挑战。首先，场外交易制度的缺位使得交易过程缺乏明确的规范和指导，容易引发交易纠纷和不确定性。其次，场外交易的监管难度较大，也增加了市场的风险。由于缺乏统一的监管标准和监管机制，场外交易容易滋生违法违规行为，损害市场的公平性和透明度。此外，数据安全风险也是场外交易面临的一个重要问题。由于场外交易涉及大量的数据交换和共享，如果数据保护措施不到位，容易导致数据泄露和滥用等风险。通过制定规范、加强监管和确保数据安全标准，提高市场的透明度和公正性，以构建更加健康和安全的多层次数据要素交易体系。这一综合性的举措有助于优化资源配置，缓解数据要素供需失衡，并促使数据要素交易市场的可持续发展。

（四）打造金融支持数据要素市场发展的体系

数据要素市场与金融市场之间存在显著的同构关系，相辅相成的发展势头使得两者互为支撑。为促进它们协同发展，可从以下 3 个方面着手：(1) 应深入研究数据要素市场与金融市场协同发展的理论和政策，关注并探索数据银行、数据信托等新兴金融业态，厘清两市场之间的相互关系，为未来协同发展提供更为明确的理论和政策支持。(2) 可以探索金融业在支持数据要素市场建设方面的具体路径。金融机构可以通过创新金融产品，如推出专门的数据资产证券化产品、建立数据融资平台，为数据生产者和需求方提供连接的桥梁、设计并推出与数据要素市场相关的风险管理工具，以帮助市场参与者降低交易风险等，促使数据要素市场更好地融入金融体系，实现融资、风险管理、支付结算等方面的有效支持，推动数据要素市场的良性发展。(3) 为了促进金融市场与数据要素市场的更紧密联系，建议加强两者之间的联通互动，包括支持数据要素在金融领域进行金融产品和服务创新，促进金融机构更好地理解和应用数据要素。总体而言，通过深入研究理论、拓展金融服务领域以及强化市场之间的互动，可以更好地实现数据要素市场与金融市场的协同发展，进一步推动数字化经济的健康增长。

第二节　加速数据要素流入实体经济，构建数据要素循环机制

数据要素在实体经济中的流通过程中创造和释放价值。通过对数据的收集、分析和应用，企业能够更好地了解市场需求、优化生产流程，并提

供更个性化的产品和服务，从而增加了实体经济价值。实体经济的发展产生新的数据要素，这些数据再次通过各种渠道重新进入实体经济的生产活动，形成了一个持续循环的发展模式，促使实体经济实现可持续的增长。在这一循环机制中，畅通的交易、开放和共享等数据要素流通渠道显得尤为至关重要。因此，确保交易、开放和共享等数据要素流通渠道的畅通，不仅在促进数据要素的创造和释放价值方面具有关键意义，同时也对实现数据要素与实体经济的良性循环、相互促进发挥了至关重要的作用。这种有机的连接为经济体系的可持续增长和创新提供了有力支撑。

一、畅通数据要素流通渠道

（一）围绕“数据二十条”，加快配套政策落地实施

数据要素化是一个涉及系统工程的复杂过程，而基础制度的顶层设计在其中扮演着提纲挈领的关键角色。为了持续推动数据基础制度体系的发展和完善，需要逐步消除数据要素化和数据市场建设中的制度壁垒。首先，应构建兼顾开放性和安全性的政务数据共享与管理制度。通过促进政府在交通、卫生、教育等领域的数据向企业和个人开放共享，提高高价值政务数据的可用性，从而推动其潜在价值的实现。其次，需要完善数据交易的规则，推进数据产品的标准化，以降低数据在跨平台、跨区域流通的交易成本，并简化转换标准所带来的费用支付问题。再次，应加强对数据平台反垄断的执行力度，以确保数据的顺畅共享、共用和共治。这有助于保障数据流通的畅通性，防止出现不正当的数据垄断现象。最后，要充分发挥部际联席会议等机制，运用全局思维推进基础制度体系的动态调整与丰富完善。这意味着需要建立一套灵活而高效的制度机制，以适应不断演变的数据要素化环境，同时通过态势评估和全局统筹，推动基础制度体系的不断进步。

（二）打破流通壁垒，完善全国统一数据要素市场建设

为推动数字经济的可持续发展，可通过试点推动创新、明确角色、促

进合作等方式，逐步构建更为健全和全面的数据要素市场。首先，通过鼓励先行试点，可根据区域和行业的实际情况，开展个性化的试点项目，重点集中在公共数据、工商企业数据和居民个人数据等资源上。这有助于推进数据资源的安全、高效、合规交易与应用，同时助力相关实体经济的发展或公共服务的升级。这种灵活的试点策略能够更好地探索适合不同地区和行业的数据要素市场模式。其次，进一步明确公共数据授权运营的“看门人”角色。通过充分协调各方力量，发挥市场参与主体的技术、资本、数据和人才优势，探索新的交易机制和合作模式，如“数据—数据”“服务—数据”“分成—数据”“场景—数据”，以构建公共数据关联融汇的生态空间，促进区域间数据的“大循环”，实现更大范围的数据资源共享和协同发展。最后，未来在全国一体化数据要素市场建设方面，可循序渐进地推进工作。考虑到区域发展不平衡的现状，可以按照类似“省域—地区—全国”的阶段划分，逐步分级实现统一要素市场的建设工作。这包括推动全国性的数据产权登记，优化布局创新平台和交易市场，以逐步建设全国性的数据要素市场，实现更为全面的数据资源流通和价值创造。

（三）规范交易管理，构建多层次交易流通模式

为推动数据要素市场的发展，可以在数据要素市场中构建多层次交易流通模式，提高市场的专业性和效能，为数据要素的交易和流通创造更为有利的环境。首先，建议逐步建立健全交易所与数据商分离的市场运营机制。在支持交易所建设的基础上，可通过培育一批具备资质的机构，并促使其升级成为专业的数据商。这有助于实现市场运作的多元化，促使数据商在市场中发挥更灵活的作用，提高市场的竞争性和创新性。其次，建议巩固数据交易所作为公益性机构的定位，强调其在保障数据资产交易过程中公平性与安全性方面的功能，确保数据交易所在数据交易中扮演公正的角色，维护市场秩序，防范潜在的风险。再次，建议培育一批专业性强、资质完备的数据服务商。通过市场化的运作模式，这些数据服务商可以为交易所提供包括数据接口、数据清洗、质量评估等技术支持，帮助提升数据要素交易的标准化水平和技术效能。最后，建议培养其他服务于改善交易环境的各类第三方服务机构，创造“三方协同”的生态体系。这些机构

可以提供包括市场监管、法律服务、数据安全等方面的支持，共同促进数据要素市场的稳定运行和可持续发展。

（四）建立底线思维，筑牢数据安全防线

当前阶段，数据要素市场面临突出的安全和隐私问题，包括频发的数据泄露事件、网络诈骗行为的猖獗，以及数据滥用和误用问题。为有效解决这些问题，首先，需要支持数据流通的安全保障体系的发展与落地。除了加大技术研发攻关投入，支持安全技术在复杂场景下的多元融合以解决数据安全问题，还应丰富安全产业的支持政策。这包括鼓励技术落地，并进入数据安全实际应用，以确保安全技术在实际操作中发挥最大效益。其次，建议提升全生命周期的数据资源安全治理能力。这涉及对数据资源形成期的风险评估能力的提升，应用期的安全监测预警能力的全面提升，以及在数据安全事件发生时的应急处置能力的加强。这种全方位的治理能力提升可以帮助建立更为健全的数据要素市场安全体系。最后，建议构建技术伦理体系。这有助于避免技术创新对产业上下游生态、社会公序良俗造成冲击。通过形成公平公正、安全可控、尊重隐私、包容共享的负责任技术伦理体系，可以有效规范技术创新的发展，从而维护社会的安全和秩序。

二、积极探索数据要素与其他生产要素深度融合机制

（一）围绕产业链，以数据链联接创新链

在围绕产业链以数据链联接创新链的框架下，可以采取以下策略：首先，要不断深化校企合作，形成产学研协同机制。通过建立以数据链为基础的产学研协同机制，激发校企合作的积极性和持续性。这包括引导校企合作，通过数据资源共享和利益共赢方式推进应用研究，同时充分发挥中介机构的作用，完善技术创新鼓励机制和专利产权保障体系，鼓励技术转移孵化和专利交易，以扩大技术服务能力，为研究创新成果的平稳落地提供保障。其次，要促进企业技术创新，搭建创新孵化平台。通过成立实体

研发中心，以企业内外部数据资源为基础，以市场需求为动力，为新技术和新方法的孵化与发展提供创新土壤。这有助于改变实体经济企业过于注重资本积累而轻视产品创新的现状，积极发挥企业创新主导角色。最后，要培育壮大规模体量大、带动力强的龙头企业，推进创新链整合战略。通过政府牵头实施创新链整合战略，成立互联网、大数据、人工智能和实体经济深度融合协同创新中心。这有助于最大程度集聚创新力量，健全数据资源整合和开发利用机制，确保数据汇集更加准确及时、数据挖掘更加精准透彻，最终实现产业资源的有效整合利用，形成多企业、多领域、多维度的创新链生态圈（隋义宁，2022）。这种整合战略将有助于加速产业创新，推动整个产业链的升级发展。

（二）围绕产业链，以数据链激活资金链

在产业链的纵深发展中，借助数据链激活资金链成为推动经济繁荣的关键动力。通过一系列策略和实践，可以在产业链上最大化数据的价值，从而引导资金更为灵活、高效地在各个环节流动。首先，强调数据共享与透明度的重要性。在产业链的各个环节，尤其是上下游之间，建立广泛而安全的数据共享机制，包括供应链信息、市场需求趋势、生产效率等。这种开放式的信息交流不仅有助于降低不确定性，提高参与者之间的协作水平，也能够吸引更多投资者参与产业链，形成更加紧密的资金流通网络。其次，加强智能分析与风险管理。通过运用先进的数据分析和人工智能技术，可以对产业链上的风险进行全面的、实时的监测和分析，不仅能够提高投资者对产业链的信心，也能够为资金链提供更为精准的指引，优化投资决策，从而更好地适应市场的变化。再次，提高数字化金融服务水平。引入创新的数字化金融工具，通过大数据分析为企业提供更灵活、定制化的融资方案，根据实际经营状况量身定制的融资方案不仅有助于提高企业的融资效率，同时也降低了融资的成本，进一步激活了资金链的流通。最后，创新融资模式同样是关键的一环。产业链上的各参与方可以共同探索新的融资模式，如供应链金融、共同融资等。这些创新模式不仅能够满足企业更多样化的融资需求，也促使各方更紧密地协作，形成更为稳固的资金链。综上所述，通过建立更加开放、透明、智能的数据环境，充分发挥

数据的潜力，不仅可以提升产业链的效率和创新力，也能够激发更多的资金流向实体经济的各个层面，共同促进整个产业链的繁荣与协同发展。

第三节　充分释放数据要素价值，推动制造业高质量发展

5G、大数据中心、人工智能、工业互联网等新型基础设施不仅构成数字经济发展的坚实基石，在制造业数字化转型中扮演着关键的支持角色。数字技术也是制造业高质量发展的技术源泉和核心驱动力，推进数字技术创新，是打造驱动制造业全要素生产率增长的新引擎（綦颖、王天琪，2023）。此外，人才是制造业数字化、智能化发展的核心驱动力，在数字经济时代，要优化人才"引育留用"全链条，激活"人才引擎"新动能，为制造业高质量发展提供人才支撑。

一、加快数字基础设施建设，强力支撑制造业数字化转型

（一）深入推进数字基础设施建设进度

秉持适度超前的原则，稳健推进5G基站、数据中心等关键基础设施建设，着力加速兴建8大国家算力枢纽节点和10个国家数据中心集群，从而构建起全国一体化的大数据中心协同创新体系，为数字经济的发展提供有力支持，为未来的创新奠定坚实基础。在设施建设方面，加强智能传感器等关键设备的建设，提升数据信息的感知、采集、甄别和传输能力，从而打造制造业数字信息的"高速公路"，实现数据的快速流通，为制造业提供更为智能、高效的生产环境，推动产业升级和数字化转型。此外，为进一步推动制造业的智能化，积极开展"机器人+"应用行动，重点关注制造业的关键领域。通过推广应用具有较高技术水平、创新应用模式和显著应用成效的工业机器人，力争在2025年前实现制造业机器人密度较2020年实现翻番，达到492台/万人。这将提高制造业的生产效率，降低

生产成本，并为劳动密集型产业注入更多科技含量，实现制造业的可持续发展。

（二）加强工业互联网建设

工业互联网作为第四次工业革命的关键基石，标志着数字技术与制造业的深度融合，展现出新型应用模式和关键基础设施的崭新面貌。据工信部数据显示，截至2022年，工业互联网已经全面融入45个国民经济大类，具有影响力的工业互联网平台超过240个，其中跨行业跨领域平台达到28个，为制造业的高质量发展注入新的动能。在工业互联网的发展过程中，坚持市场引导、企业主导和动态优化的原则，将是推动行业快速发展的关键。通过努力推动建设一批具有国际影响力的工业互联网平台，我们能够加速制造业生产方式和产业形态的创新变革，实现产业的升级与转型。为普及工业互联网应用，实施普惠性的“上云用数赋智”行动将成为关键一环。这一行动计划将推动制造业龙头企业核心业务系统云化改造，带动产业链上下游企业业务系统的云端迁移。通过这种方式，不仅可以提高整个产业的数字化水平，还能够推动企业更加灵活、高效地运营。此外，鼓励企业围绕制造业的生产特点和痛点问题，开发一批具有示范意义的创新解决方案，培育系统解决方案供应商，建设工业互联网平台数据监测与运行分析系统，将有助于提升平台应用服务水平。这样的努力有助于培养更多的技术专才，同时也推动了产业链上各环节的创新和升级。最后，通过依托工业互联网平台，鼓励企业利用闲置资源，实现制造资源的跨企业优化配置和共用共享，不仅能够提高资源利用效率，还能够促进整个产业链的协同发展，实现更可持续的制造业发展模式。

二、加速数字技术创新，大力提高制造业全要素生产率

（一）加强自主创新，攻克“卡脖子”难题

我国制造业虽然在产业规模、产业链完整性和体系健全性方面取得了显著成就，但在自主创新能力方面仍存在不足，特别是在工业软件、操作

系统、芯片设计制造等关键领域缺乏竞争优势。为了提升我国制造业在数字经济时代的竞争力，国家有必要采取一系列措施，加强对新一代数字技术基础理论的研发投入，努力在数字革命中取得原创性理论研究成果，赢得国际话语权，推动制造业产业链迈向中高端。首先，国家可以聚焦高端装备制造、电子信息、新材料等重点产业，将目光瞄准高端芯片、基础元器件、集成电路等关键技术。通过支持龙头企业在这些领域的创新，联合产业链上下游企业、高校、科研院所等创新主体，构建产业创新战略联盟，促进科技成果的转移转化，推动产学研用的深度融合（綦颖、王天琪，2023）。这样的联合创新模式有助于加速科技创新的推进，为制造业提供更多高端技术支持。其次，推动云服务技术的开发，鼓励制造业企业集合上云。通过建立云服务平台，统一垂直行业的制造业企业上云，可以以订单为驱动，整合产业链上下游的资源，推动制造业产业范式的革新与数字化升级。通过加大对新一代数字技术基础理论的研发投入，聚焦关键领域的创新，构建产业创新战略联盟，推动产学研用深度融合以及推动云服务技术的发展，更好地应对数字经济时代的挑战，提升制造业的创新能力，推动产业升级，实现经济的可持续增长。

（二）强化应用推广，推动制造业数字化转型

推广数字技术在制造业研发、生产、销售、运营、服务等各环节融合应用，促进制造业企业降低生产成本、提升生产效率和创新产业模式。

从区域的角度来看，在我国各地制造业和数字经济发展水平存在差异的背景下，东部地区可将智能制造作为主攻方向，持续推动新智造的发展，以灯塔工厂、智能制造示范工厂、未来工厂为引领，提升整体制造水平。在相对落后的地区，政府应设立专项资金，鼓励制造业企业进行现有生产线的自动化改造和精益生产管理等基础工作，以提高效率和降低成本。这一差异化策略旨在满足各地不同的发展需求，促进全国范围内制造业的均衡发展，同时有助于缩小地区之间的数字鸿沟，推动全面的产业升级。

从产业的角度来看，鼓励以规模和效率为竞争优势的产业加速数字化转型升级，在传统产业和新兴产业中，积极推动数字化改造，并大力发展

新的产业形态、业态和模式。首先，要加强数字技术的创新和应用，促使产业更快速地迈向数字化时代。通过引入先进的数字技术，可以优化生产流程、提高效益，推动整个产业链的数字化发展。其次，要推动制造业的生产模式由传统的流水线生产向更加灵活的定制化生产转变。这意味着更加个性化、定制化的生产方式，以满足不断变化的市场需求，提高生产的灵活性和适应性。同时，产业形态的转变也是关键的一步，从传统的生产型制造向更加注重服务的制造模式过渡。这包括提供更全面、智能的服务，以满足客户不断增长的个性化需求。

从企业层面来看，以建设智能制造场景、智能制造示范工厂和智能制造企业为核心，分类推动企业的数字化、网络化和智能化发展，致力培育一批具有国际竞争力的智能制造领军企业。首先，关注大型企业，特别是那些在数字化转型方面具有潜力的企业。通过建设智能制造场景和示范工厂，鼓励这些企业在数字化、网络化和智能化方面取得突破，培育一批在全球范围内具有竞争实力的智能制造领军企业。其次，中小企业也是关注的重点。推动中小企业的数字化改造，加速线上营销、远程协作、订单管理、数字化办公和智能生产线等应用的发展。这不仅可以提高中小企业的生产效率，还能够使它们更好地适应数字经济时代的发展需求。另外，强调产业链“链主”企业的作用，通过它们的带动和引领，强化产业链上下游的协同作用。促进大、中、小企业之间的融通发展，加速全产业链的数字化进程。这种协同发展有助于提升整个产业链的水平，推动数字技术在不同环节的全面应用。

（三）释放数据价值，提高要素配置效率

数据作为新型生产要素，与传统的土地、劳动力、资本、技术并列为5大生产要素，具有重要的经济价值。充分释放数据要素的价值对于构建制造业领域的新型生产力和生产关系至关重要。推动数据的高效流通，以数据要素为核心，将其与土地、劳动力、资本等传统生产要素相集聚，对于实现数字经济对制造业发展的智能决策和模式创新具有重要现实意义。为实现这一目标，应发挥数字经济在要素配置中的“时空压缩”效能。通过完善要素市场化配置，提升要素配置效率，加速数据在制造业生产领域

的技术转化与应用。数据要素的优化配置可以带动其他生产要素的同步优化，从而提升制造业整体生产率水平，推动制造业朝着高质量发展的目标不断前进。数据这种新型生产要素的引入不仅可以加速制造业的数字化转型，更有助于构建更灵活、智能的生产关系。通过数据要素的充分发挥，制造业可以实现更为精细化的生产管理、优化生产过程，从而提高生产效率、降低成本，并在全球市场中保持竞争力。因此，释放数据要素的价值对于制造业的升级和高质量发展起到了关键性的作用。

三、激活“人才引擎”动能，打造制造业数字化竞争新优势

（一）精准引才，打造制造业数字人才高地

当前，智能制造领域的人才缺口已成为限制其发展的重要因素。据人社部预测，到 2025 年，智能制造领域人才需求将达到 900 万人，预计人才缺口将达到 450 万人。为解决这一挑战，需要结合经济发展战略和制造业数字化转型的需要，采取一系列措施来缓解智能制造领域的人才短缺。首先，应鼓励政府、行业协会、企业共同编制制造业数字化人才需求规划。这一规划需要准确定位不同领域的人才需求，特别关注行业领军人才、高水平复合型人才和专业技能型人才的需求，提前进行规划和预测。其次，为解决人才缺口问题，需要加大对人才的引进力度。可通过市场化招聘、顶尖人才举荐、与高校及科研院所的合作等方式，及时发现并引进人才。在招聘计划制订时，可以对制造业数字化领域的“高精尖缺”人才实施灵活的引才方式，如“一人一策”“一事一议”。最后，为推进柔性引才，应打破地域、身份、资历、人事关系等方面的约束。采取招聘、挂职、兼职、项目合作等方式，吸引和留住优秀人才，使其能够更加灵活地参与到智能制造领域的工作中。通过以上措施，可以更有针对性地满足智能制造领域的人才需求，为其发展提供更为坚实的人才支持，推动我国制造业数字化转型取得更大的成功。

（二）精心育才，完善人才培育机制

为解决制造业数字化人才短缺问题，可采取以下措施：首先，将制造业数字化人才纳入各类人才计划的支持范围，制定“高精尖缺”人才目录和“数字工匠”培育库，并加大人才培养力度。通过明确目录和培育库，可以更有针对性地培养和引进制造业数字化领域的人才。其次，鼓励有条件的高等院校深入开展数字经济和制造业融合发展相关研究，设立相关专业及硕士、博士学位授权点以及博士后科研流动站。构建“互联网+制造业”“数字经济+制造业”等跨学科、跨专业的人才培育体系，为制造业数字化转型提供充足的专业人才储备。同时，支持企业与院校共建现代产业学院、联合实验室、实习基地，通过定向培养、联合培养、校企合作培养等方式，实现制造业人才和数字人才资源的共享，培育一批制造业数字化复合型人才。此外，鼓励企业根据自身需求，借助自身平台制订制造业数字化人才培养计划，并增加人才培养投入。有条件的企业可建立实体的“工业4.0学习工厂”，进行员工在职培训，逐步提升制造业企业员工的数字化、智能化素质。最后，强化人才培养的产学研联动，使政府、高校、企业形成一个完整的制造业数字化人才培养生态体系，实现全方位、多层次的人才培养，推动制造业数字化人才的全面发展和应用。

（三）科学用才，激发人才创新潜能

在推动制造业数字化转型的过程中，需要坚持科学用才的原则，最大限度发挥人才效应，实现人尽其才、才尽其用。首先，要充分把握制造业数字化人才的实际需求，结合人才的专业、特长和意愿，提升工作匹配度。在人才选拔中，要实现人岗相应、以事择人的原则，确保人才与岗位的良好匹配，实现人才效应最大化。其次，需要加快制造业数字化领域国家重点实验室、技术创新中心、产业创新中心等平台的建设，为优秀人才提供充分施展才能的平台。这些平台的建设将有助于集聚创新资源，提升数字化人才的研发和实践水平。另外，要完善科研任务“揭榜挂帅”制度，不拘一格选聘使用优秀制造业数字化人才。通过公开招募的方式，吸引更多高水平的数字化人才参与到相关科研任务中，提高研发水平。针对

顶尖人才，可以量身定制激励方案，最大限度满足其真实需要，确保其全身心投入工作中。这包括提供良好的薪酬福利、职业发展通道以及其他激励机制，以留住和激发人才的积极性。最后，构建以业绩、贡献、创新为导向的人才评价体系，支持高水平复合型人才承担制造业数字化转型研究和实践任务。通过科学公正的评价，激发人才的创新潜力，推动数字化转型的深入发展。

第四节　增强数据要素公共服务水平，优化实体经济治理体系

一、增强数据要素公共服务水平

数字技术赋能公共服务，主要以数据为核心，通过数据驱动来优化或重塑公共服务架构。这涉及采用现代化的公共服务供给模式，强调以数据为基础的决策、服务和创新。具体来说，可以推进“信息数字化＋业务数字化＋组织业务化”的全方位公共服务数字化，从而实现公共服务的精准化、智能化、协同化、透明化和体系化。

（一）有效匹配公共服务供给与需求

通过数字技术的应用，政府可以在公共服务领域实现更为精准、高效、智能的供给，使得服务更贴近人民群众的需求，实现资源的最大化利用，提升公共服务水平。首先，精准化方面利用数字技术能够有效匹配公共服务供给与群众的公共服务需求，实现“由上而下”与“由下而上”的双向反馈。政府可以通过数字技术建立在线民意调查、网上听证会、网上征求意见等公共服务反馈渠道，使公众更便捷地表达意见与建议，为政府形成更为精准的民众画像。数字技术还可以辅助政府部门提升基于数据的事项办理需求预测、预判能力，通过形成公共服务业务清单，打造多层次、全方位的公共服务场景。这样的做法有助于降低公共服务供给与需求不匹配所带来的资源浪费和资源错配问题，更好地满足广大人民群众的美

好生活需求。通过数字化手段，政府可以更准确地了解公众的需求，提前做好服务准备，从而提高公共服务的效率和精度。

（二）推动公共服务转向长效运营

利用数字技术，我们能够更有效地应对复杂的社会环境和多样化的民众需求，形成一个自组织系统，推动公共服务向长效运营的方向发展。在经济全球化迅速发展的时代，公共服务呈现出越来越多的多样性和复杂性。公共服务的过程也从传统工业社会的标准化系统逐渐过渡到模糊化系统，传统的公共服务体系正在向更加敏捷、智能的方向转变。数字技术的应用可以推动公共服务的云端转型，构建多维立体的公共服务互联网，发展主动式的公共服务业务模式，形成全周期的公共服务工作流程，从而提升公共服务的科学性与韧性。同时，数字技术本身具有内在的演化和涌现特征，通过云端公共服务业务系统的数据学习能力，能够推动公共服务体系在数据驱动下动态发展、持续演进。这种数字化迭代的自组织系统不仅能够适应不断变化的环境和需求，还能够通过学习和演化不断提升自身的效能，使公共服务更加灵活、高效、智能。这一转型不仅可以满足当下的需求，也为未来公共服务的发展奠定了更为坚实的基础。

（三）建立高效协同的管理服务体系

数字技术的应用有助于突破公共服务供给的多维障碍，推动建立一个高效协同管理与服务体系，实现跨层级、跨地域、跨部门、跨系统、跨业务的整合。数字技术为公共服务资源整合和效率提升提供了有力支持，推动构建覆盖省、市、县、乡、村和不同部门系统的数字化公共服务体系，同时吸纳政府、市场、民众等更多元的主体参与公共服务，形成一个多层次的服务圈层机制。具体而言，数字技术可以为公共服务提供虚拟通道，实现公共服务资源的聚合，打造多领域协同匹配的供给模式。通过数字化手段，不同部门和地域的公共服务资源可以更好地协同运作，提高整体效率。这种协同管理与服务体系旨在消除信息孤岛，促进公共服务资源的有机整合，避免重复建设，提高资源利用效率。数字技术的介入还可以使公共服务更具智能性，更好地满足民众需求。

（四）促进公共服务更加透明、规范和公正

数字技术的运用能够推动公共服务更加透明、规范和公正。透明度是现代治理的核心原则，公开透明确保治理过程的公平和正义。通过数字化记录和存储公共服务流动数据，可以有效提升政府公共服务的可信度，减少人为操作误差和漏洞，从而增加服务的可靠性和透明度。这种数字化的过程不仅提高了服务效率，也有助于确保服务的公正性和规范性。在数字技术的支持下，公共服务的决策、执行、管理、服务、结果等环节可以更加透明化。通过公开这些信息，社会公众可以更全面地了解公共服务的运行情况，提高对服务的信任度。此外，透明化还有助于社会公众行使知情权、参与权、表达权和监督权，从而使政府部门能够更及时地回应社会关切，提升政府公共服务职能的履职公信力。透明公开的服务过程能够促使政府更加负责任地履行职能，实现公共服务的合理性和公正性。

（五）构建公共服务共同体

数字技术的应用有助于构建政府主导、市场与公民参与的公共服务共同体。在数字技术的影响下，政府、市场、民众之间的供需匹配度得到提升。政府作为公共服务供给的关键主体，在数字化公共服务转型中不仅是数据资源的使用者，同时也是数据资源的生产者。这为政府与企业合作、建立数字化公共服务共同体提供了条件。市场和公民作为公共服务的主要需求方，在数字技术的推动下，也有望成为公共服务供给方。借助数字技术，市场和公民可以更主动地参与公共服务的创新和提供，从而构建起一个包括政府、市场和公民的多元主体的公共服务共同体。这样的共同体能够更好地适应社会的变化和需求，提高公共服务的灵活性和适应性。通过数字技术构建政府主导、市场与公民参与的公共服务共同体，可以更好地发挥各方的优势，提高公共服务的效率和质量。政府在其中发挥引导和监管的作用，市场和公民则能够更灵活地提供和参与服务。这种共同体的建设有助于形成一种协同合作的模式，推动公共服务更好地满足社会的多样化需求。

二、构建实体经济现代治理体系

数字经济的升级不仅改变了生产活动，还深刻地改变了社会运行模式。在这个背景下，以数据要素赋能政府宏观调控和监管成为适应数字经济与实体经济深度融合发展的重要手段。通过深化数据要素的治理效能，以数据要素和数字技术为核心构建实体经济的现代治理体系，可以推动实体经济治理体系和治理能力的现代化（夏杰长，2023）。

（一）加快完善数字经济治理体系

加强合作管理与协同监督，提高政府的数字管理能力，推动建立新型的多元共治模式。适时开展对数据权属、数据交易规则和协同监管等有关制度的修订，对各个有关主体的角色定位、责任担当进行清晰界定，让要素交易和监管形成一个完整的闭环，为市场的有序运行和数字技术的高质量应用服务打下坚实基础。要构建强有力的治理制度保障，加快形成政府、企业、社会多方协同的治理模式。有针对性地强化对信息技术领域的立法指导，对互联网金融、人工智能、大数据、区块链、云计算等与数字经济发展有着紧密联系的领域的法律制度进行及时跟进研究，进一步细化、完善国内治理制度体系，为数字经济与实体经济创新融合发展提供良好的规则依据。

（二）从理论层面逐步构建现代的数字经济学科话语体系

推动数字经济与实体经济有机融合发展迫切需要深化数字经济理论和实践研究，特别是处理与数字经济发展相关的重点理论问题。在此过程中，需要立足我国数字经济与实体经济融合发展的实际情况，通过从典型事实中归纳抽象出科学假设，并利用大数据等手段进行验证，推动形成国内数字产业发展理论体系，从而获取国际话语权。在深化理论研究的同时，要前瞻布局数字经济监管和治理的理论研究。这包括紧盯制度设计的前沿领域，阐释数字经济发展规律，指导数字经济治理实践。通过理论研究，可以为全球数字治理提供重要借鉴，为世界数字经济的发展提供相关技术和产品供给。此外，以最新的监管和治理实践为基础，提供理论供给和制度供给，有助于推动数字经济与实体经济的有机融合。通过前瞻性的研究，可以更好地把握数字经济发展的未来趋势，预判可能出现的问题和挑战，并提出相应的理论支持和治理策略。这对于推进数字经济与实体经济的有机融合，促进数字经济的健康发展，具有重要的指导作用。

（三）推进构建数字经济国际生态圈

为促进数字经济的国际合作，可采取下列措施：首先，提倡搭建高端平台，如全球数字经济大会、进口博览会、世界互联网大会等，通过多方合作推动建设“数字丝绸之路”，在新兴经济体区域倡导共同建设数字经济生态圈，促进区域间数字经济的融合发展。其次，强调了国际合作的平衡与协调，包括统筹国内数据治理与跨境数据流动、数据流动安全与发展、数据流动自由化与存储本地化等方面的关系。积极与国际接轨，与各国结成国际数据伙伴关系，在双边和多边范围内进行数据共享交换，共同发展数据要素。在国际数字治理领域，强调推进区域数字经济一体化进程，倡导构建基于“信任 + 互惠”的数字贸易伙伴关系。通过参与全球数字经济反垄断、数字安全等领域，争取更多的规则话语权，加快建设数字经济领域的发展共同体。这一系列措施有望促进全球数字经济的健康发展，推动国际数字合作取得实质性成果。

第九章　先进省市数据要素赋能制造业高质量发展经验启示

第一节　广东：打造战略性新兴产业集群，建设现代化产业体系

制造业是国家经济命脉所系，是立国之本、强国之基。改革开放40多年来，广东坚持改革开放、坚持制造业立省不动摇，推动制造业实现从“追赶”到“引领”的跨越式发展，为全省经济高质量发展奠定了坚实的物质技术基础。2022年，广东制造业总产值突破16万亿元，增加值达4.4万亿元，制造业对经济增长年均贡献率超四成，税收贡献率近四成，吸纳就业人口超三成（丁建庭，2023）。

一、新老并进，抢占战略制高点

2020年，广东省明确了发展十大战略性支柱产业集群与十大战略性新兴产业集群的战略布局。经过不懈努力，现已成功形成“8372”的战略性产业集群发展格局，即8个超万亿元级、3个五千亿元至万亿元级、7个千亿元至五千亿元级以及2个百亿元级的产业集群。在“制造业当家22条”这一详尽规划指引下，广东正全力培育20个战略性产业集群与5个未来产业集群，以构建“20+5”产业集群新体系。首要任务是巩固并提升战略性支柱产业，确保经济基本盘的稳定。广东正致力于强化现有的新一代电子信息、现代轻工纺织、先进材料、绿色石化、智能家电、汽车等8个超万亿元级产业集群的竞争力，力求打造一批世界级先进制造业集群。同时，广东聚焦于超高清视频显示、新能源等前沿领域，致力于培育出3~4

个新的万亿元级产业集群。例如，广东电子信息产业规模长期位居全国首位，特别是珠江东岸的高端电子信息产业带，已成为国内乃至国际上的产业高地。2023年以来，广东进一步加大新一代电子信息领域的工业投资，通过“补链、稳链、强链、延链、引链”等一系列措施，推动产业向更高价值链环节跃升。其次，广东积极培育壮大战略性新兴产业，为经济发展注入新动力。一方面，通过推动半导体与集成电路、高端装备制造等新兴产业集群的快速发展，广东正加速实施“广东强芯”工程，力求成为中国集成电路产业的重要一极。另一方面，广东不断探索新型储能、海洋工程装备等新兴产业领域的发展路径，力求在未来产业竞争中占据先机。据统计，2023年前9个月，广东新型储能产业营收已突破2890亿元，同比增长7.3%，显示出强劲的发展势头。最后，广东前瞻性地布局未来产业，力求抢占产业发展战略制高点。通过积极培育塑造未来电子信息、未来材料、未来智能装备、未来生命健康、未来绿色低碳等产业集群，广东正致力于在6G、新一代人工智能、量子科技、深海空天等前沿领域取得突破性进展，从而在全球产业竞争中占据有利地位。综上所述，广东省通过精准布局、加大投入和持续创新，正全力打造具有全球竞争力的产业集群体系。这一举措不仅有助于提升广东制造业的整体实力，也将为广东省乃至全国的经济发展注入新的活力。

二、转型创新，育强新质生产力

2023年，广东省在深入实施基础研究十年“卓粤”计划的引领下，积极推动基础研究体制机制改革，完善“政府+企业+社会”的多元长期稳定投入机制，加速构建一流重大科技基础设施群。这一系列的举措为构建“基础研究+技术攻关+成果转化+科技金融+人才支撑”的全过程创新生态链奠定了坚实基础，使得广东在新能源汽车、无人机等新兴产业领域取得了全球领先的地位。最新发布的《中国区域创新能力评价报告2023》显示，广东省的创新能力持续保持在全国首位，这已是连续7年蝉联榜首的辉煌成就。这一成绩的取得，不仅体现了广东在科技创新方面的深厚底蕴和强大实力，更彰显了广东在推动高质量发展、构建新发展格局中的引领作用和示范效应。为了进一步加速打造工业的“升级版”，广东发布了“技改十条”政策，旨在通过财政金融、链主带动数智化转型、绿色低碳改造等10方面的支持，引导工业企业开展高端化、智能化、绿色化、融合化改造。这一政策的出台，将有力推动广东工业结构的优化升级，提升产业的核心竞争力。其中，金融组合政策的推行是一大亮点。通过“政府贴息、银行让利、保险增信、租赁补贴、风险共担”的方式，广东力争引导1000亿元的资金投入技改领域，为工业企业的转型升级提供强有力的金融支撑。这种政策组合不仅降低了企业的融资成本，也提高了资金的使用效率，有助于推动更多的工业企业加快技改步伐。在支持领域方面，“技改十条”既关注传统优势产业的提质升级，如食品饮料、家电、水泥玻璃陶瓷等产业，也大力支持半导体、新能源汽车等新兴产业的发展。这种全面的支持策略，使技改红利能够惠及各类企业，无论是传统产业还是新兴产业，都能在政策的引导下实现转型升级和高质量发展。综上所述，广东通过深入实施基础研究计划、完善创新生态链、发布“技改十条”等一系列举措，正在加速打造工业的“升级版”，推动制造业向高端化、智能化、绿色化方向发展。这些政策的实施不仅有助于提升广东制造业的整体竞争力，也为全国乃至全球的制造业转型升级提供了有益的经验和借鉴。

三、优化环境，拓宽发展新空间

当前，制造业领域的国际竞争愈发激烈，广东正积极挖掘政策、空间、市场等多方面的红利，充分利用新型工业化这一“制胜武器”，以赢得战略主动。在政策层面，广东省出台《降低制造业成本推动制造业高质量发展若干措施》等惠企政策，强化精准高效服务，通过减税降费等方式，为企业创造更加有利的经营环境。例如，针对先进制造业企业，广东落实了多项税收优惠政策，包括研发费用税前加计扣除、增值税加计抵减等，这些措施有效减轻了企业的税收负担，增强了其创新能力和市场竞争力。同时，广东还针对电价敏感的大工业企业以及专精特新中小企业，分别推出了降低用电成本和优化贷款贴息奖补政策等举措，这些政策精准发力，有力提振了企业信心。在市场空间方面，广东充分发挥国内国际两个市场、两种资源的优势，加快开辟产业发展新空间。一方面，广东加强与大湾区其他城市的合作，推动产业协同发展。例如，佛山官窑“海铁联运”班列的开通，为佛山制造提供了新的出口通道，有助于推动佛山乃至整个大湾区制造业的发展。另一方面，广东积极向县域、海洋、区域协作等方向拓展，通过实施“百县千镇万村高质量发展工程”，推动产业有序转移，鼓励制造业企业充分利用粤东西北地区的广阔空间，打造更多“万亩千亿”产业平台，让新型工业化平台更高、天地更宽广。通过这些举措，广东不仅提升了制造业的整体竞争力，还为国内外企业提供了更多的合作机会和发展空间。未来，随着政策的持续优化和市场空间的不断拓展，广东制造业的发展前景将更加广阔。

第二节　江苏：着力构建工业互联网平台，赋能制造业数字化转型

工业互联网平台正以其泛在连接、要素集聚、数据分析应用等独特的能力和优势，深度推动制造业全要素、全产业链、全价值链的变革。江苏作为制造业大省，在这一领域的探索与实践尤其值得关注。近年来，江苏将数字经济视为转型发展的关键增量，并将工业互联网平台建设及应用作为赋能制造业转型升级的重要途径。通过“建平台”与“用平台”的双轮驱动策略，江苏成功促进了平台技术、产品、解决方案等与制造业各关键业务环节的深度融合，进而显著提升了制造业的数字化、网络化、智能化发展水平。

一、强化系统谋划，明确制造业数字化转型发展路径方向

江苏省在推动工业互联网平台建设和数字化转型方面所采取的一系列措施，展现了高标准、高水平、高层次的战略视野和实践能力。首先，通过强化政策引领，省政府先后制定并实施了《关于深化“互联网＋先进制造业”发展工业互联网的实施意见》《江苏省制造业智能化改造和数字化转型三年行动计划》《江苏省加快推进工业互联网创新发展三年行动计划

（2021～2023年）》等多项行动计划，将工业互联网创新工程作为战略性任务，并融入制造业数字化转型的全过程。这不仅为工业互联网的发展提供了有力的政策保障，还明确了发展方向和目标，为企业提供了清晰的指导和支持。其次，在标准先行方面，江苏省大力推广国家两化融合管理体系，并联合重点平台企业、工信部科研院所、制造业龙头企业等多方力量在国内率先编制省重点工业互联网平台、标杆工厂、智能工厂、智能车间、星级上云企业和“互联网+先进制造业”特色基地建设指南，将工业互联网建设与应用示范标准化；选定首批化工、水泥、服装等12个行业，研究编制分行业智能化改造数字化转型实施指南，让企业知道平台“如何建”“怎么用”、明白数字化转型“如何转”“往哪转”。最后，在统筹组织方面，江苏省成立了工业互联网产业强链专班，并组建了工业互联网发展联盟，加强省、市、县联动，共同实施平台培育、企业上云用平台等行动计划。这些组织机构的建立，有助于加强政府、企业、科研院所等各方之间的协作和联动，形成合力共同推动工业互联网平台建设和数字化转型。

二、强化平台赋能，增强制造业数字化转型发展服务供给

将产业集群作为数字化转型的主战场，通过平台建设、咨询诊断、资源对接，提升平台服务能力和水平。一是围绕集群建平台。围绕新型电力和新能源装备、工程机械、高端纺织等16个省先进制造业集群，深入组织“一市一重点、一行业一重点”工业互联网平台建设工程（王东波，2023），支持龙头骨干企业率先建设工业互联网平台，全省累计建设了多个双跨级、行业级、企业级、区域级和供应链省重点平台，并培育了多个国家级双跨平台和特色型平台。二是突出重点优服务。开展国家级和省级重点工业互联网平台现场测试评估，围绕设备连接、机理模型与微服务、应用开发服务、工业App等方面，提供咨询诊断服务，进一步提升平台服务能力。截至2022年8月，江苏省共有86家省重点平台面向全国服务企业约81万家，连接设备约1380万台，汇聚工业App约9500个。其中，徐工汉云、中天互联等国家级“双跨”平台连接设备数均超过百万台。三是

嫁接资源强供给。加强优质资源对接落地，服务江苏转型发展。支持信通院、工联院等部属单位，以及海尔、浙江蓝卓等国家双跨平台企业在江苏设立分院（分公司）或驻苏机构，支持各在苏单位参与本地数字化转型政策研究、标准制定、区域赋能、项目建设等。目前，全省已建设了多个国家级平台应用创新体验中心、应用推广中心、工业互联网大数据中心以及区域一体化公共服务平台。

三、强化标杆引领，推动制造业数字化转型发展走深向实

江苏省在推动工业互联网平台建设和制造业数字化转型方面，坚持树典型、立标杆，促融合、强应用，以“头雁效应”激发“群雁活力”，示范引领带动制造业转型发展纵深推进。首先，通过培育一批标杆示范，江苏省在工业互联网与制造业的深度融合方面取得了显著成果。累计建成了一批省工业互联网标杆工厂、智能制造示范工厂、智能制造示范车间以及星级上云企业，并成功打造了一批“互联网 + 先进制造业”特色基地。其中，苏州工业园区、苏州相城区入选国家工业互联网产业示范基地。遴选苏州工业园区、常州经开区和无锡高新区等10 个产业示范基地开展国家级“平台 + 基地”试点培育。这些标杆示范不仅在数量上达到了较高的水平，而且在质量上也具备了较高的标准，为行业的转型升级提供了有力的支撑。其次，注重攻克关键核心技术，以支撑平台建设、核心能力打造和数字化转型服务。通过梳理工业互联网产业链的长板和短板，聚焦工业软件、工控系统、边云协同等领域开展关键核心技术攻关，取得了一系列重要的突破。例如，苏州同元软控承担的“系统仿真与机电液控专业仿真软件”项目成功打破了国外垄断，实现了国内自主替代，为行业的技术进步和转型升级提供了有力的支撑。最后，积极拓展典型应用场景，推动新一代信息技术与制造业的深度融合。通过培育智能制造、工业互联网优秀场景案例，江苏省在智能制造、工业互联网融合创新等方面取得了显著成效。例如，常州微亿智造围绕电子和汽车零部件领域，通过5G、机器视觉及 AI 技术融合，实施“机器质检”“机器换人”，帮助用户实现单一产品质检耗时从 60 秒缩短为 1 秒，检测正确率由低于 95% 提高到 99. 96% ，每

年节约人力成本近1亿元。这些优秀案例不仅展示了工业互联网在制造业中的广泛应用和深远影响，也为其他企业提供了可借鉴的经验和模式。

四、强化服务保障，打造制造业数字化转型发展良好生态

积极搭建产业交流平台，促进工业互联网平台创新要素汇聚、资源共治共享，共同打造协同发展良好态势。一是壮大工业互联网服务商。围绕智能装备、网络、系统解决方案等7大领域，形成了近2000家单位组成的服务商，显著增强了智能化改造数字化转型有效供给服务能力。建设省智能化改造数字化转型资源池服务平台，加强服务商管理和自评估，支撑构建服务生态体系，培育一批领军型服务商。二是加大工业互联网人才培养。持续开展工业互联网“311”培训计划，针对条线干部、企业家、企业CIO、专业技术人员，广泛宣传推广工业互联网理念、技术、模式。省企业信息化协会以政策、资源、交流为核心，创新推出了“智造+政知道”“智造+智库”“智造+V课堂”等20余种工业互联网人才培训及孵化模式。三是分行业开展供需对接。联合各市工信部门、龙头平台企业、行业重点企业，组织开展体育用品、机电产品、孕婴童产品等行业线上线下供需对接活动，围绕仓储管理、物流服务、渠道拓展、品牌打造等，积极帮助企业“找配套、拓市场”，解决企业供需对接难、信息共享弱、资源协调慢等问题。四是打造交流合作平台。举办世界智能制造大会、工业互联网双跨平台深度行、两化融合暨数字化转型大会等会议，促进全球先进制造业和数字经济交流合作。开展工业互联网区县行、领军汇等专题活动，加强工业互联网宣传推广，营造良好发展氛围。

第三节 浙江：“产业大脑+未来工厂”，打造全球先进制造业基地

制造业是国民经济的主体，是立国之本、兴国之器、强国之基。浙江省政府印发的《关于高质量发展建设全球先进制造业基地的指导意见》提

出，到2035年，浙江力争成为全球数字变革创新地、全球智能制造领跑者、全国绿色制造先行区，基本建成全球先进制造业基地。大力提高自主创新能力，以信息化带动工业化，变制造为创造，变贴牌为创牌，实现产业和企业的脱胎换骨，推动浙江由简单模仿转向引进消化吸收再创新，由传统块状特色产业转向现代产业集群，由国内先进制造转向全球先进制造，为浙江在高质量发展中奋力推进中国特色社会主义共同富裕先行和省域现代化先行打下坚实的基础。

一、持续制定规划政策，引导制造业转型升级

2003年，浙江省召开了改革开放后的首次全省工业大会，全面部署了建设先进制造业基地的战略规划，并随后出台了《浙江省先进制造业基地建设规划纲要》，旨在构建环杭州湾、温台沿海以及金衢丽高速公路沿线的三大核心产业带。2004年，绍兴作为先进制造业基地建设的现场会举办地，进一步推动了相关工作的深入实施。随着科技创新的不断深入，2005年，浙江省举办了先进制造技术合作与交流大会，为高层次科技创新合作搭建了一个广阔的平台。2007年，浙江省出台了《关于加快发展装备制造业的若干意见》，并率先开展了装备制造业首台（套）产品的培育认定工作，以推动装备制造业的快速发展。2009年，全省经济工作会议进一步提出，要推动大平台、大产业、大项目和大企业的建设，以实现工业经济的全面发展。到2012年，浙江省作出了建设工业强省的重大战略决策，并发布了《浙江工业强省建设“十二五”规划》，为工业发展指明了方向。2013年，浙江省推出了以“四换三名”（即腾笼换鸟、机器换人、空间换地、电商换市，以及名企、名品、名家培育）为核心，同时培育8大万亿产业的工业转型升级组合策略，以推动工业结构的优化升级。2014年，浙江省开始实施“两化”（即工业化和信息化）深度融合的国家示范区建设，并提出加快建设信息经济大省的战略目标。为了进一步推动制造业的高质量发展，2015年，浙江省实施了《中国制造2025浙江行动纲要》，全面统筹推进制造强省的建设。到了2017年，浙江省更是在全国范围内率先提出了实施“十万企业上云行动”，以推动云计算与制造业的深度融合。进入

2020 年，浙江省召开了全省制造业高质量发展大会，明确提出了“加快建设全球先进制造业基地”的宏伟目标。随后，省委、省政府制订了一系列战略规划，包括《关于以新发展理念引领制造业高质量发展的若干意见》《制造强省建设行动计划》以及《浙江省全球先进制造业基地建设“十四五”规划》等，旨在打造全球先进制造新支点、全球智能制造践行地、全国创新驱动新典范、全国绿色制造标杆地以及全国营商环境最优省。同时，浙江还致力于培育一批在全球市场占有率高、龙头企业带动作用强、技术装备先进、创新能力强、绿色可持续发展的产业集群区，以进一步提升浙江制造业的全球影响力。此后，浙江省每年均召开制造业高质量发展大会，持续推动制造业向全球先进水平迈进，为实现制造业的高质量发展注入新的动力。

二、持续推动“三强一制造”，打响“浙江制造”品牌

2013 年，浙江省针对标准、质量、品牌及制造等多个领域进行了统筹规划和协同推进，作出了建设标准强省、质量强省、品牌强省，并打造“品字标浙江制造”品牌的“三强一制造”战略决策。这一部署旨在通过提升浙江制造的标准化、质量化和品牌化水平，推动制造业的高质量发展。2016 年，为了进一步深化“三强一制造”战略，浙江省政府制定并下发了《浙江省标准强省质量强省品牌强省建设“十三五”规划》。该规划明确了统筹推进标准强省、质量强省、品牌强省建设的方向和目标，并致力于打造具有浙江特色的“品字标”区域公共品牌。此外，浙江省还出台了《浙江省质量提升三年行动计划（2017～2019 年）》和《关于开展质量提升行动的实施意见》，并通过召开全省质量大会，全力推进标准强省、质量强省、品牌强省和“浙江制造”的建设。其中，浙江制造“百网万品”拓市场专项行动等举措的实施，极大地提升了“浙江制造”的市场份额和品牌影响力。为了加快建设世界一流企业，推动世界 500 强企业数量持续增长，浙江省迭代实施了新一轮的“雄鹰行动”。同时，深化“凤凰行动”，加速高质量产业链并购重组，以培育更多优质上市企业。这些努力不仅提升了浙江制造业的竞争力，也为浙江经济的持续发展注入新的

活力。

三、深化智造转型，推进制造业全面转入数字化、网络化、智能化

在过去的二十年里，浙江以“数字浙江”建设为战略导向，积极实施数字经济“一号工程”及数字经济创新提质“一号发展工程”，深入推动信息化和工业化的深度融合。遵循产业发展与转型升级的客观规律，浙江从“机器换人”到“企业上云”，再到工业互联网和“产业大脑＋未来工厂”的建设，实现了梯度推进和层层深化的目标。2022 年，浙江进一步出台了以“产业大脑＋未来工厂”为核心的制造业数字化转型行动方案，显著加快了产业数字化转型的步伐。通过创新打造“产业大脑＋未来工厂”模式，浙江已累计建立细分行业产业大脑 96 个、未来工厂 52 家、智能工厂（数字化车间）601 家。展望未来，浙江将继续加强大型数据中心的建设，高标准构建“双千兆”网络基础设施，并大力推进算力基础设施的完善。同时，浙江将加快工业互联网与新一代信息技术的融合应用，促进百亿以上产业集群工业互联网平台的建设。预计到 2025 年，浙江将建成省级工业互联网平台 300 个以上，实现百亿元以上产业集群工业互联网平台的全覆盖。此外，浙江还将持续探索产业群体智造新模式，深入推进细分行业产业大脑的建设。预计到 2025 年，浙江将培育出 50 家以上的数字工厂标杆企业，并上线运行 50 个以上的细分行业大脑。同时，浙江还将深入推进产业集群数字化转型，加快重点细分行业中小企业的数字化改造全覆盖。到 2025 年，浙江计划建设“未来工厂”100 家、智能工厂（数字化车间）1000 家（个），进一步巩固和提升浙江在全球先进制造业领域的地位。

四、以“415X”先进制造业集群为抓手，打造全球智能化产业集群

科学制定《浙江省“415X”先进制造业集群建设行动方案（2023～

2027 年）》，紧紧围绕新一代信息技术、高端装备、现代消费与健康、绿色石化与新材料 4 个万亿级世界级先进产业群；高端软件、集成电路、数字安防与网络通信、智能光伏、节能与新能源汽车及零部件、机器人与数控机床、节能环保与新能源装备、智能电气、高端船舶与海工装备、生物医药与医疗器械、现代纺织与服装、现代家具与智能家电、炼油化工、精细化工、高端新材料 15 个千亿级特色产业群；面向人工智能、第三代半导体、基因工程、前沿新材料、元宇宙、区块链等前沿领域，打造一批具有技术领先性和国际竞争力的百亿级“新星”产业群，以自贸试验区、综合保税区、省级新区、“万亩千亿”新产业平台等为主阵地，突出集群式打造、雁阵式培育、引领型发展、数字化转型、绿色化改造，加快建设具有浙江特色的现代化产业体系，推动制造业高端化、智能化、绿色化、融合化，实现由传统块状特色产业向全球智能化产业集群的迭代升级。

为加快构建具有浙江特色的现代化产业体系，并推动制造业向高端化、智能化、绿色化、融合化方向发展，省政府科学制定了《浙江省“415X”先进制造业集群建设行动方案（2023～2027 年）》。该方案明确以 4 大万亿级世界级先进产业群为核心，同时聚焦 15 个千亿级特色产业群，并瞄准前沿领域打造百亿级“新星”产业群，以实现制造业的迭代升级。首先，4 大万亿级世界级先进产业群包括新一代信息技术、高端装备、现代消费与健康、绿色石化与新材料。这些产业群将作为浙江制造业的支柱产业，引领产业发展方向，提升全球竞争力。其次，15 个千亿级特色产业群涵盖高端软件、集成电路、数字安防与网络通信、智能光伏、节能与新能源汽车及零部件、机器人与数控机床、节能环保与新能源装备、智能电气、高端船舶与海工装备、生物医药与医疗器械、现代纺织与服装、现代家具与智能家电、炼油化工、精细化工、高端新材料等领域。这些产业群将发挥各自的优势，形成协同发展的良好局面。此外，针对人工智能、第三代半导体、基因工程、前沿新材料、元宇宙、区块链等前沿领域，浙江将打造一批具有技术领先性和国际竞争力的百亿级“新星”产业群。这些新兴产业群将成为推动浙江制造业创新发展的重要力量。为实现这些目标，浙江将以自贸试验区、综合保税区、省级新区、“万亩千亿”新产业平台等为主阵地，突出集群式打造、雁阵式培育、引领型发展、数字化转型、绿色化改造。通过优化产业布局，加强企业间的合作与协同，提升产业链水平，推动制造业向全球价值链高端攀升。此外，浙江将加快建设具有浙江特色的现代化产业体系，推动制造业实现由传统块状特色产业向全球智能化产业集群的迭代升级。这将为浙江经济的高质量发展注入新的动力，并为实现“两个一百年”奋斗目标和中华民族伟大复兴的中国梦作出更大贡献。

参考文献

[1] 闫永蚕，李健，徐艺．制造业高质量发展的行业差异及分布动态演进［J/OL］．统计与决策，2024（8）：120－125.

[2] 靳晓宏，谭晓，李辉．数据要素乘数效应赋能实体经济发展：作用机理及路径选择［J/OL］．情报理论与实践，1－10［2024－05－06］.

[3] 张志元，李瀌．中国式现代化视域下实体经济高质量发展的战略思考［J/OL］．学术探索，1－7［2024－05－06］.

[4] 齐英程．个人数据收益共享的法实现［J/OL］．法律科学（西北政法大学学报），2024（3）：1－11［2024－05－06］.

[5] 张吉昌，龙静．政府数据开放何以赋能企业创新？［J］．现代经济探讨，2024（4）：29－43＋59.

[6] 韩奇，杨秀云．公共数据开放能否促进企业数字化转型？［J］．现代经济探讨，2024（4）：44－59.

[7] 李黎，雍会，王磊，等．数据要素嵌入、双元创新与制造业转型升级［J］．统计与信息论坛，2024，39（4）：31－45.

[8] 张明，路先锋，吴雨桐．数据要素经济学：特征、确权、定价与交易［J］．经济学家，2024（4）：35－44.

[9] 徐野，田聪，刘满凤，等．数据要素对经济增长的影响效应研究［J］．统计与决策，2024，40（6）：121－125.

[10] 张鼎．数字要素流动的责任规则：实践与原理［J］．甘肃政法大学学报，2024（2）：76－93.

[11] 王晓丹，石玉堂，刘达．数据要素市场化配置对数实融合的影响研究——基于数据交易平台设立的准自然实验［J］．广东财经大学学报，2024，39（2）：44－58.

[12] 陆岷峰．数智化创新赋能实体经济高质量发展：运行机理与实

践策略［J］. 广西社会科学，2024（1）：12－20.

［13］吴江，袁一鸣，贺超城，等. 数据要素交易多边平台研究：现状、进路与框架［J/OL］. 信息资源管理学报，1－17［2024－05－06］.

［14］赵巍. 数字技术驱动制造业产业链现代化的效应与机制［J］. 中国流通经济，2024，38（4）：3－12.

［15］赵蔡晶. 国内数据要素价值化研究综述及展望［J］. 信息资源管理学报，2024，14（2）：41－53.

［16］范佳佳. 公共数据进入数据要素市场模式研究［J］. 信息资源管理学报，2024，14（2）：68－81.

［17］赵琳，钱雨秋，郑汉. 欧盟数据要素市场培育政策、实践与模式［J/OL］. 图书馆论坛，1－10［2024－05－06］.

［18］周文泓，代林序，吴一凡，等. 我国地方数据政策体系的构建进展与展望［J/OL］. 情报理论与实践，1－12［2024－05－06］.

［19］冯志波. 数字经济赋能制造业转型升级［J］. 宏观经济管理，2024（3）：49－59.

［20］齐平，宋威辉，高源伯. 数字经济对制造业“四链”融合的影响［J/OL］. 当代财经，1－13［2024－05－06］.

［21］马洪超，张浩楠. 基于利益相关者视角的数据要素市场培育对策［J］. 理论探讨，2024（2）：149－155.

［22］刘建丽，李娇. 智能制造：概念演化、体系解构与高质量发展［J］. 改革，2024（2）：75－88.

［23］丁波涛. 我国数据要素市场治理的模式、现状与对策［J］. 信息资源管理学报，2024，14（2）：29－40.

［24］张衡. “数据二十条”下探析数据资源持有权的内涵及框架构建［J］. 信息资源管理学报，2024，14（2）：54－67.

［25］任保平，贺海峰. 按照高标准市场体系要求培育数据要素市场［J］. 福建论坛（人文社会科学版），2024（3）：42－58.

［26］宋文静. 数据商品的生成逻辑与资本化过程探析——基于政治经济学的视角［J］. 天府新论，2024（2）：11－22.

［27］夏杰长，张雅俊. 数字化赋能服务业高质量发展的内在机理与

路径［J］. 社会科学战线，2024（3）：41－50.

［28］诸竹君，袁逸铭，许明，等. 数字金融、路径突破与制造业高质量创新——兼论金融服务实体经济的创新驱动路径［J］. 数量经济技术经济研究，2024，41（4）：68－88.

［29］朱兰，吴紫薇，王勇. 经济高质量发展的“引擎”——高端制造业发展、人力资本配置和经济增长［J］. 数量经济技术经济研究，2024，41（4）：48－67.

［30］徐晓明，杜何颜. 数实融合助力制造业数字化转型的路径探析［J］. 行政管理改革，2024（2）：57－65.

［31］孙小强，高秀云，王玉梅. 制造业数智化融合转型发展的关键要素、机理分析及评价指标研究［J］. 中国科学院院刊，2024，39（2）：323－332.

［32］欧阳日辉. 数据要素促进数字经济和实体经济深度融合的理论逻辑与分析框架［J］. 经济纵横，2024（2）：67－78.

［33］李慧敏，桂翔. 先进制造业集群建设的国际镜鉴与实践进路［J］. 人民论坛，2024（3）：84－86.

［34］段巍，袁健. 数据安全视角下数据交易的激励机制——兼论数据交易平台治理模式［J］. 上海经济研究，2024（2）：54－69.

［35］董康. 数据要素流通的困境与对策研究［J］. 人文杂志，2024（2）：131－140.

［36］徐昕. 以高质量发展推进中国式现代化：生成逻辑、实践路径与价值意蕴的三维解读［J］. 经济学家，2024（2）：5－14.

［37］周文泓，文利君，吴一凡. 我国省级政府面向数据资产化利用的推进行动调查及其启示［J］. 图书情报工作，2024，68（3）：27－39.

［38］窦悦，郭明军，张琳颖，等. 全国一体化数据交易场所体系的总体布局及推进路径研究［J］. 电子政务，2024（2）：2－11.

［39］孙静，王建冬. 多级市场体系下形成数据要素资源化、资产化、资本化政策闭环的总体设想［J］. 电子政务，2024（2）：12－20.

［40］赵正，杨铭鑫，易成岐，等. 数据财政视角下公共数据有偿使用价值分配的理论基础与政策框架［J］. 电子政务，2024（2）：21－32.

[41] 于施洋，黄倩倩，虞洋，等．数据要素市场的价值增值研究：理论构建与实施路径 [J]．电子政务，2024 (2)：33 - 40.

[42] 丁述磊，刘翠花，李建奇．数实融合的理论机制、模式选择与推进方略 [J]．改革，2024 (1)：51 - 68.

[43] 张亚豪，李晓华，刘尚文．数据要素赋能服务型制造发展：场景应用、作用机制与政策建议 [J]．改革，2024 (1)：69 - 81.

[44] 冯晓青．数据产权法律构造论 [J]．政法论丛，2024 (1)：120 - 136.

[45] 欧阳日辉．数字经济中经济增长的新动力与新范式 [J]．广东社会科学，2024 (1)：15 - 26 + 284.

[46] 徐晔，王志超．数据要素市场化建设与企业数字化转型——基于数据交易平台的准自然实验 [J/OL]．软科学，1 - 13 [2024 - 05 - 06].

[47] 戴艳娟，沈伟鹏．大数据发展如何影响企业全要素生产率？——基于内外部双重视角的分析 [J]．云南财经大学学报，2024，40 (2)：78 - 94.

[48] 朱晓武，魏文石，王靖雯．数据要素、新型基础设施与产业结构调整路径 [J]．南方经济，2024 (1)：107 - 123.

[49] 孙建军，巴志超，夏义堃．数据要素市场体系建构与价值实现路径探索 [J]．情报学报，2024，43 (1)：1 - 9.

[50] 李珊，张文德，郑伟鑫．中国数据要素市场产权配置改革评价机制构建与实证研究 [J]．中国软科学，2024 (1)：151 - 163.

[51] 陈兵，林思宇．数据产权结构性分置的运行逻辑与实践机制——以统筹数据保护和利用为目标 [J]．南开学报（哲学社会科学版），2024 (1)：36 - 50.

[52] 沈坤荣，丁露．数字经济重塑经济循环模式：理论逻辑与推进路径 [J]．四川大学学报（哲学社会科学版），2024 (1)：30 - 36 + 207 - 208.

[53] 沈坤荣，周铃铃．数据基础制度建设：现实挑战与路径选择 [J]．学术月刊，2024，56 (1)：60 - 69.

[54] 熊丙万，何娟．论数据要素市场的基础制度体系 [J]．学术月刊，2024，56 (1)：102 - 114.

[55] 吕宏军，侯娜娜．数字经济、产业链现代化与经济高质量发展：作用机理和实施路径［J］．西安财经大学学报，2024，37（1）：94－104.

[56] 马费成，熊思玥，孙玉姣，等．数据分类分级确权对数据要素价值实现的影响［J］．信息资源管理学报，2024，14（1）：4－12.

[57] 陈寒钰，赵紫凤，刘超．数据要素市场建设促进了产业数字化发展吗——基于数据交易平台的准自然实验［J］．宏观经济研究，2024（1）：61－74.

[58] 王伟玲．中国数据产权制度构建研究［J］．经济纵横，2024（1）：78－85.

[59] 童楠楠，张琳颖，牛文倩．我国数据交易市场建设：实践进展、生命周期定位与推进对策［J］．经济纵横，2024（1）：93－100.

[60] 陈兵．数据要素市场化配置的法治推进——兼论《数据二十条》相关条款设计［J］．上海大学学报（社会科学版），2024，41（1）：1－13.

[61] 曾晶，余泳泽，缪言．数据要素对劳动和资本的配置效应：机理分析与实证检验［J］．中南财经政法大学学报，2024（1）：148－160.

[62] 聂含秋．企业数据产权的私法调整路径研究［J］．新疆大学学报（哲学社会科学版），2024，52（1）：107－115.

[63] 郑文慧，杨昀．基于扎根理论的数据要素价值释放机理研究［J］．哈尔滨师范大学社会科学学报，2024，15（1）：88－93.

[64] 李巧巧．数据产权的分配正义及其制度实现——基于马克思的产权论与正义观［J/OL］．行政法学研究，2024，(3)：164－176［2024－05－06］.

[65] 朱海洋．基于数据要素流通视角的数据交易平台发展现状与对策［J］．中国流通经济，2024，38（2）：24－33.

[66] 王杰森，吴宏洛．新时代数据要素参与分配理论的原创性贡献［J］．河北经贸大学学报，2024，45（2）：32－40.

[67] 马涛，刘秉源．跨境数据流动、数据要素价值化与全球数字贸易治理［J/OL］．国际经济评论，1－26［2024－05－06］.

[68] 陈艳利，蒋琪．数据生产要素视角下开放公共数据与企业创新——基于建立公共数据开放平台的准自然实验［J/OL］．经济管理，

1－22［2024－05－06］.

［69］胡元聪，龚家锋．政府数据授权运营制度：理论跃升、问题检视与跃迁进路［J］．电子政务，2024（4）：78－89.

［70］林镇阳，陈荣源，林拥军，等．数据要素市场建设背景下个人数据的价值化路径和实现机制［J/OL］．电子政务，1－13［2024－05－06］.

［71］续继，王于鹤．数据治理体系的框架构建与全球市场展望——基于“数据二十条”的数据治理路径探索［J］．经济学家，2024（1）：25－35.

［72］齐平，宋威辉．数字化转型、创新发展与制造业价值链高质量发展［J］．广东财经大学学报，2024，39（1）：4－18.

［73］任保平，李培伟．以高质量发展推进中国式现代化的逻辑、机制和路径［J］．经济学家，2024（1）：14－24.

［74］张雅俊．基于市场机制和交易场景的数据要素定价模型［J］．社会科学家，2023，（10）：72－76＋84.

［75］任保平．数字经济与制造业深度融合推动新型工业化的机制与路径［J］．山东社会科学，2024（1）：82－89.

［76］张灵，冯科，孙华平．制造业企业数据价值释放：效应与机制［J］．系统工程理论与实践，2024，44（1）：68－85.

［77］侯晓丽，赵需要，周庆山，等．政府开放数据生态链价值共创机理与节点优化策略研究［J/OL］．情报理论与实践，1－13［2024－05－06］.

［78］张树山，董旭达．智能化转型、组织韧性与制造业企业高质量发展［J］．中国流通经济，2024，38（1）：104－114.

［79］韩文龙，俞佳琦．数字经济与实体经济融合发展：理论机制、典型模式与中国策略［J］．改革与战略，2023，39（6）：65－78.

［80］于柳箐，高煜．数据要素如何驱动制造业生产率提升［J］．财经科学，2024（1）：76－90.

［81］李雪梅，赵小磊．基于经济学视角的数据要素定价研究［J］．河南社会科学，2024，32（1）：33－42.

［82］陈蕊，王宏伟．大数据发展与企业创新能力提升［J］．当代经济管理，2024，46（5）：30－42.

[83] 戚聿东，杜博．数字经济、高质量发展与推进中国式现代化[J]．山东大学学报（哲学社会科学版），2024（1）：108－124.

[84] 张楠，马治国．数据资产证券化探索的法律困境与解决路径[J/OL]．重庆大学学报（社会科学版），1－13［2024－05－06］.

[85] 司增绰，刘世泉．数字经济推动制造业高质量发展的路径及其实证检验［J］．科学管理研究，2023，41（6）：80－89.

[86] 周乐欣．区域数据要素市场化配置发展模式及驱动路径研究[J]．贵州社会科学，2023（12）：102－110.

[87] 薛奕曦，张佳陈，张译，等．中国制造业企业高质量发展的联动路径研究［J/OL］．科研管理，1－11［2024－05－06］.

[88] 戴魁早，王思曼，黄姿．数据交易平台建设如何影响企业全要素生产率［J］．经济学动态，2023（12）：58－75.

[89] 申卫星．数据产权：从两权分离到三权分置［J］．中国法律评论，2023（6）：125－137.

[90] 张素华，王年．数据产权“双阶二元结构”的证成与建构［J］．中国法律评论，2023（6）：138－156.

[91] 陈晓红，张静辉，汪阳洁，等．数字技术赋能中国式创新的机制与路径研究［J/OL］．科研管理，1－8［2024－05－06］.

[92] 沈坤荣，乔刚，林剑威．智能制造政策与中国企业高质量发展[J]．数量经济技术经济研究，2024，41（2）：5－25.

[93] 乔彬，贾玉洁，张杰飞．数据价值化、产业跨界融合与经济高质量增长［J/OL］．软科学，1－18［2024－05－06］.

[94] 袁曾，刘志鸿．数据确权的逻辑厘清与差异化制度建构［J］．学术交流，2023（12）：46－58.

[95] 杨膨宇．数字要素赋能下的产业结构优化效应研究［J］．统计与决策，2023，39（22）：57－62.

[96] 徐建伟，韩晓，赵阳华．推动制造业高质量发展的时代要求、现实基础与策略选择［J］．改革，2023（11）：55－66.

[97] 谢康，张祎，吴瑶．数据要素如何产生即时价值：企业与用户互动视角［J］．中国工业经济，2023（11）：137－154.

[98] 杜传忠，王亚丽．数智技术驱动数实融合的演进历程、国际经验与实践路径［J］．河北大学学报（哲学社会科学版），2023，48（6）：119－131.

[99] 郑威，陈辉．数据要素市场化配置对城市经济韧性的影响：促进还是抑制？——基于数据交易平台设立的准自然实验［J］．现代财经（天津财经大学学报），2023，43（12）：78－92.

[100] 欧阳日辉，刘昱宏．数据要素倍增效应的理论机制、制约因素与政策建议［J］．财经问题研究，2024（3）：3－18.

[101] 郑霖豪，许潆方，任羽卓．构建国家数据安全治理体系：理论、挑战与对策［J］．价格理论与实践，2023（9）：52－56.

[102] 项猛，王志刚．基于数字生态视角的数据要素市场治理策略研究［J］．新疆社会科学，2023（6）：54－61.

[103] 李军林，陆树檀，路嘉明．推动数据流通交易：要素市场细分和基础制度建设［J］．学术研究，2023（11）：81－89＋177.

[104] 章燕华．以数智化驱动引领档案事业现代化的发展进程与实施路径［J］．档案学通讯，2023（6）：4－13.

[105] 任保平，李婧瑜．数据成为新生产要素的政治经济学阐释［J］．当代经济研究，2023（11）：5－17.

[106] 李剑力，袁苗．数字经济与实体经济有机融合发展：理论逻辑、现实挑战与推进路径［J］．学习论坛，2023（6）：118－127.

[107] 郭如愿．破除数据要素的交易困境：法律透视与机制重塑［J］．中国流通经济，2023，37（11）：26－34.

[108] 许可．数据要素市场的法律建构：模式比较与中国路径［J］．法学杂志，2023，44（6）：105－120.

[109] 张会平，薛玉玉．公共数据授权运营产权运行机制的理论建构与实施路径［J］．电子政务，2023（11）：2－13.

[110] 谭洪波，耿志超．数据要素推动经济高质量发展路径研究——基于新生产要素特征视角的分析［J］．价格理论与实践，2023（9）：46－51.

[111] 王丹，张丁．ESG 表现、制造业高质量发展与数字化转型［J］．统计与决策，2023，39（19）：172－176.

[112] 綦颖，王天琪．供应链视角下制造业转型升级研究——以营口市为例［J］．辽宁经济职业技术学院．辽宁经济管理干部学院学报，2023（5）：1-4.

[113] 朱秀梅，林晓玥，王天东，等．数据价值化：研究评述与展望［J］．外国经济与管理，2023，45（12）：3-17.

[114] 朱俏俏，王昱茜，李征帛．产业协同集聚、环境规制与经济高质量发展［J］．生态经济，2023，39（10）：63-71.

[115] 刘雅君，张雅俊．数据要素市场培育的制约因素及其突破路径［J］．改革，2023（9）：21-33.

[116] 邵琳．机械制造企业在智能制造发展中的信息化建设［J］．现代工业经济和信息化，2023，13（9）：106-108+117.

[117] 韦东明，徐扬，顾乃华．数字经济驱动经济高质量发展［J］．科研管理，2023，44（9）：10-19.

[118] 陈雨露．数字经济与实体经济融合发展的理论探索［J］．经济研究，2023，58（9）：22-30.

[119] 樊茂清，包时鹏．数字经济破解中国产业高质量发展难题的机制与对策［J］．江苏行政学院学报，2023（5）：62-69.

[120] 中国社会科学院经济研究所课题组，黄群慧，原磊，等．新征程推动经济高质量发展的任务与政策［J］．经济研究，2023，58（9）：4-21.

[121] 朱小能，李雄一．数据要素资产价格、交易收益与效用研究［J］．经济学动态，2023（9）：33-52.

[122] 王守义．数据要素价值化、实体企业数字化转型与全国统一大市场构建［J］．思想战线，2023，49（5）：149-157.

[123] 马克卫，王硕，苑杰．数据资产核算应用研究：理论与实践［J］．中南财经政法大学学报，2023（5）：149-160.

[124] 林彦佐．数字经济背景下数据资产担保规则研究［J］．中国矿业大学学报（社会科学版），2023，25（5）：89-106.

[125] 杨浩昌，罗雨成，李廉水．智能制造对制造业高质量发展的影响研究——基于“量”与“质”的视角［J/OL］．科学学研究，1-15［2024-05-06］.

［126］曾祥炎，魏蒙蒙，周健．数字经济发展如何影响企业转型升级？——基于国家级大数据综合试验区的准自然实验［J］．福建论坛（人文社会科学版），2023（9）：74－91.

［127］荆文君，刘倩，孙宝文．数字技术赋能经济高质量发展：一种改进的“技术－经济”分析范式［J］．电子政务，2023（10）：2－13.

［128］张立榕．数据生产要素化的历史进程：生产力与生产关系的视角［J］．东南学术，2023（5）：128－136.

［129］王青兰，王喆．数据交易动态合规：理论框架、范式创新与实践探索［J］．改革，2023（8）：42－53.

［130］王雪，夏义堃，裴雷．国内外数据要素市场研究进展：系统性文献综述［J］．图书情报知识，2023，40（6）：117－128.

［131］薛栋，李晓敏．数字经济赋能实体经济高质量发展：现实挑战与路径选择［J］．青海社会科学，2023（4）：81－90.

［132］付少雄，孙建军．数据流通与安全：标准与保障体系［J］．图书与情报，2023（4）：20－28.

［133］奉国和，肖雅婧．数据要素价值释放研究进展［J/OL］．图书馆论坛，1－11［2024－05－06］.

［134］王婷伟，苏梽芳，李嘉政．组态视角下制造业高质量发展的动力机制与驱动路径研究——基于模糊集定性比较分析［J］．软科学，2024，38（3）：14－20＋28.

［135］张培，董珂隽．制造企业数据赋能实现机理研究：关键要素和作用机制［J］．科学学与科学技术管理，2023，44（8）：94－111.

［136］林春艳，乔文．制造业高质量发展水平测度及时空演化研究［J］．统计与决策，2023，39（15）：120－124.

［137］李逸飞，苏盖美，牛芮，等．智能化与制造业企业创新［J］．经济与管理研究，2023，44（8）：3－16.

［138］马捷，郝志远，李丽华，等．数字化转型视域下的数据价值研究综述：内涵阐述、作用机制、场景应用与数据创新［J］．图书情报工作，2023，67（15）：4－13.

［139］贾彦，顾鑫，苏映雪．数据要素赋能金融发展，提升“中国

数”全球话语权［J］. 清华金融评论，2023（8）：96－98.

［140］宋炜，曹文静，周勇. 数据要素赋能、研发决策与创新绩效——来自中国工业的经验证据［J］. 管理评论，2023，35（7）：112－121.

［141］陈楠，蔡跃洲. 工业大数据的属性特征、价值创造及开发模式［J］. 北京交通大学学报（社会科学版），2023，22（3）：25－36.

［142］范德成，肖文雪. 数据要素配置与区域创新：赋能效果及作用路径［J］. 科技进步与对策，2023，40（20）：30－41.

［143］彭远怀. 政府数据开放的价值创造作用：企业全要素生产率视角［J］. 数量经济技术经济研究，2023，40（9）：50－70.

［144］夏杰长. 数据要素赋能我国实体经济高质量发展：理论机制和路径选择［J］. 江西社会科学，2023，43（7）：84－96＋207.

［145］田时中，许玉久，范宇翔. 数据要素新动能对制造业高质量发展的影响研究［J］. 统计与信息论坛，2023，38（8）：55－66.

［146］任保平，李培伟. 数字经济背景下中国经济高质量发展的六大路径［J］. 经济纵横，2023（7）：55－67.

［147］戴魁早，王思曼，黄姿. 数据要素市场发展与生产率提升［J］. 经济管理，2023，45（6）：22－43.

［148］郭雳，尚博文. 数字经济时代的数据要素流通——以产权“结构性分置”为视角的分析［J］. 中国政法大学学报，2023（4）：42－55.

［149］张少峰，徐梦苏，朱悦，等. 技术创新、组织韧性与制造企业高质量发展［J］. 科技进步与对策，2023，40（13）：81－92.

［150］刘耀彬，聂长飞. 中国式现代化进程中高质量发展的新定位、新内涵与新路径［J］. 经济学家，2023（7）：15－24.

［151］周明生，周珺. 我国数据要素研究的热点与演进趋势［J］. 河南大学学报（社会科学版），2023，63（4）：13－19＋152.

［152］蔡继明，曹越洋，刘乐易. 论数据要素按贡献参与分配的价值基础——基于广义价值论的视角［J］. 数量经济技术经济研究，2023，40（8）：5－24.

［153］周一竞，崔琢，黄翠婷，等. 基于知识联邦的数据要素流通创新体系［J］. 信息通信技术与政策，2023，49（6）：61－70.

[154] 郭百涛，何云梦，汪亚楠．高质量发展要求下的多链联动创新生态系统：机制、框架与实践模式 [J]．南京社会科学，2023 (6)：40－51.

[155] 李海舰，赵丽．数据价值理论研究 [J]．财贸经济，2023，44 (6)：5－20.

[156] 刘成坤，林明裕．制造业高质量发展水平的统计测度及时空演变特征研究 [J]．当代经济管理，2023，45 (8)：56－68.

[157] 吴刚，宫汝娜，冯冬发．中国制造业高质量发展水平的区域差异、动态演进及收敛性特征 [J]．统计与决策，2023，39 (10)：84－90.

[158] 李伟．数字经济发展的底层理论逻辑、发达国家战略部署及我国应对 [J]．中国软科学，2023 (5)：216－224.

[159] 王玉珏，李演航．中国式现代化视域下数字中国建设的价值意蕴 [J]．集美大学学报（哲学社会科学版），2023，26 (3)：1－7.

[160] 方梓旭，戴志敏．中国制造业高质量发展水平测度及时空特征研究 [J]．软科学，2024，38 (2)：27－34.

[161] 戚聿东，郝越．域观范式下中国数字经济发展战略与路径探索 [J]．北京社会科学，2023 (5)：95－105.

[162] 杨秀云，从振楠．数字经济与实体经济融合赋能产业高质量发展：理论逻辑、现实困境与实践进路 [J]．中州学刊，2023 (5)：42－49.

[163] 毛立波．再创奇迹目标：2035 年基本建成全球先进制造业基地 [J]．经贸实践，2023 (5)：14－18.

[164] 任保平，迟克涵．数字技术创新驱动新兴产业成长的路径选择与政策取向 [J/OL]．新疆师范大学学报（哲学社会科学版），1－9 [2024－05－06].

[165] 麦力开·色力木，常雅琳，吾买尔江·艾山．制造业产业集聚、环境规制与经济高质量发展 [J]．统计与决策，2023，39 (9)：125－130.

[166] 任生俊．谱写政策性金融服务制造业发展新篇章 [J]．中国金融，2023 (9)：9－11.

[167] 周毅．基于数据价值链的数据要素市场建设理路探索 [J]．图书与情报，2023 (2)：1－11.

[168] 阳巧英，夏义堃．我国数据要素价值形成机理、影响因素与实

现路径——基于扎根理论的分析［J］. 图书与情报，2023（2）：12－22.

［169］臧超．要素市场化配置下数据基础制度体系的构建研究［J］. 长春市委党校学报，2023（2）：11－15.

［170］黄群慧．中国式现代化的理论价值及实现路径［J］. 北京工业大学学报（社会科学版），2023，23（4）：1－12.

［171］陆威文，苟廷佳．数据要素资产化的理论逻辑与实践进路——基于对数据资产内涵与价值规律的认识［J］. 企业经济，2023，42（4）：28－39.

［172］杜金柱，吴战勇，扈文秀，等．数字经济与制造业高质量发展：影响机制与经验证据［J］. 统计与决策，2023，39（7）：5－10.

［173］张吉昌，龙静，王泽民．智能化转型如何赋能制造企业高质量发展？［J］. 经济与管理研究，2023，44（4）：3－20.

［174］欧阳日辉．数据要素流通的制度逻辑［J］. 人民论坛·学术前沿，2023（6）：13－27.

［175］王小明，邵睿，朱莉芬．数字经济赋能制造业高质量发展探究［J］. 改革，2023（3）：148－155.

［176］郑国强，张馨元，赵新宇．数据要素市场化如何驱动企业数字化转型？［J］. 产业经济研究，2023（2）：56－68.

［177］张帆，刘嘉伟．中国式现代化视域下制造业高质量发展的取向与路径［J］. 江海学刊，2023，（2）：109－116＋255－256.

［178］王伟玲．中国数据要素市场体系总体框架和发展路径研究［J］. 电子政务，2023（7）：2－11.

［179］周正，门博阳，王搏．数字经济驱动制造业高质量发展的增长效应——基于中国数字经济与制造业的实证检验［J］. 河南师范大学学报（哲学社会科学版），2023，50（1）：72－78.

［180］钞小静，廉园梅，沈路．中国经济高质量发展的时空差异与收敛特征研究——基于“条件—过程—结果”的三维测度［J］. 财经问题研究，2023（3）：3－21.

［181］夏杰长，肖宇．新实体经济赋能中国经济现代化：作用机理与实施路径［J］. 社会科学战线，2023（3）：1－9.

［182］包振山，韩剑，翁梅，等．数字经济如何促进对外贸易高质量发展［J］．国际经贸探索，2023，39（2）：4－20.

［183］马费成，吴逸姝，卢慧质．数据要素价值实现路径研究［J］．信息资源管理学报，2023，13（2）：4－11.

［184］郑慧．数据要素市场化配置优化路径探析［J］．山东干部函授大学学报（理论学习），2023（2）：25－29.

［185］徐星，惠宁，崔若冰，等．数字经济驱动制造业高质量发展的影响效应研究——以技术创新效率提升与技术创新地理溢出的双重视角［J］．经济问题探索，2023（2）：126－143.

［186］夏杰长，李銮淏．数字化赋能国际贸易高质量发展：作用机理、现实挑战和实施路径［J］．国际贸易，2023（1）：56－65.

［187］尹博文．政府数据有偿开放理论的法治建构［J］．新疆社会科学，2023（1）：82－92＋145－146.

［188］赵鑫．国家创新体系提质增效的制度保障与完善路径——学习贯彻党的二十大精神［J］．云南师范大学学报（哲学社会科学版），2023，55（1）：10－19.

［189］欧阳日辉．数字经济的理论演进、内涵特征和发展规律［J］．广东社会科学，2023（1）：25－35＋286.

［190］王超贤，颜蒙，张伟东．数字经济的本质逻辑、边界构成与发展策略——基于产业、“技术－经济”范式和经济形态三重视角的比较分析［J］．电子政务，2023（1）：74－90.

［191］齐美虎，黄云平．习近平经济思想科学指引新时代制造业高质量发展［J］．经济问题探索，2023（1）：1－5.

［192］嘎拉森，徐拥军．公共数据开放视域下的个人信息保护风险及其治理逻辑［J］．图书与情报，2022（6）：83－90.

［193］贾弘毅．新时代数字经济知识产权制度思考［J］．中国发展观察，2022（12）：105－108.

［194］刘东辉．数字资产核算与管理相关问题探析［J］．商业经济，2023（1）：168－173.

［195］钞小静．以数字经济与实体经济深度融合赋能新形势下经济高

质量发展［J］. 财贸研究，2022，33（12）：1－8.

［196］郭占恒.《之江新语》学习系列讲座/第六讲从“变制造为创造”看“建设制造强国”［J］. 浙江经济，2022（11）：10－14.

［197］王传智.数据要素及其生产的政治经济学分析［J］. 当代经济研究，2022（11）：26－33.

［198］黎晓春.未来工厂建设的浙江经验与路径优化研究［J］. 经济师，2022（11）：123－124＋127.

［199］孙天翼.新时代我国乡村治理数字化发展优化路径研究［J］. 中国海洋大学学报（社会科学版），2022（S1）：88－91.

［200］王志刚，李承怡.数据要素市场化的现实困境与对策建议［J］. 财政科学，2022（8）：22－29.

［201］欧阳日辉.完善数据要素定价制度是实现市场化配置的关键［J］. 中国发展观察，2022（7）：28－33.

［202］顾硕.数字化转型助力智能工厂发展［J］. 自动化博览，2022，39（7）：7.

［203］李川川，刘刚.数字经济创新范式研究［J］. 经济学家，2022（7）：34－42.

［204］汪建新，张宇珂.数据要素区域市场一体化合作机制与路径：产业链集群视角［J］. 广西师范大学学报（哲学社会科学版），2022，58（5）：117－126.

［205］余东华，燕玉婷.环境规制、技术创新与制造业绿色全要素生产率［J］. 城市与环境研究，2022（2）：58－79.

［206］陈兵，郭光坤.数据分类分级制度的定位与定则——以《数据安全法》为中心的展开［J］. 中国特色社会主义研究，2022（3）：50－60.

［207］肖冬梅，苏莹.我国政府数据开放中的安全风险及其防范对策［J］. 现代情报，2022，42（6）：112－120＋131.

［208］戚聿东，徐凯歌.智能制造的本质［J］. 北京师范大学学报（社会科学版），2022（3）：93－103.

［209］时永航.新时代乡村治理数字化发展策略研究［J］. 领导科学论坛，2022（5）：21－27.

[210] 任保平，王思琛．新发展格局下我国数据要素市场培育的逻辑机理与推进策略 [J]. 浙江工商大学学报，2022 (3)：85 – 93.

[211] 于海玲．基于双重结构的政府数据共享问题研究 [D]. 济南：山东师范大学，2022.

[212] 江飞涛．技术革命浪潮下创新组织演变的历史脉络与未来展望——数字经济时代下的新思考 [J]. 学术月刊，2022，54 (4)：50 – 62.

[213] 武宵旭，任保平．数字经济背景下要素资源配置机制重塑的路径与政策调整 [J]. 经济体制改革，2022 (2)：5 – 10.

[214] 欧阳日辉．我国多层次数据要素交易市场体系建设机制与路径 [J]. 江西社会科学，2022，42 (3)：64 – 75 + 206 – 207.

[215] 隋义宁．基于生产要素协同联动的区域经济发展 [J]. 现代营销（经营版），2022 (3)：110 – 112.

[216] 陈舟，郑强，吴智崧．我国数据交易平台建设的现实困境与破解之道 [J]. 改革，2022 (2)：76 – 87.

[217] 黄益平，沈艳．数据要素市场化配置多点发力 [J]. 经济，2022 (2)：74 – 77.

[218] 杨虎涛．新发展格局构建与数字经济发展：内在逻辑与政策重点 [J]. 学术月刊，2021，53 (12)：60 – 73.

[219] 李书彦，谭晶荣．农业境外园区发展的历史脉络、理论逻辑与中国路径 [J]. 农业经济问题，2021 (11)：89 – 101.

[220] 陆瑶，卢超，董克，等．从幕后到台前：数据要素化带来图情学科发展机遇与挑战 [J]. 图书情报知识，2021，38 (6)：123 – 133.

[221] 杨艳，王理，廖祖君．数据要素市场化配置与区域经济发展——基于数据交易平台的视角 [J]. 社会科学研究，2021 (6)：38 – 52.

[222] 梁继．数据生产要素的市场化配置研究 [D]. 北京：北京邮电大学，2021.

[223] 倪伟民，孙钰．激活数据要素潜能塑造发展新优势 [J]. 浙江经济，2021 (10)：54 – 55.

[224] 刘培基，刘飞，王旭，等．绿色制造的理论与技术体系及其新

框架［J］．机械工程学报，2021，57（19）：165－179.

［225］安小米，王丽丽，许济沧，等．我国政府数据治理与利用能力框架构建研究［J］．图书情报知识，2021，38（5）：34－47.

［226］李海舰，赵丽．数据成为生产要素：特征、机制与价值形态演进［J］．上海经济研究，2021（8）：48－59.

［227］王瑞荣，陈晓华．数字经济助推制造业高质量发展的动力机制与实证检验——来自浙江的考察［J］．系统工程，2022，40（1）：1－13.

［228］李直，吴越．数据要素市场培育与数字经济发展——基于政治经济学的视角［J］．学术研究，2021（7）：114－120.

［229］邹传伟．数据要素市场的组织形式和估值框架［J］．大数据，2021，7（4）：28－36.

［230］洪群联．坚定不移建设制造强国——习近平总书记关于制造业高质量发展重要论述研究［J］．中国延安干部学院学报，2021，14（3）：5－13.

［231］李英杰，韩平．数字经济下制造业高质量发展的机理和路径［J］．宏观经济管理，2021（5）：36－45.

［232］康瑾，陈凯华．数字创新发展经济体系：框架、演化与增值效应［J］．科研管理，2021，42（4）：1－10.

［233］何玉长，王伟．数据要素市场化的理论阐释［J］．当代经济研究，2021（4）：33－44.

［234］王伟玲，吴志刚，徐靖．加快数据要素市场培育的关键点与路径［J］．经济纵横，2021（3）：39－47.

［235］黄鹏，陈靓．数字经济全球化下的世界经济运行机制与规则构建——基于要素流动理论的视角［J］．世界经济研究，2021（3）：3－13＋134.

［236］蔡跃洲，马文君．数据要素对高质量发展影响与数据流动制约［J］．数量经济技术经济研究，2021，38（3）：64－83.

［237］叶雅珍．数据资产化及运营系统研究［D］．上海：东华大学，2021.

［238］杨青峰，李晓华．数字经济的技术经济范式结构、制约因素及发展策略［J］．湖北大学学报（哲学社会科学版），2021，48（1）：126－136.

［239］中共工业和信息化部党组．工信部党组《求是》杂志撰文：坚定不移建设制造强国和网络强国［J］．机械工业标准化与质量，2021（1）：9－13.

［240］戴双兴．数据要素：主要特征、推动效应及发展路径［J］．马克思主义与现实，2020（6）：171－177.

［241］刘志阳，陈咏昶．全数字技术—社会新范式：以区块链社会创新为例［J］．东岳论丛，2020，41（8）：113－124＋191－192.

［242］余东华．制造业高质量发展的内涵、路径与动力机制［J］．产业经济评论，2020（1）：13－32.

［243］王姝楠，陈江生．数字经济的技术—经济范式［J］．上海经济研究，2019（12）：80－94.

［244］李辉．大数据推动我国经济高质量发展的理论机理、实践基础与政策选择［J］．经济学家，2019（3）：52－59.

［245］郭占恒．习近平全面质量思想与浙江实践（下）［J］．浙江经济，2018（17）：10－15.

［246］郭占恒．习近平全面质量思想与浙江实践（上）［J］．浙江经济，2018（16）：12－15.

［247］李纲．实施国家大数据战略，建设数字中国［J］．大数据时代，2018（4）：6－17.

［248］裴长洪，刘洪愧．习近平经济全球化科学论述的学习与研究［J］．经济学动态，2018（4）：4－18.

［249］丁亚理．数据赋能制造业高质量发展研究［D］．西安：西北大学，2021.

［250］王姝楠．数字经济背景下中国制造业转型升级研究［D］．北京：中共中央党校，2020.

［251］Joshua P. Meltzer. Governing Digital Trade［J］. World Trade Review，2019（18）：S1，s23－s48.

［252］Farboodi M.，Veldkamp L.，2020，A Growth Model of the Data Economy［R］. Columbia Business School Working Paper.

［253］Shapiro C.，Varian H. R.，1999，Information Rules：A Strategic

Guide to the Network Economy [M]. Boston, Massachusetts: Harvard Business School Press.

[254] Jones C. I. , Tonetti C. , 2019, Non - rivalry and the Economics of Data [R], NBER Working Paper, No. 26260.

[255] Carrière - Swallow Y. , Haksar V. , 2019, The Economics and Implications of Data: An Integrated Perspective [R]. IMF Departmental Papers/Policy Papers.

[256] Sambasivan, N. , Kapania, S. , Highfill, H. , et al. , "Everyone Wants to do the Model Work, not the Data Work": Data Cascades in High - Stakes AI. CHI Conference on Human Factors in Computing Systems, 2021.

[257] Du J. Research on enterprise information security and privacy protection in big data environment [C] //20213rdInter - national Conference on Machine Learning, Big Data and Business Intelligence (MLBDBI), Taiyuan, China. Piscataway: IEEE, 2021: 324 -327.

[258] Grover V, Chiang R H L, Liang T P, et al. Creating strate gic business value from big data analytics: A research framework [J]. Journal of Management Information Systems, 2018, 35 (2): 388 -423.

[259] Lenka S, Parida V, Wincent J. Digitalization Capabilities as Enablers of Value Co - Creation in Servitizing Firms [J]. Psychology & Marketing, 2017, 34 (1): 92 -100.

[260] Guojie L, Xueqi C. Research Status and Scientific Thinking of Big Data [J]. Journal of Software, 2019, 2012 (6): 647 -657.

[261] Jiang P, Ding K, Leng J. Towards a cyber - physical - social - connected and service - oriented manufacturing paradigm: Social Manufacturing [J]. Manufacturing Letters, 2016, 7: 15 -21.

[262] Peipei Qi, Can Xu and Qi Wang, What Determines the Digital Transformation of SRDI Enterprises? —A Study of the TOE Framework - Based Configuration [J]. Sustainability, 2023, 15, 13607.

[263] Peipei Qi, Dandan Sun, Can Xu, Qiang Li, Qi Wang. Can Data Elements Promote the High - Quality Development of China's Economy? [J].

Sustainability, 2023, 15, 7287.

[264] Niaoer Yao, Michal Fabus, Lifeng Hu, Fangbin Qian. Resource efficiency and economic sustainability in APEC: Assessing the financial sector's role [J]. Resources Policy, 2023, 85, 103963.